Herman Hertzberger
Vom Bauen

Herman Hertzberger

Vom Bauen

Vorlesungen über Architektur

Aries

Die Originalausgabe erschien unter dem Titel
»Lessons for Students in Architecture«
im Verlag 010, Rotterdam

Übersetzung: Claudia Schinkievicz

Alle Rechte an der deutschen Ausgabe vorbehalten

Schutzumschlag: Paul Johannes Müller
Satz: Aries Verlag München
Druck und Bindung: Gorenjski Tisk, Kranj
© 1995 Aries Verlag München
ISBN 3-920041-60-7

Vorwort

»Les choses ne sont pas difficiles à faire, ce qui est difficile, c'est de nous mettre en état de les faire«
(Brancusi)

Daß die Arbeit, die man als Architekt leistet, den Ausgangspunkt der Lehre bildet, ist unvermeidlich, und die beste Art, zu erklären, was man zu sagen hat, ist ohne Zweifel, von der praktischen Erfahrung auszugehen: dies ist auch der rote Faden, der sich durch dieses Buch zieht. Statt die einzelnen Bauten getrennt vorzustellen und auf ihre Merkmale der Reihe nach einzugehen, wurden die verschiedenen Textabschnitte so aufgebaut, daß sie als Ganzes eine Art Theorie ergeben; durch die Aufteilung der Abschnitte verwandelt sich die Praxis in Theorie.
Bei der Auseinandersetzung mit dem eigenen Werk muß man sich fragen, welche Einflüsse Pate gestanden haben. Denn alles, was man findet, kommt von irgendwoher. Die Quelle war nicht der eigene Geist, sondern das, was durch die eigene Kultur überliefert wurde. Dies ist auch der Grund, weshalb hier immer wieder auf das Werk anderer als Referenz hingewiesen wird. Wenn dieses Buch eine Lehre enthält, so könnte man sagen, es ist die Lehre von Bramante, Cerdá, Chareau, Le Corbusier, Duiker & Bijvoet, Van Eyck, Gaudí & Jujol, Horta, Labrouste, Palladio, Peruzzi, Rietveld, Van der Vlugt & Brinkman und aller anderen, die mir ihre Augen liehen und dadurch halfen, genau das zu sehen und zu selektieren, was ich brauchte, um mein eigenes Werk einen Schritt weiter zu bringen. Gewöhnlich verschweigen die Architekten – und nicht nur sie – ihre Inspirationsquellen und versuchen sogar, sie zu sublimieren – als ob dies möglich wäre. Dadurch wird jedoch der Entwurfsprozeß verschleiert, während der Hinweis auf das, was einen in erster Linie bewog und stimulierte, dazu hilft, das eigene Werk zu erklären und seine Entscheidungen zu begründen.
Die Fülle von Beispielen und Einflüssen, auf die in diesem Buch hingewiesen wird, bildet den kulturellen Arbeitskontext des Architekten und gibt einen Eindruck von der Breite der Konzepte und geistigen Bilder, die seine Werkzeuge sein sollten (kann der Ideen-Output größer sein als der Input?).
Alles, was von Ihrem Geist aufgenommen und registriert wird, vermehrt die Ideensammlung, die in Ihrem Gedächtnis gespeichert ist wie in einer Bibliothek, die Sie aufsuchen können, wenn ein Problem auftaucht. Je mehr Sie gesehen, erfahren und aufgenommen haben, um so mehr Bezugspunkte werden Ihnen helfen, zu entscheiden, welche Richtung Sie einschlagen wollen, der Rahmen Ihrer Bezugspunkte erweitert sich.
Die Fähigkeit, eine grundsätzlich neue Lösung zu einem bestimmten Problem zu finden, d. h. einen anderen »Mechanismus« zu schaffen, hängt hauptsächlich vom Reichtum Ihrer Erfahrung ab, genau wie das sprachliche Ausdrucksvermögen eines Menschen nicht über das hinausgeht, was er mit seinem Vokabular ausdrücken kann.
Wie jeder weiß, gibt es fürs Entwerfen keine Rezepte. Es war auch nicht meine Absicht, solche zu vermitteln, und die Frage, ob es möglich ist, das Entwerfen zu lernen, ist eigentlich nicht der Gegenstand dieses Buches.
Das Ziel meiner Lehre war immer, die Studenten zu stimulieren, ihnen ein architektonisches Gedankengerüst mitzugeben, mit welchem sie arbeiten können; dieses Buch hat das gleiche Ziel.

Inhalt

A Der öffentliche Raum 10

1 Öffentlicher und privater Bereich 11

2 Territoriale Ansprüche 12
Straßen und Wohnungen in Bali 12
Öffentliche Bauten 13
Mörbisch, Österreich 14
Bibliothèque Nationale, Paris 15
Centraal Beheer Verwaltungsgebäude, Apeldoorn 15

3 Territoriale Differenzierung 19

4 Flächennutzung 20
Centraal Beheer Verwaltungsgebäude, Apeldoorn 21
Architekturfakultät MIT, Cambridge, Mass. 22
Montessori-Schule, Delft 23
Centraal Beheer Verwaltungsgebäude, Apeldoorn 23
Vredenburg Musikcenter, Utrecht 24

5 Vom Benutzer zum Bewohner 26
Montessori-Schule, Delft 26
Apollo-Schulen, Amsterdam 29

6 Das »Zwischen« 30
Montessori-Schule, Delft 31
Seniorenheim De Overloop, Almere 32
Seniorenheim De Drie Hoven, Amsterdam 33
Documenta Urbana-Wohnanlage, Kassel 33
Cité Napoléon, Paris 37

7 Privater Anspruch auf öffentlichen Raum 38
Seniorenheim De Drie Hoven, Amsterdam 38
Diagoon-Häuser, Delft 39
LiMa-Wohnanlage, Berlin 40

8 Bauamtsprinzip 42
Wohnanlage Vroesenlaan, Rotterdam 43
Seniorenheim De Drie Hoven, Amsterdam 44

9 Die Straße 46
Wohnanlage Haarlemer Houttuinen, Amsterdam 48
Wohnanlage Spangen, Rotterdam 52
Studentenheim Weesperstraat, Amsterdam 53
Anlage-Prinzipien 54
Royal Crescent, Bath, England 54
Römerstadt, Frankfurt/Main 55
Siedlung Het Gein, Amersfoort 56
Wohnungserschließung 57
Familistère, Guise, Frankreich 58
Seniorenheim De Drie Hoven, Amsterdam 59
Montessori-Schule, Delft 60
Kasbah, Hengelo 60

10 Der öffentliche Bereich 62
Palais Royal, Paris 62
Stadtplatz, Vence, Frankreich 63
Rockefeller Plaza, New York 63
Piazza del Campo, Siena 64
Plaza Mayor, Chinchon, Spanien 64
Dionne-Brunnen, Tonnerre, Frankreich 65

11 Der öffentliche Raum als gebaute Umgebung 66
Vichy, Frankreich 66
Pariser Markthallen 67
Gemeinde-Zentren 68
Der Eiffelturm, Paris 68
Ausstellungspavillons 69
Kaufhäuser, Paris 70
Bahnhöfe 71
U-Bahnstationen 71

12 Zugänglichkeit der Öffentlichkeit in den privaten Bereich 72
Passage du Caire, Paris 72
Einkaufspassagen (Arkaden) 73
Ministerium für Erziehung und Gesundheit, Rio de Janeiro 77
Centraal Beheer Verwaltungsgebäude, Apeldoorn 78
Vredenburg Musikcenter, Utrecht 79
Cineac Cinema, Amsterdam 80
Hôtel Solvay, Brüssel 82
Passage Pommeraye, Nantes 83
»Der Brief« von Pieter de Hoogh 84

B Raum gestalten – Raum lassen 87

1 Struktur und Interpretation 88

2 Form und Interpretation 90
Kanäle, Amsterdam 90
Mexcaltitàn, Mexiko 91
Estagel, Frankreich 92
Oude Gracht, Utrecht 92
Viadukt an der Place de la Bastille, Paris 94
Diokletians-Palast, Split 96
Amphitheater in Arles und Lucca 98
Tempel auf Bali 100
Rockefeller Plaza, New York 102
Columbia University, New York 102

3 Die Struktur als Rückgrat: Kette und Schuß 104
Projekt Fort l'Empereur, Algier 104
Die Träger und die Menschen: Das Ende des Massenwohnungsbaus 106
Hausboot-Projekte 107
Wohnprojekt Deventer-Steenbrugge 108
De Schalm, Projekt für ein Stadtzentrum 108
Projekt für eine Fußgängerunterführung, Apeldoorn 110
Wohnanlage Westbroek 111
Freie Universität Berlin 112
Projekt für einen Wohnbezirk in Berlin 114

Villa Savoye, Poissy, Frankreich 116

4 Das Rastermodell 118
Ensanche, Barcelona 118
Manhattan, New York 120

5 Die architektonische Ordnung 122
Waisenhaus, Amsterdam 122
LinMij, Amsterdam 124
Seniorenheim De Drie Hoven, Amsterdam 126
Verwaltungsgebäude Centraal Beheer, Apeldoorn 129
Vredenburg Musikcenter, Utrecht 132
Ministerium für Sozialangelegenheiten, Den Haag 134
Apollo-Schulen, Amsterdam 138

6 Funktionalität, Flexibilität und polyvalente Form 142

7 Form und Benutzer: Form und Raum 146

8 Raum Gestalten – Raum lassen 148
Studentenheim Weesperstraat, Amsterdam 148
Montessori-Schule, Delft 149
Vredenburg-Platz, Utrecht 152
Diagoon-Häuser, Delft 153

9 Stimuli 160
Stützen 161
Wandpfeiler 162
Wohnhäuser in Berlin 163
Lochsteine 164

10 Form als Instrument 166

C Die einladende Form 171

1 Der bewohnbare Raum zwischen den Dingen 172
Erhöhter Bürgersteig, Buenos Aires 173
Studentenheim Weesperstraat, Amsterdam 174
La Capelle, Frankreich 174
Gerichtshof, Chandigarh, Indien 175
Vredenburg Musikcenter, Utrecht 176
De Evenaar, Schule, Amsterdam 178
Apollo-Schulen, Amsterdam 179
Petersplatz, Rom 181
De Evenaar, Schule, Amsterdam 182
Apollo-Schulen 182

2 Raum und Gliederung 186
Richtige Dimensionen 186
Wohnanlage Haarlemer Houttuinen, Amsterdam 186
»Die Kartoffelesser« von Vincent van Gogh 187
Seniorenheim De Drie Hoven, Amsterdam 188
Montessori-Schule, Delft 189
Centraal Beheer Verwaltungsgebäude, Apeldoorn 190
Wohnungsumgestaltung 192
Petersplatz, Rom 193

Vredenburg Musikcenter 194

3 Ausblick I 198
Montessori-Schule, Delft 199
Studentenheim Weesperstraat, Amsterdam 199
Pavillon Suisse, Paris 200
Balkone 200
Pavillon de l'Esprit Nouveau, Paris 200
Wohnanlage Documenta Urbana, Kassel 202
LiMa Wohnanlage, Berlin 203
Thau Schule, Barcelona 205
Vredenburg Musikcenter, Utrecht 206
Seniorenheim De Overloop 206
Park Güell, Barcelona 207
Soziologie des Sitzens 207
Apollo-Schulen, Amsterdam 209

4 Ausblick II 212
Fabrikgebäude Van Nelle, Rotterdam 213
Rietveld-Schröder-Haus, Utrecht 215
Seniorenheim De Overloop, Almere 216
De Evenaar, Schule, Amsterdam 220

5 Ausblick III 222
Weltausstellung-Pavillon, Paris 222
Cineac Cinema, Amsterdam 222
Vredenburg Musikcenter, Utrecht 224
Villa Savoye, Poissy, Frankreich 227
Fußgängerunterführung, Genf 228
Kapelle, Ronchamp, Frankreich 229
Alhambra, Granada 229
Moschee, Cordoba 230
Privathaus, Brüssel 232
Maison de Verre, Paris 234
Haus Van Eetvelde, Brüssel 237
Castel Béranger, Paris 237
Apollo-Schulen, Amsterdam 238
Bibliothèque Sainte Geneviève, Paris 240

6 Gleichwertigkeit 242
Freiluftschule, Amsterdam 242
Seniorenheim De Overloop, Almere 245
Villa Rotonda, Vicenza 246
Hierarchie 248
Moschee, Cordoba 252
Peterskirche, Rom 254
Niederländische Maler 258
Le Corbusier: das Formale und das Zwanglose der Alltagswelt 260
Parlamentsgebäude, Chandigarh, Indien 261
Wasserreservoir, Surkej, Indien 262

Biographie 264
Bauten und Projekte 265
Veröffentlichungen 268
Register 269

A Der öffentliche Raum

Öffentlicher und privater Bereich

Die Begriffe »öffentlich« und »privat« können als räumliche Umsetzung von »kollektiv« und »einzeln« aufgefaßt werden. In einem absoluteren Sinne könnte man definieren: öffentlich ist der Raum, der zu jeder Zeit für alle zugänglich ist, seine Pflege ist eine kollektive Angelegenheit; privat ist der Raum, über dessen Zugänglichkeit eine kleine Gruppe oder eine Einzelperson bestimmt, die auch für seine Pflege verantwortlich ist.

»Privat« und »öffentlich« – wie auch kollektiv und individuell – als absolute Gegensätze hinzustellen, hat zur Entstehung eines Klischees geführt und ist ebenso undifferenziert und falsch wie der vermeintliche Gegensatz von allgemein und spezifisch, objektiv und subjektiv. Solche Gegenüberstellungen sind ein Symptom der Auflösung der ursprünglichen menschlichen Beziehungen.

Jeder Mensch will akzeptiert sein, irgendwohin gehören, einen eigenen Platz haben. Das soziale Verhalten ist insofern rollenbezogen, als sich die Persönlichkeit des Einzelnen durch das behauptet, was die anderen in ihm sehen. In unserer Welt erleben wir eine Polarisierung zwischen übertriebener Individualität einerseits und übertriebener Kollektivität andererseits. Diese beiden Pole werden allzusehr hervorgehoben, obwohl es für uns Architekten keine einzige Beziehung gibt, die ausschließlich auf den Einzelnen oder auf eine Gruppe oder auf einen Dritten oder die »Außenwelt« ausgerichtet ist. Immer geht es um Menschen und Gruppen in ihrer Beziehung zueinander und gegenseitigem Engagement, d. h. immer um das Zusammenspiel von Kollektivem und Individuellem.

»Wenn aber der Individualismus nur einen Teil des Menschen erfaßt, so erfaßt der Kollektivismus nur den Menschen als Teil: zur Ganzheit des Menschen, zum Menschen als Ganzes dringen beide nicht vor. Der Individualismus sieht den Menschen nur in der Bezogenheit auf sich selbst, aber der Kollektivismus sieht den Menschen überhaupt nicht, er sieht nur die 'Gesellschaft'. Beide Lebensanschauungen sind Ergebnisse oder Äußerungen des gleichen menschlichen Zustands.

Dieser Zustand ist durch das Zusammenströmen von kosmischer und sozialer Heimlosigkeit, von Weltangst und Lebensangst, zu einer Daseinsverfassung der Einsamkeit gekennzeichnet, wie es sie in diesem Ausmaß vermutlich noch nie zuvor gegeben hat. Um sich vor der Verzweiflung zu retten, mit der ihn seine Vereinsamung bedroht, ergreift der Mensch den Ausweg, diese zu glorifizieren. Der moderne Individualismus hat im wesentlichen eine imaginäre Grundlage. An diesem Charakter scheitert er, denn die Imagination reicht nicht, um die gegebene Situation faktisch zu bewältigen.

Der moderne Kollektivismus ist die letzte Schranke, die der Mensch vor der Begegnung mit sich selbst aufgerichtet hat . . . ; im Kollektivismus gibt sie, mit dem Verzicht auf die Unmittelbarkeit persönlicher Entscheidung und Verantwortung, sich selber auf. In beiden Fällen ist sie unfähig, den Durchbruch zum anderen zu vollziehen: nur zwischen echten Personen gibt es echte Beziehungen.

Hier gibt es keinen anderen Ausweg als den Aufstand der Person um der Befreiung der Beziehung willen. Ich sehe am Horizont mit der Langsamkeit aller Vorgänge der wahren Menschengeschichte eine große Unzufriedenheit heraufkommen. Man wird sich nicht mehr bloß, wie bisher, gegen eine bestimmte herrschende Tendenz um anderer Tendenzen willen empören, sondern gegen die falsche Realisierung eines großen Strebens, des Strebens zur Gemeinschaft, um der echten Realisierung willen.

Man wird gegen die Verzerrung und für die reine Gestalt kämpfen. Ihr erster Schritt muß die Zerschlagung einer falschen Alternative sein, der Alternative 'Individualismus oder Kollektivismus'.«
(Martin Buber, *Das Problem des Menschen*, Heidelberg 1948, auch veröffentlicht in *Forum* 7.1959, S. 249ff.),

Die Begriffe »öffentlich« und »privat« kann man sozusagen als eine Reihe sich graduell voneinander unterscheidender räumlicher Eigenschaften betrachten, die die Zugänglichkeit, die Verantwortlichkeit und die Beziehung zwischen dem Privateigentum und der Beaufsichtigung bestimmter Raumeinheiten betreffen.

2 Territoriale Ansprüche

Ein offener Platz, ein Zimmer oder ein Raum können entweder als mehr oder weniger privater oder öffentlicher Bereich betrachtet werden, je nach dem Zugänglichkeitsgrad, der Art der Beaufsichtigung, dem Benützer und Pfleger und deren Verantwortlichkeit. Im Vergleich zum Wohnzimmer und zum Beispiel zur Küche des Hauses, in dem man wohnt, ist das eigene Zimmer ein privater Bereich. Man hat einen Schlüssel dazu und pflegt es selbst. Für die Pflege und Instandhaltung des Wohnzimmers und der Küche sind die Bewohner des Hauses gemeinsam verantwortlich und alle haben einen Schlüssel zur Eingangstür.

In einer Schule ist jedes Klassenzimmer im Vergleich zur gemeinsamen Halle ein Privatbereich. Die Halle wiederum, wie auch die Schule, ist im Verhältnis zur Straße ein privater Bereich.

Straßen und Wohnungen, Bali [1-4]

Auf Bali werden die Räume vieler Wohnungen wie getrennte, um eine Art Atrium oder Hof, den man durch ein Tor betritt, gruppierte kleine Einzelhäuser gebaut. Wenn man durch das Tor geht, hat man nicht den Eindruck, die eigentliche Wohnung zu betreten. Die getrennten Wohneinheiten, Küchen- oder Schlafbereich, manchmal Toten- oder Gebärhaus, gehören zur Privatsphäre und sind für den Fremden nicht ohne weiteres zugänglich. So besteht das eigentliche Heim aus einer Folge von Räumen mit deutlich unterschiedlichem Zugänglichkeitsgrad.

Auf Bali gibt es viele Straßen, die das Territorium einer einzigen Großfamilie sind. In solchen Straßen befinden sich die Wohnstätten der verschiedenen zur Großfamilie gehörenden Zellen. Diese Straßen haben ein Eingangstor, oft mit einem niedrigen Bambuszaun ausgestattet, der die kleinen

1

2

3

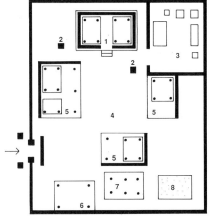

4

1 Eltern-Schlafraum
2 Altar
3 Familien-Tempel
4 Gäste-Wohnraum
5 Schlafraum
6 Küche
7 Vorratsraum
8 Dreschplatz

5 Hauptbahnhof Haarlem, Holland

Kinder und die Tiere am Weglaufen hindert; obwohl diese Straßen für alle zugänglich sind, hat man stets das Gefühl, ein Eindringling, bestenfalls ein Besucher zu sein.
Abgesehen von den differenzierten territorialen Ansprüchen unterscheiden die Balinesen im öffentlichen Raum das Tempelgelände, das aus einer Reihe aufeinanderfolgender Einfriedungen mit deutlich markierten Eingängen, Gatteröffnungen oder geteilten steinernen Toren (tjandi bentar genannt) besteht. Dieser Tempelbereich dient zugleich als Straße und als Spielplatz für die Kinder. Auch für die Besucher ist er als Straße zugänglich – zumindest, wenn gerade keine religiösen Veranstaltungen im Gange sind. Dennoch betreten sie ihn nicht ohne Zögern. Der Fremde fühlt sich geehrt, wenn er eintreten darf.

Auf der ganzen Welt gibt es Abstufungen bei den territorialen Ansprüchen, und entsprechend unterschiedlich ist die Zugänglichkeit. Zuweilen ist der Zugänglichkeitsgrad gesetzlich festgelegt, oft jedoch ist es eine Frage der Konvention, die auch jeder respektiert.

Öffentliche Bauten

Sogenannte öffentliche Bauten wie die Halle des Hauptpostamtes oder des Hauptbahnhofs (zumindest während der Öffnungszeiten) können im territorialen Sinn als Straßenraum betrachtet werden. Andere Beispiele von Orten, die der Öffentlichkeit in unterschiedlichem Maße zugänglich sind, werden unten angeführt, die Liste kann man jedoch durch persönliche Erfahrung beliebig erweitern:

– Universitätsgelände in England, wie in Oxford und Cambridge; durch Tore allen zugänglich, bilden sie eine Art Fußgängerzone, die das ganze Stadtzentrum durchzieht.
– öffentliche Bauten wie die Schalterhalle eines Postamtes oder Bahnhofs usw.
– die Höfe der Pariser Wohnblocks, über welche die Concierge gewöhnlich uneingeschränkt herrscht.
– »geschlossene« Straßen, wie sie in großer Zahl auf der ganzen Welt zu finden sind, manchmal von privaten Unternehmen bewacht.

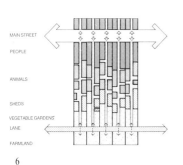  

6   7   8

Das Dorf Mörbisch, Österreich [6-8]

In den Straßen des österreichischen Dorfes Mörbisch in der Nähe der ungarischen Grenze (veröffentlicht in *Forum 9, 1959*) erblickt man große Tore wie jene, die man bei den Bauernhöfen findet; sie führen jedoch in Nebenstraßen mit Wohnungen, Ställen, Scheunen und Gärten.

■ *Diese Beispiele zeigen, wie falsch die Begriffe »öffentlich« und »privat« sind, während die oft dazwischen versteckten sogenannten halböffentlichen oder halbprivaten Bereiche zu unbestimmt sind, um den Feinheiten Rechnung zu tragen, die es beim Entwurf der jeweiligen Räume zu berücksichtigen gilt.*
Überall, wo dem Einzelnen oder der Gruppe Gelegenheit geboten wird, Teile des öffentlichen Raums zum eigenen Zweck und nur indirekt im Interesse anderer zu benützen, wird der öffentliche Charakter des Raums durch diesen Gebrauch temporär oder permanent verzerrt. Auch dafür gibt es Beispiele auf der ganzen Welt.

Auf Bali wiederum wird der Reis auf großen Teilen der Landstraßen und sogar auf den Randsteinen der Makadamstraßen zum Trocknen ausgebreitet, wo er, vom Verkehr oder Fußgängern unberührt, unbehelligt liegenbleibt, da jeder weiß, wie wichtig der Beitrag jedes einzelnen Mitglieds der Gemeinschaft bei der Reisernte ist.

Ein anderes Beispiel für die Verflechtung von Öffentlichem und Privatem ist das Trocknen der Wäsche in den engen Gassen südeuropäischer Länder, ein kollektiver Ausdruck der Achtung vor den sauberen Wäschestücken, die jede Familie an ein Netz von Leinen aufhängt, die die Straßen von Wohnung zu Wohnung überspannen.

9

10   Straße in Holland, 19. Jahrhundert   11

Weitere Beispiele sind die Netze und Schiffe, die in Fischerdörfern oder Häfen auf den Kais repariert werden, sowie das Dogon: Wolle, auf dem Dorfplatz ausgebreitet.

Die Benutzung des öffentlichen Raums durch Anlieger, als sei es »privater« Raum, verstärkt in den Augen Dritter den Anspruch des Benutzers auf diesen Bereich. Auf die besondere Dimension, die der öffentliche Raum durch diesen Anspruch erhält, wird später im einzelnen eingegangen, zunächst wollen wir uns jedoch mit den Implikationen eines solchen Anspruchs für den Architekten befassen.

13

Bibliothèque Nationale
Henri Labrouste, Paris, 1862-68 [12]

Im Hauptlesesaal der Bibliothèque Nationale in Paris sind die einander gegenüberliegenden Arbeitsflächen durch eine erhöhte »Mittelzone« getrennt; durch die auf diesem Bord stehenden Lampen erhalten die vier angrenzenden Arbeitsflächen Licht. Diese mittlere Zone ist offensichtlich zugänglicher als die unteren einzelnen Arbeitsplätze und war eindeutig dazu gedacht, von den auf beiden Seiten sitzenden Lesern gemeinsam benutzt zu werden.

Centraal Beheer Verwaltungsgebäude [13-19]

In früheren Jahren, vor dem modernen Trend zum »sauberen Schreibtisch«, hatten die Schreibtische in den Büros einen Aufsatz; wenn sie Rücken an Rücken standen, ergab sich ein erhöhter Mittelbereich, ähnlich dem, der die Tische im Lesesaal der Bibliothèque Nationale in Paris trennt. Durch diese Anordnung entstand auf dem Bord ein Platz für Gegenstände, die mehreren Arbeitnehmern zur Verfügung standen, wie etwa Telefone oder Topfpflanzen. Darunter wurde ein privater Stellraum für den einzelnen Benutzer geschaffen. Abstufung in der Zugänglichkeit kann also auch in den kleinsten Details einen Sinn haben.

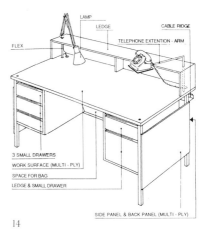

14

12

15

17

19

So erhöhen zum Beispiel Glastüren zwischen zwei öffentlichen und daher im gleichen Maße zugänglichen Bereichen die Sicht auf beiden Seiten, so daß auf einer strikt gleichberechtigten Ebene Zusammenstöße vermieden werden können. Zu den privateren, nicht so leicht zugänglichen Räumen führen Türen ohne durchsichtige Felder. Wird ein solcher Kodex im ganzen Gebäude konsequent verwendet, wird er auch von allen Benutzern rational oder intuitiv verstanden werden und kann somit dazu beitragen, die Kriterien der Zugänglichkeit klarzustellen.

Eine weitere Abstufung kann durch die Form der Glasscheiben, den Glastyp – halb- oder undurchsichtig – oder durch Halbtüren erzielt werden.

16

18

Ist man sich beim Entwerfen der einzelnen Räume und Teile über den angemessenen territorialen Anspruch und über die entsprechenden Formen der »Zugänglichkeit« im Verhältnis zu den angrenzenden Bereichen im klaren, so kann man diese Unterschiede durch die Modulation von Form, Material, Licht und Farbe ausdrücken und damit in den Entwurf als Ganzes eine gewisse Ordnung bringen. Dadurch wiederum können Bewohner und Besucher klarer erkennen, welche Bereiche mehr oder weniger zugänglich sind. Der Zugänglichkeitsgrad von Plätzen und Räumen liefert die Kriterien für den Entwurf. Die Wahl der architektonischen Motive, ihre Artikulation, ihre Form und ihr Material werden teilweise durch den Grad der für einen Raum erforderlichen Zugänglichkeit bestimmt.

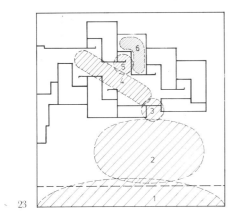

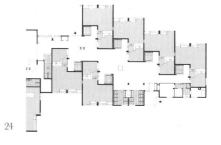

Montessori-Schule, Delft

3 Territoriale Differenzierung

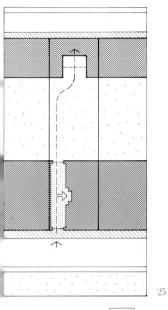

Hotel Solvay, Brüssel, 1896
V. Horta

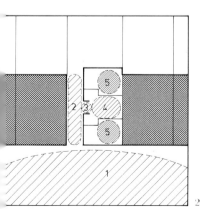

■ *Werden auf einem Plan die Stufen der öffentlichen Zugänglichkeit der verschiedenen Bereiche und Teile eines Gebäudes markiert, so entsteht eine Art Karte, auf welcher die »territoriale Differenzierung« abzulesen ist. Diese Karte wird deutlich zeigen, welche Formen der Zugänglichkeit in der Architektur selbst bestehen, welche Ansprüche an bestimmte Plätze gestellt werden und von wem sie ausgehen, und auf welche Weise die Verantwortung für die Pflege und Aufrechterhaltung der verschiedenen Bereiche geteilt werden darf, so daß diese Kräfte bei der weiteren Entwicklung des Plans verstärkt bzw. verringert werden können.*

4 Flächennutzung

Der Charakter der verschiedenen Bereiche wird weitgehend davon abhängen, wer die Raumausstattung und deren Einrichtung bestimmt, wer diesen Raum benutzt, pflegt, wer für den Raum verantwortlich ist oder sich verantwortlich fühlt.

31

Centraal Beheer Verwaltungsgebäude [30, 31]

Beim Centraal Beheer ist die erstaunliche Wirkung, die die Mitarbeiter der Firma erzielten, als sie ihre Arbeitsplätze einrichteten und ihnen durch die Wahl der Farbe, die Auf- stellung von Topfpflanzen und anderen Gegenständen eine persönliche Note verliehen, nicht allein darauf zurückzu- führen, daß die Ausstattung des Inneren bewußt den Benut- zern des Gebäudes überlassen wurde. Obwohl die Nüch- ternheit des nackten, grauen Inneren eine deutliche Auffor-

32

derung an sie war, dem Platz nach ihrem persönlichen Geschmack den letzten Schliff zu geben, gab es keine Gewähr, daß sie es auch tun würden.

Dazu sind weitere Voraussetzungen nötig; erstens muß die Form des Raums selbst – mit den Einbauten und Zusatzeinrichtungen – den Benutzern die Möglichkeit bieten, ihre Arbeitsplätze ihren persönlichen Bedürfnissen und Wünschen entsprechend auszustatten. Darüber hinaus ist es wesentlich, daß die Struktur des Betriebs die Möglichkeit zur Entfaltung eigener Initiative bietet, was viel weiterreichende Folgen hat, als man vielleicht zunächst annimmt. Denn die Grundfrage ist, wieviel Verantwortung das Management bereit ist, zu delegieren, d.h. wieviel Entscheidungsfreiheit dem einzelnen Benutzer in den unteren Stufen eingeräumt wird.

Man darf nicht vergessen, daß diese außergewöhnliche Bereitschaft, Liebe und Pflege in das Arbeitsumfeld zu investieren, in diesem Fall nur deshalb entstehen konnte, weil den Benutzern bewußt eine solche Entscheidungsfreiheit bei der Ausstattung und Einrichtung der Räume zugebilligt wurde. Dieser Tatsache ist es im Grunde genommen zu verdanken, daß die vom Architekten gebotenen Möglichkeiten wahrgenommen wurden und zu so überzeugenden Ergebnissen führten.

Obwohl das Gebäude ursprünglich als räumlicher Ausdruck des Verlangens nach einem menschenfreundlicheren Umfeld errichtet wurde (wenn auch viele argwöhnten, personalpolitische Überlegungen seien dabei entscheidend gewesen) besteht heute die – weitgehend auf Einschränkungen bei Personalkosten zurückzuführende – Tendenz zur Enthumanisierung des Arbeitsumfeldes. Doch das Gebäude bietet diesem Trend einen begrüßenswerten Widerstand und wird sich mit etwas Glück in dieser Weise weiter behaupten können. Enttäuschend ist aber, daß das, was wir für den ersten Schritt in Richtung auf eine größere Verantwortlichkeit der Benutzer betrachteten, sich als der letzte erwies, der – zumindest heute – getan werden kann.

Heute, d.h. im Jahre 1990, ist wenig von der phantasievollen und farbenfrohen Ausschmückung der Arbeitsplätze geblieben. Anstelle der persönlichen Ausdruckskraft, die in den siebziger Jahren ihren Höhepunkt erreichte, sind nun Ordnung und Sauberkeit eingetreten. Der Drang nach persönlicher Aussage ist offenbar schwächer geworden, und die Menschen scheinen mehr dazu geneigt, sich anzupassen. Angesichts der in den achtziger Jahren gestiegenen Arbeitslosigkeit erscheint es heutzutage weiser, im allgemeinen einen weniger extravertierten Standpunkt zu vertreten; die Folgen davon sind schon in der kühlen, unpersönlichen Atmosphäre zu sehen, die heute in den meisten Büros zu finden ist.

33

Architekturfakultät des MIT, Cambridge, Mass.
Workshop, 1967 [32, 33]

Inwieweit der Benutzer in extremen Fällen auf sein Lebens- oder Arbeitsumfeld einwirken kann, wird an den Änderungen deutlich demonstriert, die die Architekturstudenten am MIT an der bestehenden Architektur vornahmen. Sie wollten nicht an Zeichenbrettern arbeiten, die in langen, strengen Reihen aufgestellt und gleich ausgerichtet waren.

Mit Bauabfällen gestalteten sie Kojen nach ihrem Geschmack, in denen sie arbeiten, essen, schlafen und ihre Tutoren in den eigenen vier Wänden empfangen konnten. Es war zu erwarten, daß jede neue Gruppe von Studenten die Absicht haben würde, ihre eigenen Umbauten durchzuführen; doch es kam anders. Eine unerbittliche Auseinandersetzung mit der lokalen Feuerschutzbehörde endete mit der Auflage, alle Einbauten zu demontieren, es sei denn eine Sprinkleranlage würde im ganzen Bereich installiert.

Als dies auch tatsächlich geschehen war, blieb das Ganze eine permanente Einrichtung, die, falls sie heute noch besteht, wohl als ein Zeugnis der Begeisterung einer Gruppe von Architekturstudenten zu betrachten ist. Man sollte sich jedoch nicht wundern, wenn alles entfernt wurde oder bald beseitigt wird; die Bürokratie des zentralistischen Managements ist wieder mächtiger denn je.

Der Einfluß des Benutzers kann gefördert werden, zumindest, wenn dies an der richtigen Stelle geschieht, d.h. dort, wo genügend Engagement zu erwarten ist; da dies wiederum von der Zugänglichkeit, den territorialen Ansprüchen, der Organisation der Instandhaltung und der Aufteilung der Verantwortung abhängt, ist es wesentlich, daß die Planer die Bedeutung der jeweiligen Faktoren erkennen. Wird dem Benutzer durch die strukturelle Organisation keine Möglichkeit gegeben, Einfluß auf die Gestaltung seiner Umwelt zu nehmen, oder wird ein bestimmter Raum durch seine Nutzung so öffentlich, daß niemand sich berufen fühlt, seine Gestalt zu beeinflussen, ist es sinnlos, daß der Architekt sich bemüht, solche Gesichtspunkte in seine Planung miteinzubeziehen. Dennoch kann er den Umstand nutzen, daß der Umzug in einen Neubau immer mit einer Umstellung verbunden ist, und versuchen, einen gewissen Einfluß auf die Neuverteilung der Verantwortung zu gewinnen, zumindest, was das greifbare Umfeld betrifft. Eine Sache kann eine andere nach sich ziehen. Schon wenn der Architekt durch triftige Argumente das Spitzenmanagement davon überzeugt, dem Benutzer einen bestimmten Freiraum bei der Gestaltung seiner Umgebung zu gewähren, ohne daß dies zwangsläufig zum Chaos führt, ist er durchaus in der Lage, eine Verbesserung zu bewirken, und es ist sicherlich seine Aufgabe, dies zumindest zu versuchen.

Montessori-Schule, Delft [34, 35]

Ein Brett über der Tür, das breit genug ist, um als Ablage zu dienen – wie bei diesem Beispiel zwischen Klassenzimmer und Halle – wird öfters benutzt, wenn es von der richtigen Seite, d. h. vom Klassenzimmer aus, zugänglich ist.

Die ästhetische Wirkung des darüber befindlichen Regals kann durch Zurücksetzen der Glasscheibe erhöht werden, allerdings wird es dann kaum benutzt werden.

Centraal Beheer Verwaltungsgebäude [36-39]

Während die Büroräume im Centraal Beheer-Gebäude, in welchen jeder Mitarbeiter seine eigene Arbeitsinsel hat, von den jeweiligen Benutzern gepflegt werden, fühlt sich kein Büroangestellter unmittelbar für die Pflege des zentralen Raums des Baus verantwortlich. In diesem Bereich sorgt ein besonderes Team für die Grünpflanzen (s. öffentliche Einrichtungen), und die Kunstabteilung hängt die Bilder an die Wand.

Auch diese Angestellten verrichten ihre Arbeit mit Engagement und Sorgfalt, aber der Unterschied in der Stimmung zwischen diesem gemeinsamen Bereich und den einzelnen, individuell gestalteten Arbeitsplätzen fällt auf.

38

In der in diesem zentralen Bereich befindlichen Cafeteria wurde man früher jeden Tag von der gleichen Angestellten bedient, die für eine bestimmte Theke zuständig war; sie fühlte sich dafür verantwortlich, betrachtete sie zurecht als ihren eigenen Bereich, und verlieh ihr auch eine persönliche Note. Inzwischen wurden diese Theken durch ordentliche Sitze und Kaffeeautomaten ersetzt. Zur Zeit wird der ganze Bau renoviert und gereinigt; in diesem Zusammenhang werden viele Änderungen vorgenommen, die den Anforderungen eines modernen Arbeitsplatzes entsprechen.

Vredenburg Musikcenter [40]

Die dem Verwaltungsgebäude des Central Beheer zugrundeliegende Idee, die sich als so erfolgreich erwies, wurde für den Erfrischungsraum des Musikzentrums in Utrecht nicht angewandt.
Dort ändert sich die Situation von Konzert zu Konzert beträchtlich; es gibt verschiedene Theken, und die Besucher werden auch nicht immer von der gleichen Person bedient. Da keine besondere Affinität zwischen Angestellten und Arbeitsplätzen zu erwarten war, sprach alles dafür, auch den Erfrischungsbereich vom Architekten gestalten und vollkommen einrichten zu lassen.
In beiden Gebäuden – Centraal Beheer und Musikzentrum – wurden Spiegel an den hinteren Wänden angebracht, beim Centraal Beheer allerdings von den Mitarbeitern. Beim Musikzentrum wurden sie vom Architekten nach dem gleichen Prinzip für den ganzen Bau entworfen. Durch den Spiegel kann der Gast sehen, wer vor, hinter oder neben ihm steht.
Man denkt an die Theaterbilder Manets [41], der Spiegel benützte, um den Raum in die flache Bildebene zu bringen, und ihn durch die darin befindlichen Menschen und der Art, wie sie gruppiert waren, zu definieren.
Das Musikzentrum verfügt über ein kompetentes und engagiertes Personal, das alles in Ordnung hält. Dies kann man zum Beispiel von den Imbiß-Wagen der holländischen Eisenbahn nicht behaupten; die Kellner und Kellnerinnen wechseln ständig den Zug. Es wurde ihnen lediglich vorgegeben, den Platz für die nächste Schicht sauber zu hinterlassen. Man kann sich vorstellen, wie anders es wäre, wenn

39

40

41

die gleiche Bedienung immer im gleichen Zug arbeiten würde. Während der Speisewagen in den holländischen Zügen verschwunden ist, wurde im Luftverkehr eine neue Form von Verpflegung entwickelt. Aber die im Flugzeug servierten Mahlzeiten sind für die Passagiere eher eine Herausforderung als eine Dienstleistung; sie werden zu Zeiten angeboten, die viel mehr für die Fluggesellschaft als für die Fluggäste angenehm sind (außerdem kosten sie viel zu viel, und führen, weil sie darin eingerechnet sind, zu hohen Preisen für das Flugticket).

42

43
Aus
Lufthansa
Bordbuch
6/88

5 Vom Benutzer zum Bewohner

Die Umsetzung der Begriffe »privat« und »öffentlich« in Vorstellungen von unterschiedlichen Pflichten erleichtert die Aufgabe des Architekten, der entscheiden muß, in welchen Bereichen der Benutzer (bzw. Bewohner) die Möglichkeit haben sollte, an der Gestaltung des Umfelds mitzuwirken, und in welchen Bereichen diese Mitwirkung nicht erforderlich ist. Schon bei der Planung der Grundrisse und Schnitte sowie durch das Installationsprinzip können Bedingungen geschaffen werden, die das Verantwortungsgefühl steigern und ein größeres Engagement bei der Anordnung und Möblierung bestimmter Bereiche hervorrufen. Der Benutzer wird zum Bewohner.

Montessori-Schule, Delft [44-47]

In dieser Schule wurden die Klassenzimmer wie selbständige Einheiten, sozusagen kleine Heime, konzipiert, die alle entlang der Halle wie an einer gemeinsamen Straße liegen. In jedem Haus entscheidet die Lehrerin – die »Mutter« – mit den Kindern, wie es aussehen und welchen Charakter es haben soll.

Anstatt der üblichen gemeinsamen Garderobe, die meist dazu führt, daß eine ganze Wandfläche von Kleiderhaken bedeckt ist und für nichts anderes benutzt werden kann, hat jedes Klassenzimmer eine eigene. Hätten sie auch eine eigene Toilette, würde dies auch das Verantwortungsgefühl der Schüler für ihre Umwelt steigern. Der Vorschlag wurde von der Schulbehörde mit der Begründung abgelehnt, getrennte Toiletten für Jungen und Mädchen seien erforderlich (als ob sie zuhause solche hätten), so daß die doppelte Zahl eingerichtet werden müßte. Es wäre durchaus vorstellbar, daß die Schüler in den einzelnen Klassen ihr »Heim« sauber halten, wie die Vögel ihre Nester, und auf diese Weise ihre Beziehung zu ihrem Alltags-Umfeld zum Ausdruck brächten.

Zum täglichen Programm der Montessori-Schule gehören nämlich auch sogenannte »Haushaltsaufgaben«. Der Pflege der Umgebung wird große Bedeutung beigemessen, was die emotionelle Bindung der Kinder zu ihrem Umfeld verstärkt.

Jedes Kind kann auch eine Pflanze in die Klasse bringen und muß sich dann um sie kümmern. Die bewußte Wahrnehmung des Umfeldes und die Notwendigkeit, es zu pflegen, ist ein Grundprinzip des Montessori-Konzeptes (die Gewohnheit, auf dem Boden zu arbeiten, auf speziell dafür bestimmten Teppichen – kleinen temporären Arbeitsplätzen, die von allen repektiert werden – und der Wert, der darauf gelegt wird, daß die Dinge in offenen Schränken aufbewahrt werden, sind typische Beispiele dafür. Ein weiterer Schritt zur stärkeren Beziehung der Kinder zu ihrer täglichen Umwelt bestünde in der Möglichkeit, die Zentralheizung in jedem Klassenzimmer getrennt zu regulieren. Dadurch würden die Kinder auf das Phänomen Wärme und deren Erhaltung aufmerksam werden und über die Nutzung der Energie nachdenken können.

Ein »sicheres Nest« – eine vertraute Umgebung, von der man weiß, daß dort die eigenen Sachen sicher aufgehoben sind, und in der man sich konzentrieren kann, ohne durch andere gestört zu werden – ist etwas, was jeder Mensch braucht, sei es der einzelne oder die Gruppe. Ohne dies ist kein Zusammenarbeiten mit den anderen möglich. Wer keinen Platz hat, den er als seinen eigenen betrachten kann, weiß nicht, wo er steht! Ohne ein Heim als Basis, zu dem man zurückkehren kann, gibt es kein echtes Erlebnis: jeder braucht eine Art Nest, in das er zurückkommen kann.

Der einer bestimmten Menschengruppe gehörende Bereich sollte so weit wie möglich von den »Außenseitern« respektiert werden. Deshalb sind sogenannte Mehrzweck-Räume mit bestimmten Risiken verbunden. Nehmen wir zum Beispiel ein Klassenzimmer: wird es außerhalb der Schulzeit für andere Zwecke benutzt – etwa für gemeinsame Aktivitäten mit Nachbarn –, so müssen die Möbel temporär zur Seite gerückt werden und selbstverständlich kommen sie nicht immer an die ursprüngliche Stelle zurück. So kann es zum Beispiel vorkommen, daß Tonfiguren, die zum Trocknen ausgelegt wurden, aus Versehen zerbrochen werden oder daß der Bleistiftspitzer eines Schülers sich offenbar in Luft aufgelöst hat.

Es ist für Kinder wichtig, daß sie die Dinge, die sie zum Beispiel beim Werken geschaffen haben, ausstellen können ohne befürchten zu müssen, daß sie beschädigt werden auch sollten sie ihre unfertigen Arbeiten liegen lassen kön

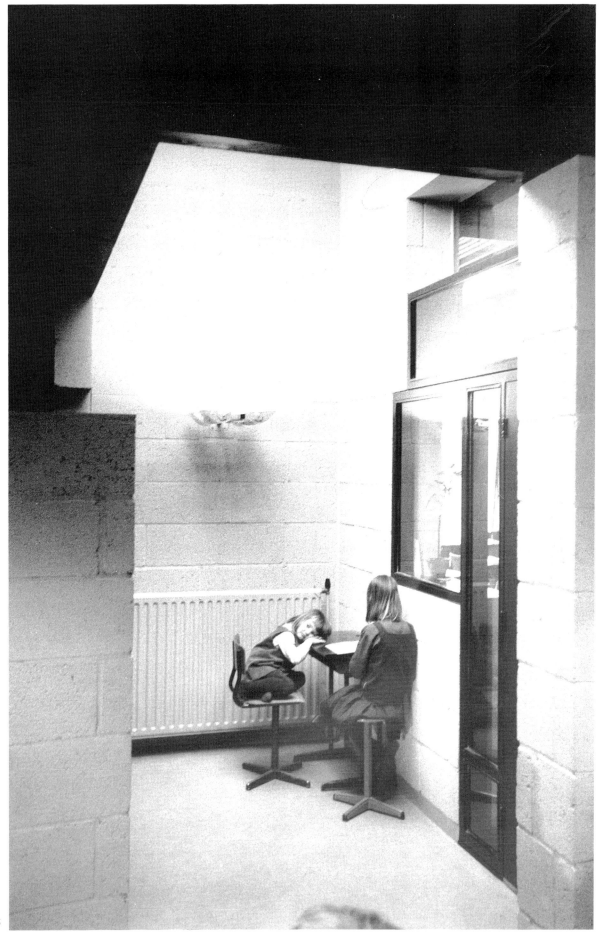
45

46

47

nen, ohne Angst, daß sie von »Fremden« woanders hingestellt oder »weggeräumt« werden. Sogar nach einer sorgfältigen Aufräumaktion durch Dritte kann man am nächsten Morgen das Gefühl haben, im eigenen Rahmen ganz verloren zu sein.

Ein Klassenzimmer, das als Kollektivbereich konzipiert wurde, kann innerhalb der Schule eine eigene Identität aufweisen, wenn den Schülern Gelegenheit gegeben wird, die Dinge, die sie gemeinsam gemacht haben, oder die Arbeit, die in der Klasse entstanden ist, zu zeigen. Dies kann ganz zwanglos geschehen, wenn die Trennwand zwischen Halle und Klassenzimmer als Ausstellungsfläche benützt wird, und viele Fenster mit breitem Fensterbrett in der Trennwand angebracht werden.

Eine kleine Vitrine (in diesem Fall sogar mit Beleuchtung) fordert die Gruppe heraus, sich in einer etwas formaleren Weise vorzustellen. Das Äußere des Klassenzimmers kann als eine Art »Schaufenster« fungieren, das zeigt, was die Gruppe »zu bieten hat«.

Auf diese Weise kann jede Klasse ein für sie typisches Bild zeigen, das den Übergang vom Klassenzimmer zur gemeinsamen Halle bildet.

Die Apollo-Schulen, Amsterdam [48-50]

Wurde der Raum zwischen den Klassenzimmern wie eine Art Vorhalle benutzt, wie bei der Montessori-Schule in Amsterdam, kann er auch als regelrechter Arbeitsplatz dienen, wo die Schüler für sich lernen können, d. h. nicht in der Klasse, aber auch ohne das Gefühl zu haben, ausgesperrt zu sein. Diese Plätze bestehen aus einer Arbeitsfläche mit eigener Beleuchtung und einer Bank, die von einer niedrigen Mauer umschlossen ist. Um den Kontakt zwischen Klassenzimmer und Halle so subtil wie möglich zu gestalten, wurden Halbtüren angebracht, die die nötige Offenheit zur Halle gewährleisten, jedoch gleichzeitig für die erforderliche Abgeschiedenheit sorgen. Hier wiederum findet man (wie in der Schule in Delft) die Glasvitrine, die das Minimuseum und Aushängeschild der Klasse enthält.

49

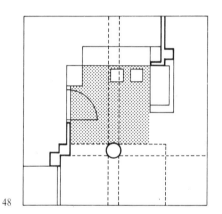
48

50

6 Das »Zwischen«

Der erweiterte Begriff »Zwischen« wurde in Forum 7/1959 (La plus grande réalité du seuil) und in Forum 8/1959 (Das Gestalt gewordene Zwischen) erläutert.

Die Schwelle liefert den Schlüssel zum Übergang von Bereichen mit unterschiedlichem territorialem Anspruch und deren Verbindung; als Raum per se bildet sie die wichtigste räumliche Voraussetzung (conditio) für die Begegnung und den Dialog von Bereichen unterschiedlicher Ordnung.

Die Bedeutung des Begriffs wird am deutlichsten in der eigentlichen Schwelle, dem Eingang zu einem Haus. Hier handelt es sich um die Begegnung und Versöhnung von Straße und Privatbereich.

Das Kind, das am Eingang seines Hauses auf der Schwelle sitzt, ist weit genug von seiner Mutter weg, um sich unabhängig zu fühlen, um das Aufregende und Abenteuerliche der großen unbekannten Welt zu spüren. Auf dieser Schwelle, die sowohl Teil der Straße wie des Hauses ist, fühlt es sich sicher, weil es seine Mutter in der Nähe weiß. Das Kind fühlt sich zuhause und gleichzeitig in der Außenwelt. Diese Dualität besteht dank der räumlichen Eigenschaft der Schwelle als eigentlicher Plattform, die weniger eine scharfe Demarkationslinie bildet als eine Stelle, an der sich zwei Welten überlappen.

51

52

53

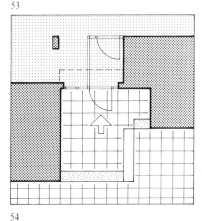
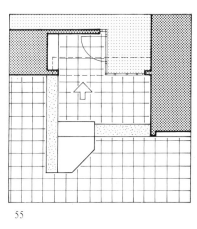

54 55

Montessori-Schule, Delft [52-56]

Der Eingang zu einer Volksschule sollte mehr sein als eine einfache Öffnung, die die Schüler verschlingt, wenn der Unterricht beginnt, und sie ausspuckt, wenn er vorbei ist. Es sollte ein Ort sein, der sie willkommen heißt, wenn sie zu früh daran sind oder nach dem Unterricht nicht gleich nach Hause gehen wollen. Auch Kinder haben ihre Verabredungen und Treffpunkte. Niedrige Mauern, worauf sie sitzen können, sind das mindeste, was man ihnen bieten kann, besser ist eine geschützte Ecke, am allerbesten wäre ein überdachter Platz für regnerische Tage.
Am Eingang des Kindergartens verabschieden sich die Eltern von ihren Kindern und warten auf sie, um sie abzuholen. So haben die wartenden Eltern eine gute Gelegenheit, sich kennenzulernen, und Mitschüler ihrer Kinder zum Spielen bei sich zuhause einzuladen; kurz gesagt, dieser öffentliche Bereich hat als Treffpunkt von Menschen mit gemeinsamen Interessen eine wichtige soziale Funktion. Seit dem letzten Umbau im Jahre 1981 [56] gibt es den Eingang in dieser Form nicht mehr.

56

31

57

offensichtlich als Fortsetzung der Wohnung betrachtet. Wenn es regnet, findet der Besucher Schutz unter dem Vordach, bis die Tür geöffnet wird, während der anheimelnde Platz ihm das Gefühl gibt, daß er schon hereingebeten wurde.

Man könnte behaupten, die Bank vor der Haustür sei ein typisch holländisches Motiv – tatsächlich kann man sie auf vielen Gemälden alter Meister sehen; in unserem Jahrhundert hat Rietveld bei seinem berühmten Haus Schröder in Utrecht (1924) die gleiche Anordnung – mit Halbtür – geschaffen [59].

Seniorenheim De Overloop, Almere [57-58]

Der geschützte Platz am Eingang, der Anfang der »Schwelle«, ist eine Stelle, wo die Besucher begrüßt und verabschiedet werden, wo man den Schnee von den Stiefeln abstößt oder den Regenschirm abstellt. Die überdachten Eingänge zu den Wohnungen des Pflegeheims De Overloop in Almere wurden neben den Türen mit einer Bank ausgestattet. Die Eingangstüren sind paarweise angeordnet und bilden einen kombinierten Bereich, der jedoch durch eine vertikale, vorspringende Trennwand unterteilt ist. Wer draußen sitzt, ist durch die Halbtür immer noch mit dem Inneren des Hauses verbunden und hört auch, wenn das Telefon läutet. Wie man an den vor dem Haus ausgelegten Matten erkennen kann, wird dieser Eingangsbereich

59

58

60

Seniorenheim De Drie Hoven, Amsterdam [60]

In Situationen, in denen der Kontakt zwischen innen und außen erwünscht ist, zum Beispiel in einem Seniorenheim, in dem einige gehbehinderte Bewohner viel Zeit in der Einsamkeit ihrer vier Wände verbringen müssen und auf Besuch warten, während sich andere Bewohner auch über Kontakte freuen würden, ist es eine gute Idee, zweiteilige Türen einzubauen, deren obere Hälfte geöffnet werden kann, während die untere geschlossen bleibt. Solche »Halbtüren« sind eine eindeutig einladende Geste: halb offen, ist die Tür offen und geschlossen zugleich, d. h. sie ist geschlossen genug, um die Absicht der Bewohner im Inneren nicht allzu deutlich zum Ausdruck zu bringen, und doch offen genug, um zwangsloses Plaudern mit Vorbeigehenden zu begünstigen, was zu einem engeren Kontakt führen kann.

Die Konkretisierung der Schwelle als Zwischenbereich bedeutet vor allem das Errichten eines Rahmens für die Begrüßung und die Verabschiedung und ist insofern die architektonische Umsetzung des Begriffs »Gastlichkeit«. Darüber hinaus ist die Schwelle als gebauter Bereich ebenso wichtig für die Entstehung sozialer Kontakte wie dicke Mauern für das Bewahren der Privatsphäre.
Bedingungen zum Schutz der Privatsphäre sind ebenso notwendig wie solche, die soziale Kontakte mit Dritten fördern. Eingänge, Vorplätze und viele andere Formen von Zwischen-Räumen bieten Gelegenheit zur Angleichung zweier anstoßenden Welten. Solche Vorkehrungen führen zu einer bestimmten Artikulation des Baus, die zugleich Raum und Geld erfordert, ohne daß ihre Funktion leicht nachzuweisen – geschweige denn meßbar – wäre; sie ist daher oft schwer zu verwirklichen und erfordert während der Planungsphase ununterbrochene Mühe und Überzeugungskraft.

Documenta Urbana-Wohnanlage, Kassel [61-70]

Der mäanderförmige, auch »Schlange« genannte Wohnblock besteht aus Abschnitten, die jeweils von verschiedenen Architekten entworfen wurden. Die gemeinsamen Treppen wurden nicht, wie üblich, an einer meist schlecht beleuchteten, übriggebliebenen Stelle untergebracht, sondern stehen in vollem Licht.

Bei einem Mehrfamilienhaus darf die Aufgabe der Architekten nicht nur in Vorkehrungen gegen übertriebene Lärmbelästigung oder Beeinträchtigung durch Nachbarn bestehen; sie müssen vor allem darauf achten, daß die räumliche Anordnung die sozialen Kontakte fördert, die zwischen den Bewohnern eines Blocks zu erwarten sind. Deshalb wurde der Treppe mehr Bedeutung beigemessen als sonst üblich. Gemeinsame Treppen sollten nicht einzig eine Quelle des Ärgers wegen des Reinigens sein; sie könnten zum Beispiel auch als Spielplatz für die kleinen Kinder der benachbarten Familien dienen. Deshalb wurden sie mit einem Maximum an Licht und Großzügigkeit, wie mit Glas überdachte Straßen, geplant und können von den Küchen aus eingesehen werden. Die offenen Eingangsbereiche mit zwei hintereinanderliegenden Türen sagen dem Gemeinschaftsbereich ein bißchen mehr über die Bewohner als die traditionelle, geschlossene Eingangstür.

Obwohl dafür gesorgt wurde, daß auf den Terrassen die Privatsphäre entsprechend geschützt ist, sind die Parteien nicht ganz voneinander isoliert. Wir waren bestrebt, die Außenräume so zu entwerfen, daß die notwendigen Abschirmungen den Kontakt zwischen den Nachbarn so wenig wie möglich beeinträchtigen. Es hat sich übrigens gezeigt, daß eine solche Erweiterung des für »Verkehrszwecke« er-

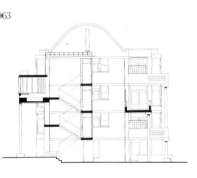

forderlichen Mindestraums nicht nur Kinder anzieht, sondern auch von den Erwachenen zum Sitzen oder Plaudern mit den Nachbarn benutzt wird. In diesem Fall sorgen auch die Bewohner für die Ausstattung.
Neben der gewöhnlichen Eingangstür haben die Wohnungen eine zweite Glastür, die auch versperrt werden kann und zur eigentlichen Treppe führt, so daß ein offener Ein-

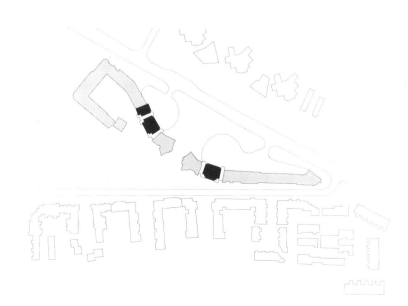

gangsbereich entsteht. Dieser Zwischenraum zwischen Treppe und Eingangstür wird von den Bewohnern unterschiedlich aufgefaßt – d. h. nicht ausschließlich als Teil des Treppenhauses, sondern als Erweiterung der Wohnung; einige betrachten ihn als einen offenen Flur, in den die Wohnungsatmosphäre sich ausbreiten darf. Auf diese Weise, je nach dem, welche der beiden Türen man als die wirkliche Eingangstür betrachtet, wird der individuelle Stil des Bewohners spürbar, der normalerweise in der Privatsphäre der Wohnung verborgen bleibt, während das Treppenhaus etwas von seinem üblichen Niemandsland-

Charakter verliert und sogar eine gemeinschaftliche Atmosphäre erhält. Das beim Wohnprojekt in Kassel entwickelte Prinzip des vertikalen Fußgängerwegs wurde bei der LiMa Siedlung in Berlin weiterentwickelt. Bei diesem Wohnkomplex führen die Treppen zu gemeinsamen Dachterrassen. Schließlich wurde auf die in Kassel vorhandenen Spielbalkone verzichtet, da der geschlossene Hof einen besonders für Kleinkinder geeigneten Spielplatz bietet.

Cité Napoléon, Paris, 1849, M. H. Veugny [71-74]

Die Cité Napoléon in Paris ist einer der ersten und sicherlich bemerkenswertesten Versuche, bei einem mehrstöckigen Wohnhaus die Frage der Entfernung von der Wohnungstür zur Straße vernünftig zu lösen. Das Treppenhaus mit den vielen Treppen und Übergängen erinnert an ein mehrstöckiges Gebäude in einem Gebirgsdorf. Durch das Glasdach erhalten die oberen Geschosse genügend Licht. Die Bewohner dieser Stockwerke öffnen tatsächlich die auf das Treppenhaus gehenden Fenster, und die dort aufgestellten Pflanzen zeigen, daß ihnen dieses Umfeld etwas bedeutet. Auch wenn es – trotz des guten Willens der Bauherren – nicht möglich war, diesen von der Straße separierten inneren Raum in eine richtig funktionierende, unseren Standards entsprechende Innenstraße zu verwandeln, bleibt dies im Vergleich zu den dunklen, nutzlosen Treppen, die seit 1849 gebaut wurden, ein leuchtendes Beispiel.

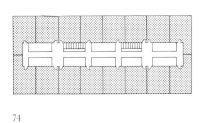

7 Privater Anspruch auf öffentlichen Raum

Durch die Vorstellung des »Zwischen« wird die scharfe Trennung zwischen Bereichen mit unterschiedlichen territorialen Ansprüchen aufgehoben. Es gilt also, »Zwischen«-Räume zu schaffen, die verwaltungsmäßig entweder zum privaten oder zum öffentlichen Bereich gehören, von beiden Seiten jedoch in gleichem Maße zugänglich sind, d. h. daß beiden zumutbar ist, daß die »anderen« sie benutzen.

Seniorenheim De Drie Hoven, Amsterdam [75-77]

In einem Gebäude, das wie eine Stadt funktionieren muß, weil die schwerbehinderten Bewohner meist unfähig sind, das Haus ohne Hilfe Dritter zu verlassen, übernehmen die Gänge die Funktion von Straßen. Die Wohnungen entlang diesen »Straßen« haben alle paarweise angeordnete dielenartige Eingänge, die einerseits zur Wohnung gehören, andererseits aber noch Teil des »Straßenbereiches« sind. Hier stellen die Bewohner ihre Sachen ab, kümmern sich um diesen Platz; oft züchten sie dort Pflanzen oder Blumen, als wäre es ein Teil ihrer Wohnung, eine Art Veranda auf Straßenebene. Doch dieser dielenähnliche Raum ist für die Vorbeigehenden zugänglich und bleibt ein Teil der Straße. In Anbetracht der endlosen Kette von Normen und Vorschriften über die Mindest- und Höchstmaße, die alle erdenkbaren Aspekte des architektonischen Entwurfes bestimmen, ist es äußerst schwierig, die wenigen Quadratmeter auszusparen, die für diesen Zweck erforderlich sind. Bei Sozialwohnungen wird diese Lösung von den Behörden als unzulässige Reduzierung der Wohneinheit oder als unnötige Erweiterung des Gangs betrachtet; schließlich wird die Funktionalität jedes Quadratmeters an der durch Zahlen feststellbaren Nützlichkeit gemessen. Die Liebe und Pflege, die die Bewohner diesem Bereich angedeihen lassen, der, genaugenommen, nicht zu ihrer Wohnung gehört,

hängen an einem scheinbar untergeordneten Detail: dem Fenster, das ihnen erlaubt, die Dinge draußen im Auge zu behalten, nicht nur, um Diebstählen vorzubeugen, sondern einfach, weil es angenehm ist, einen Blick auf seine Sachen werfen zu können, oder zu beobachten, wie die Pflanzen sich entwickeln. Der Architekt braucht unwahrscheinlich viel List und Tücke, damit seine Idee vor dem wachen Auge der Feuerschutzbehörde bestehen kann.
In »De Drie Hoven« wurden die Beleuchtungskörper an den Eingangstüren in den kleinen vorspringenden Mauern so eingerichtet, daß sich leicht eine Fußmatte darunterlegen läßt. Die Bewohner machen sich diesen so geschaffenen kleinen Raum zu eigen, indem sie ihn mit Teppich-

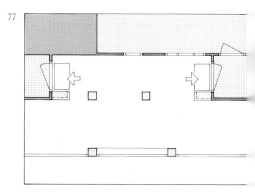

resten auslegen und somit die Grenzen ihrer Wohnung über die Eingangstür hinaus erweitern.

Enthält der Entwurf die geeigneten Anregungen zur Gestaltung des Raumes, so wird der Benutzer mehr dazu neigen, seine Einflußsphäre nach außen zu erweitern. Schon eine geringfügige Änderung durch räumliche Gliederung des Eingangsbereiches kann stimulierend wirken und zu einer deutlichen Verbesserung der Qualität des öffentlichen Bereiches führen, die der Allgemeinheit zugute kommt.

Diagoon-Häuser, Delft [78-83]

Was mit dem Pflaster in den »Wohnstraßen« gemacht werden kann, wenn die Verantwortung für die Gestaltung des Raumes den Bewohnern übertragen wird, läßt sich am Beispiel des Experiments mit dem Pflaster vor den Diagoon-Häusern in Delft gut demonstrieren. Der Bereich vor diesen Häusern wurde nicht wie ein Vorgarten angelegt, sondern einfach gepflastert wie ein Gehsteig, d. h. wie ein Teil des öffentlichen Bereichs, obwohl er, genaugenommen, nicht dazu gehört.

Die Grundstücke, die zu den verschiedenen Häusern gehören, wurden nicht gekennzeichnet, noch erkennt man in der Anlage Merkmale, die auf Privatbesitz hindeuten. Der Bo-

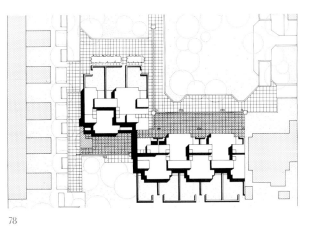

den ist mit den üblichen Betonplatten ausgelegt, was automatisch die Assoziation einer öffentlichen Straße erweckt, da für Gehsteige meist die gleichen Platten verwendet werden. Die Bewohner beginnen, einige Platten zu entfernen, und sie durch Bepflanzungen zu ersetzen (»Sous les pavés la plage«). Die übrigen Platten bleiben liegen, wenn ein Weg zur Eingangstür oder ein Parkplatz in der Nähe des Hauses gewünscht ist. Die Anlieger benutzen den Raum vor ihrem Haus entsprechend ihren Bedürfnissen und Vorstellungen, nehmen also den für sie notwendigen Platz in Anspruch; der Rest bleibt für alle zugänglich.

Wäre man bei der Planung von der Vorstellung ausgegangen, getrennte private Zonen zu schaffen, hätte sicherlich jeder für sich selbst das Beste daraus gemacht; doch wäre eine irreversible scharfe Trennung zwischen privatem und öffentlichem Raum entstanden, statt des Zwischenbereiches, der jetzt als Verflechtung des privaten Territoriums des Hauses mit dem öffentlichen Raum der Straße zustandekam. In diesem Zwischenbereich können sich die Ansprüche des Einzelnen mit den Kollektivansprüchen überlappen, und die daraus resultierenden Konflikte müssen in gegenseitigem Einvernehmen gelöst werden. Hier zeigt jeder Bewohner, was für ein Mensch er sein und wie er von Dritten gesehen werden möchte. Hier wird auch entschieden, was Individuelles und Kollektives einander zu bieten haben.

84

Die LiMa-Wohnanlage, Berlin [84-89]

Die LiMa-Wohnanlage liegt am Ende eines dreieckigen Geländes, an dessen Spitze eine Kirche den Akzent setzt. Die Baumassen dieser Kirche stehen in loser Beziehung zur architektonischen Gesamtplanung. Die Bebauung dieser dreieckigen Insel bedingte, daß die Kirche ein alleinstehendes Gebäude bleibt. Der Hof selbst, als öffentlicher Raum mit sechs Fußgänger-wegen und Verbindungen sowohl zur Straße als auch zum Nachbarhof konzipiert, hat wenig Ähnlichkeit mit den traditionellen, oft deprimierenden Berliner Höfen. Die Fußgängerwege sind auch ein Teil der offenen gemeinsamen Treppenanlagen. In der Mitte des Hofes befindet sich ein großer Sandkasten, dessen abgerundete Einfassung von den Bewohnern selbst mit Mosaiksteinchen verziert wurde.

Es war nicht schwierig, die Bewohner, die an der Gestaltung des Hofes besonderes Interesse zeigten, für dieses Projekt zu begeistern, insbesondere, nachdem sie Bilder von der Parkanlage Gaudís und den Türmen Watts gesehen hatten. Technische und organisatorische Hilfe erhielten sie von Akelei Hertzberger, die schon in der Vergangenheit ähnliche Projekte mit Erfolg durchgeführt hatte. Zunächst waren es in erster Linie die Kinder, die ihre »Fliesen« legten, bald jedoch brachten auch die Erwachsenen alle Keramikscherben hin, die sie finden konnten.

Heute würde kein Architekt so viel Aufmerksamkeit an einen Sandkasten verschwenden, und es wäre auch gar nicht nötig, denn dies kann man den Bewohnern selbst überlassen. Eine bessere Art, auf eine gegebene Anregung zu reagieren, ist kaum vorstellbar. Noch wichtiger ist jedoch, daß sie diesen Sandkasten als ihren Besitz betrachten und sich dafür verantwortlich fühlen; fällt ein Stück Mosaik heraus oder erweist es sich als zu spitz, so wird es ersetzt, ohne Sondersitzungen zu veranstalten, offizielle Briefe zu schreiben, oder einen Prozeß gegen den Architekten anzustrengen.

Ein Stück Straße, an deren Gestaltung die Bewohner selbst beteiligt sind und individuelle Zeichen setzen können, wird als gemeinsamer Besitz betrachtet und verwandelt sich in einen gemeinschaftlichen Raum.

87

88

85

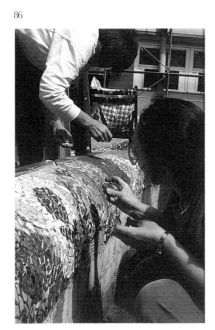

86

89

41

8 Bauamtsprinzip

90 Wohnanlage Bijlmermeer, Amsterdam

91 Familistère, Guise, Frankreich

92 Fotomontage aus den Bildern 90 und 91

Öffentliche Bereiche sollten so gestaltet sein, daß die Gemeinde sich dafür verantwortlich fühlt, und jeder Ortsansässige auf seine Art zur Entstehung eines Umfelds beiträgt, zu dem er eine Beziehung fühlt und mit welchem er sich identifizieren kann.
Es ist das große Paradoxon des Sozialstaates, wie er sich mit den sozialistischen Vorstellungen entwickelt hat, daß er die Menschen ausgerechnet dem System unterordnet, das er zu ihrer Befreiung entwickelt hat.
Die von den Stadtbehörden erbrachten Leistungen werden von deren Empfängern als eine erdrückende, von oben aufgezwungene Abstraktion empfunden; der Mann auf der Straße fühlt, daß sie »nichts mit ihm zu tun haben«, so daß das System ein weitverbreitetes Gefühl der Entfremdung erzeugt.

In den neuen Stadtvierteln sind die Baubehörden für die öffentlichen Gärten und Grüngürtel um die Wohnblocks verantwortlich, und innerhalb der Grenzen ihres Budgets bemühen sie sich auch, auf Anregung der Gemeinde diese Bereiche so attraktiv wie möglich zu gestalten.
Doch die Ergebnisse, die auf diese Weise erzielt werden, bleiben monoton, unpersönlich und unökonomisch im Vergleich zu dem, was hätte erreicht werden können, hätten die Bewohner die Möglichkeit gehabt, ein kleines Stück Land (auch wenn dieses nicht größer als ein Parkplatz gewesen wäre) selbst so anzulegen, wie sie es sich vorstellen.
Was ihnen nun gemeinsam vorenthalten wurde, hätte der Beitrag jedes Einzelnen zu einer Gemeinschaftsleistung werden können, und der Raum selbst, mit Liebe gepflegt, wäre viel besser genutzt worden.
Ein gutes Beispiel dafür ist das Familistère in Guise, Frankreich, eine vom Ofenfabrikanten Godin nach den Vorstellungen Fouriers entwickelte Arbeits- und Wohngenossenschaft. Obwohl Guise im 19. Jahrhundert entstand, ist es in Hinsicht auf das, was getan werden kann, heute noch von höchstem Interesse.

Wohnanlage Vroesenlaan, Rotterdam, 1931-34
J. H. van den Broek [93, 94]

Gemeinschaftliche Einrichtungen können nur zum Tragen kommen, wenn die Benutzer sich gemeinsam dafür einsetzen. Das muß die Vorstellung gewesen sein, die den gemeinsamen Gartenanlagen ohne Zaun und Trennwände, die in den zwanziger und dreißiger Jahren entworfen wurden, zugrundelag.

93

94

Seniorenheim De Drie Hoven, Amsterdam [95]

Das eingezäunte Gelände mit Tieren, dessen Entstehung auf die Initiative eines Mitarbeiters des »De Drie Hoven« zurückgeht, hat sich langsam zu einem Mini-Zoo mit einem Fasan, einem Pfau, Hühnern, Ziegen und vielen Enten in einem von Fischen wimmelnden Teich entwickelt. Für die älteren Heimbewohner sind die Tiere ein angenehmer und interessanter Anblick, und die Zimmer mit Blick auf die »ménagerie« sind am begehrtesten.

Baubehörden kaum erwarten, daß sie sich um die Tiere in der ganzen Stadt kümmern. Dafür wäre eine ganz neue Abteilung mit geschultem Personal nötig, von den Tausenden von Schildern mit der Aufschrift »bitte die Tiere nicht füttern« ganz zu schweigen.

In »De Drie Hoven« sind Kleingärten und Tiere ein natürlicher Anlaß zu sozialem Kontakt zwischen den älteren Heimbewohnern und der örtlichen Bevölkerung – zwei

Schuppen, in welchen die Tiere übernachten konnten, wurden von einigen Enthusiasten gebastelt, doch als diese populäre Einrichtung zu einem Erfolg wurde und erweitert werden sollte, entschied die Bauaufsichtsbehörde, daß es so nicht weitergehen könne; sie verlangte einen fachgerechten Entwurf, der von allen einschlägigen Behörden und Komitees zu genehmigen sei. Für die Einwohner ist die »ménagerie« eine stetige Aufforderung, sich aktiv an der Pflege der Tiere zu beteiligen, oder einfach zuzuschauen, wie es ihnen geht. Wann haben denn Stadtkinder die Gelegenheit, Tiere zu beobachten? Das einzige, was die meisten von ihnen in ihrer Umgebung finden, sind die eigenen Haustiere, Hunde, die an der Leine spazierengeführt werden, einfach, weil es offenbar nicht möglich ist, eine Lösung für eine kollektive Haltung und Pflege von Tieren zu finden. Ein solcher Versuch wird nicht einmal in Erwägung gezogen, haben doch die Bewohner selbst im Normalfall keinen Einfluß auf die Art, wie die Gemeinschaftsbereiche angelegt und benutzt werden. Allerdings kann man von den

Gruppen, denen je auf ihre Weise etwas abgeht. Durch die Umstände werden die Heimbewohner in der Stadt zu Außenseitern, dank »ihren« Gärten können sie jedoch eine gewisse Kompensation für das bieten, was die anderen – die wiederum auf dem Gelände von »De Drie Hoven« Außenseiter sind – nicht haben.

Durch diese Beispiele soll gezeigt werden, wie die besten Absichten zu Enttäuschung und Gleichgültigkeit führen können. Die Dinge beginnen, fehlzugehen, wenn das Ganze zu groß wird, wenn Instandhaltung und Verwaltung eines öffentlichen Bereichs nicht mehr den unmittelbaren Interessenten überlassen werden können, sondern einer besonderen Organisation mit eigenem, dafür ausgebildetem Personal bedürfen, die eigene Interessen hat und auf ihr Weiterbestehen und eventuelle Expansion bedacht ist. Ist es so weit, daß eine Organisation vor allem danach trachtet, ihr Weiterbestehen zu sichern, ungeachtet der Zwecke, zu welchen sie ins Leben gerufen wurde – d. h. um für Dritten das zu tun, was diese für sich selbst nicht mehr tun sollen – macht sich die Bürokratie breit. Richtlinien werden zu einer Zwangsjacke von Vorschriften. Das Gefühl für persönliche Verantwortung geht in der lähmenden Hierarchie der Verantwortlichkeit gegenüber dem Vorgesetzten unter. Obwohl gegen die Absichten jedes einzelnen Glieds in dieser endlosen Kette von Abhängigkeiten durchaus nichts einzuwenden ist, werden sie in Wirklichkeit unanwendbar, weil sie zu sehr entfernt von jenen sind, zu deren Nutzen das ganze System in erster Linie entwickelt wurde. Der Grund, weshalb Städter im eigenen Umfeld zu Außenseitern werden, liegt entweder darin, daß das Potential an kollektiver Initiative grob überschätzt, oder die Teilnahme und das Engagement des Einzelnen unterschätzt wurden. Die Bewohner eines Hauses haben nicht direkt mit dem Raum außerhalb ihrer Wohnung zu tun, sie können ihn jedoch auch nicht ignorieren. Dieser Widerspruch führt zur Entfremdung vom Umfeld und – insofern, als die Kontakte mit anderen durch dieses Umfeld beeinflußt werden – auch zur Entfremdung den Mitbewohnern gegenüber.

Durch die gesteigerte Kontrolle von oben wird unsere Umwelt immer erbarmungsloser; dies löst Aggressionen aus, was wiederum zu einer Verdichtung des Vorschriftennetzes führt. Es entsteht ein circulus vitiosus, denn der Mangel an Engagement und die übertriebene Furcht vor dem Chaos haben eine eskalierende Wechselwirkung.

Die unvorstellbare, in allen Großstädten der Welt zunehmende Zerstörung des öffentlichen Eigentums ist wahrscheinlich zum größten Teil auf die Entfremdung vom eigenen Wohnkontext zurückzuführen. Daß Wartehäuschen und Telefonzellen immer wieder zerstört werden, ist ein alarmierendes Zeichen für unsere ganze Gesellschaft.

Fast genauso alarmierend ist jedoch, daß man dieser Tendenz – und ihrer Eskalierung – so entgegentritt, als stünde man vor einem einfachen Organisationsproblem: es werden periodische Reparaturen vorgenommen, als sei es eine Frage von routinemäßiger Instandhaltung, und besondere, »vandalismussichere« Verstärkungen angebracht, was den Eindruck erweckt, die Situation werde akzeptiert, wie »eines jener Dinge, die auch dazu gehören«. Das ganze unterdrückende System der etablierten Ordnung ist eingerichtet, um Konflikte zu vermeiden, und die Mitglieder der Gemeinschaft vor dem Eindringen anderer Mitglieder der gleichen Gemeinschaft zu schützen, ohne direktes Eingreifen der Interessenten. Dies erklärt die tiefe Angst vor der Unordnung, dem Chaos und dem Unerwarteten, und deshalb unpersönliche, »objektive« Regelungen dem persönlichen Einsatz vorgezogen werden. Es scheint, als

96

müßte alles geregelt und meßbar sein, um die totale Kontrolle zu ermöglichen, um die Bedingungen zu schaffen, unter denen das unterdrückende Ordnungssystem die Bewohner zu Mietern anstatt zu Mitbesitzern, zu Untergeordneten anstatt zu Teilhabenden werden läßt. Auf diese Weise führt das System selbst zur Entfremdung und hemmt durch seinen Anspruch, die Leute zu vertreten, die Entwicklung von Verhältnissen, die zu einem freundlicheren Wohnkontext führen könnten.

■ Der Architekt kann dazu beitragen, ein Umfeld zu schaffen, das den Menschen mehr Möglichkeiten zur persönlichen Gestaltung bietet, so daß sie es wirklich als »ihres« betrachten und sich damit identifizieren können. Eine Welt, die von jedem und für jeden aufgebaut und aufrechterhalten wird, muß aus kleinteiligen Einheiten bestehen, die von einer Person nach ihren eigenen Vorstellungen bewältigt werden können. Jede Raumkomponente muß intensiver benutzt werden (was den Raum mehr zur Geltung bringt), wobei es auch fairer ist, wenn die Benutzer ihre Absichten kundtun. Je größer die Freiheit, um so größer die Motivation; auf diese Weise lassen sich Kräfte freisetzen, die sonst durch zentral gesteuerte Entscheidungen nur unterdrückt werden. Dies ist im Grunde ein Plädoyer für die Dezentralisierung, für Delegierung, wenn immer möglich, und für die adäquate Übertragung von Verantwortungen – als wirksame Maßnahmen gegen die unvermeidliche Entfremdung von der »Stadtwüste«.

97

Ein Arbeiterbezirk in Amsterdam, Straßenleben im 19. Jahrhundert – ganz unterschiedlich zu heute; denken wir aber daran, wie beschränkt und unzulänglich die Wohnverhältnisse damals waren.

9 Die Straße

Jenseits der Haustür oder des Gartentors beginnt eine Welt mit der wir wenig zu schaffen haben, auf die wir kaum einen Einfluß ausüben können. Immer mehr haben wir das Gefühl, daß die Welt jenseits der Haustür eine feindliche, von Vandalismus und Aggression beherrschte Welt ist in der wir uns mehr bedroht als heimisch fühlen. Es wäre jedoch fatal, dieses weitverbreitete Gefühl als Ausgangspunkt für Stadtplanungen zu nehmen.

Sicherlich ist es viel besser, auf das optimistische und auch utopische Konzept der »wiedereroberten Straße« zurückzugehen, die wir noch vor weniger als zwanzig Jahren erleben konnten. Bei dieser – durch den existentialistischen Lebenshunger – genährten Vorstellung (besonders Provo, was Holland anbelangt) wurde die Straße wieder als das betrachtet, was sie ursprünglich gewesen sein muß, nämlich als der Platz wo soziale Kontakte zwischen den Anliegern, sozusagen wie in einem gemeinsamen Wohnraum, entstehen können. Die Vorstellung, soziale Beziehungen könnten durch adäquate Anwendung architektonischer Mittel sogar gefördert werden, findet man schon bei Team X und vor allem in »Forum« wo diese Frage als zentrales Thema wiederholt angegangen

98 Suche nach Schatten – Verkehrsfreie Wohnstraße in Gioggia, Italien

wurde. Die Abwertung dieses Straßenkonzepts könnte auf folgende Faktoren zurückzuführen sein:
– die Entwicklung des Autoverkehrs und die Priorität, die er genießt;
– die unüberlegte Erschließung der Wohnungen, insbesondere die Anordnung der einander gegenüberliegenden Eingangstüren – eine Konsequenz indirekter und unpersönlicher Zugangswege, wie etwa Galerien, Aufzüge, überdachte Passagen (jene unvermeidlichen Nebenprodukte der Hochhäuser), was den Kontakt auf Straßenebene reduziert;
– die Zerstörung der Straße als öffentlicher Raum durch die Blockbebauung;
– die verringerte Wohn- und Belegungsdichte. Mit der Abnahme der Wohndichte wird der dem Einzelnen zur Verfügung stehende Wohnraum größer, während die Straßen an Breite gewinnen. Als unvermeidliche Konsequenz sind die heutigen Straßen leerer als in der Vergangenheit; darüber hinaus führt die Verbesserung des Wohnens in bezug auf Größe und Qualität dazu, daß die Menschen mehr Zeit zuhause und weniger auf der Straße verbringen;
– je besser die wirtschaftlichen Verhältnisse, in denen die Menschen leben, um so weniger sind diese auf ihre Nachbarn angewiesen und um so weniger tendieren sie dazu, gemeinsam etwas zu tun.

Der gestiegene Wohlstand scheint also einerseits den Individualismus gefördert, andererseits aber einem nicht mehr überblickbaren Kollektivismus die Tür geöffnet zu haben.
Wir müssen versuchen, mit diesen Faktoren umzugehen, indem wir so weit als möglich die Voraussetzungen zu einer menschenfreundlicheren Straße schaffen, auch wenn der Architekt nicht viel mehr dazu tun kann, als gelegentlich Einfluß auf die angesprochenen, wesentlichen Aspekte des sozialen Wandels zu nehmen. Dies bedeutet, daß es auf der Ebene der Raumordnung, d. h. mit architektonischen Mitteln geschehen muß.

■ Situationen, in denen die Straße als gemeinschaftliche Erweiterung der Wohnung dient, sind uns allen vertraut.
Je nach Klima sind die sonnigen bzw. schattigen Bereiche die beliebtesten; aber der Autoverkehr ist stets ausgeschlossen oder zumindest entfernt genug, so daß die Bewohner ohne Schwierigkeit einander sehen und hören können.
Wohnstraßen, die nicht mehr dem reinen Verkehr dienen und so gestaltet sind, daß auch Kinder darin spielen können, sind sowohl in neuen Siedlungen wie in renovierten Anlagen ein immer vertrauter werdender Anblick. Die Interessen des Fußgängers werden endlich berücksichtigt, und mit der »woonerf«-Einrichtung (verkehrsberuhigte Zonen, in welchen der Fußgänger unter allen Umständen Vorrang hat)

99 Suche nach Sonne – Verkehrsfreie Wohnstraße in der Wohnanlage Spangen, Rotterdam

als legale Basis, fühlt sich dieser wieder in seine Rechte eingesetzt, oder zumindest wird er nicht mehr wie ein Geächteter behandelt. Haben jedoch die Autofahrer gelernt, sich diszipliniert zu benehmen, sind nach wie vor ihre Fahrzeuge hinderlich, so groß und vor allem so zahlreich, daß sie immer mehr öffentlichen Raum beanspruchen.

Wohnanlage Haarlemer Houttuinen, Amsterdam
[100-109]

Das zentrale Thema dieser Wohnanlage ist die Straße als Lebensraum, die in Zusammenarbeit mit Van Herk und Nagelkerke, den Architekten der anderen Straßenseite, entwickelt wurde. Die – mehr politisch als stadtplanerisch begründete – Entscheidung, eine 27 m breite Zone bis zur Bahn für »Verkehrszwecke« freizulassen, zwang uns, mindestens bis zu dieser vorgegebenen Linie zu bauen, so daß

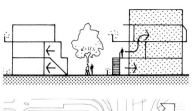

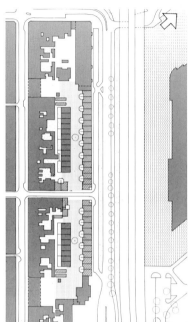

es hier keinen Platz für an der Rückfront liegende Gärten gab (die ohnehin immer im Schatten gewesen wären).
Infolge dieser unerfreulichen Verhältnisse – ungünstige Ausrichtung und Verkehrslärm – sollte also die Rückseite nach Norden liegen und der Hauptakzent auf die nach Süden orientierte Straße gelegt werden. Diese »Wohnstraße« ist nur für die Autos der Anlieger und für Lieferwagen zugänglich; da sie für den allgemeinen Verkehr gesperrt und nur 7 m breit ist – also ungewöhnlich eng für moderne

103

Kriterien, entsteht eine Situation, die an eine alte Stadt erinnert. Die notwendige Straßenausstattung wie Leuchten, Fahrradständer, niedrige Zäune und öffentliche Bänke, stehen so, daß schon einige geparkte Fahrzeuge reichen, um weiteren Wagen den Weg zu versperren. Um auf halbem Weg zwischen den beiden Straßenabschnitten ein Zentrum zu bilden, sollten Bäume gepflanzt werden. Die vorspringenden Außentreppen und Wohnzimmerbalkone gliedern das Straßengefüge und lassen es enger erscheinen als die 7-Meter-Entfernung von Hausfront zu Hausfront.

Dadurch entsteht eine Zone, in der die ebenerdigen Terrassen vor den Parterre-Wohnungen Platz haben. Diese Gärtchen mit ihren niedrigen Umzäunungen sind nicht größer als die Balkone im ersten Stock; sie könnten zwar nicht kleiner sein, doch es bleibt dahingestellt, ob sie, wenn größer geplant, besser gewesen wären. Da sie weniger Privatraum bieten als die Balkone, fragt man sich, ob die Bewohner im Erdgeschoß nicht benachteiligt sind; andererseits scheinen viele Leute den unmittelbaren Kontakt mit den Passanten und die direkte Konfrontation mit der Aktivität auf der Straße zu schätzen, besonders, wenn diese etwas von ihrer früheren Gemeinschaftsform wiedererlangt zu haben scheint. An die privaten Außenbereiche angrenzend, befinden sich Streifen, deren Gestaltung mit Absicht offengelassen wurde. Die Baubehörde konnte nicht umhin, diese Bereiche zu pflastern. Die Einwohner wiederum haben Pflanzen hingestellt und sich auf diese Weise diesen öffentlichen Raum allmählich angeeignet. Im niederländischen Wohnungsbau beschäftigt man sich traditionsgemäß besonders mit dem Problem der Erschließung der oberen Stockwerke; in Holland wurden viele Lösungen ausgearbeitet, die alle für jede Wohnung eine eigene, individuelle Eingangstür mit größtmöglicher Verbindung zur Straße vorsehen. Die von uns gewählte Lösung ist einfach eine weitere Variante dieses im wesentlichen alten Themas:

104

105 Reijnier Vinkeleskade, Amsterdam, 1924, J. C. van Epen

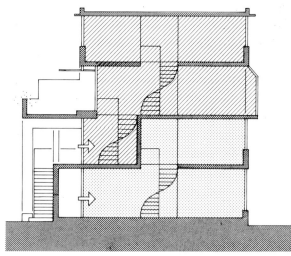

106

die eisernen Außentreppen führen zu einem Absatz im ersten Stock; dort befindet sich die Eingangstür zur oberen Wohnung; von da an geht die Treppe im Haus weiter und führt über die Schlafräume der Parterre-Wohnung zur Wohnung darüber.

Die Eingänge zu den oberen Wohnungen, die sich auf »gemeinschaftlichen Balkonen« über der Straße befinden, sind kein Hindernis für die Parterre-Wohnungen, sondern schirmen bis zu einem gewissen Grad deren Eingänge ab. Da die Treppen selbst leicht und durchsichtig sind, kann der ganze Raum benutzt werden, um Briefkästen anzubringen, Fahrräder oder Kinderspielzeuge unterzustellen. Man hat sich bemüht, die Zugangsbereiche zu den oberen Wohnungen von den grünen Flächen vor den Parterre-Wohnungen zu trennen. Diese Trennung spiegelt sich auch in der klaren Definition der Aufgaben der verschiedenen Bewohner wieder, die den Zugang zu ihrer Wohnung sauberhalten müssen. Ohne diese scharfe Trennung würden ohne Zweifel die Bewohner den ihnen zur Verfügung stehenden Raum weniger intensiv nutzen.

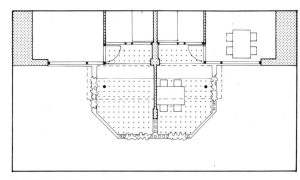

107a Zweites Obergeschoß

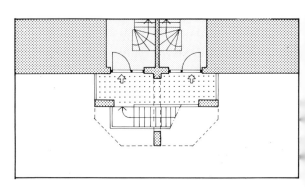

107b Erstes Obergeschoß

108

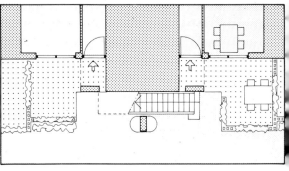

107c Erdgeschoß   109 Rechte Seite

110

111

Der Begriff Wohnstraße beruht auf der Vorstellung, daß die Bewohner gemeinsam etwas besitzen, daß sie etwas voneinander erwarten, sei es nur deshalb, weil sie wissen, daß sie einander brauchen. Dieses Gefühl scheint jedoch ziemlich schnell aus unserem Leben zu schwinden, ebenso wie die Aufmerksamkeit unter den Mitbewohnern abnimmt, je mehr mit zunehmendem Wohlstand unsere Unabhängigkeit wächst. Diese Anonymität wird sogar von den Vertretern des Kollektivismus und des Zentralismus gepriesen; haben die Menschen zuviel miteinander zu tun, so entsteht die Gefahr übertriebener »sozialer Kontrolle«, argumentieren sie.
Allerdings: je isolierter und entfremdeter die Menschen in ihrer täglichen Umwelt werden, um so leichter lassen sie sich durch über ihre Köpfe hinweg getroffene Entscheidungen kontrollieren.
Obwohl die »soziale Kontrolle« nicht unbedingt negativ sein muß, läßt sich ihre Existenz nicht leugnen, und ihre negativen Folgen sind dann spürbar, wenn niemand etwas tun kann, ohne von anderen beurteilt und ausspioniert zu werden, wie in einer zu eng gestrickten Dorfgemeinschaft.
Wir müssen jede Gelegenheit ergreifen, um eine allzu starre Trennung zwischen den Wohnungen zu vermeiden und um das, was noch an Gemeinschaftssinn vorhanden ist, zu fördern. In erster Linie dreht sich dieser Gemeinschaftssinn um das Sozialleben im Alltag: Kinder, die zusammen auf der Straße spielen, gegenseitige Hilfe für Babysitting oder bei gesundheitlichen Problemen – kurz, all die geteilten Sorgen und Freuden, die vielleicht so selbstverständlich erscheinen, daß man dazu neigt, ihre Bedeutung zu unterschätzen.

■ *Wohnanlagen funktionieren besser, wenn die Straßen, an denen sie liegen, tatsächlich die Funktion von Wohnstraßen erfüllen, was wiederum davon abhängt, wie rezeptiv sie sind, d. h. inwiefern die Atmosphäre innerhalb der Wohnungen und die gemeinsame Atmosphäre auf der Straße ineinandergreifen. Dies wird durch die Planung und die Details der Anlage weitgehend bestimmt.*

Wohnanlage Spangen, Rotterdam, 1919
M. Brinkman [110,111]

Die Zugangsgalerien in der Rotterdamer Wohnanlage Spangen (1919) sind in bezug auf das, was sie den Bewohnern bieten, heute noch unübertroffen. Da es bei diesem Typ von »Wohnstraßen« nur Eingangstüren auf einer Seite gibt, können die Bewohner lediglich mit ihren nebenan lebenden Nachbarn unmittelbar in Kontakt treten. Dies ist im Vergleich zur normalen Straße, wo es auch ein Gegenüber gibt, ein Nachteil. Dennoch ist hier der Kontakt mit den Nachbarn außergewöhnlich intensiv, was die Wichtigkeit der verkehrsfreien Zone zeigt. Allerdings ist das soziale Leben auf der Galerie unvermeidlich von der darunterliegenden Straße abgeschnitten, denn die Wohnungen sind von ihr abgekehrt. Man kann nicht gleichzeitig an zwei Stellen sein.

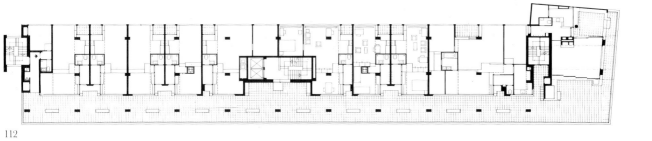

112

Studentenheim Weesperstraat, Amsterdam [112–115]

Die Wohnungen für verheiratete Studenten im vierten Stock waren ein Anlaß, eine Galerie-Straße zu bauen, die man als Prototyp einer verkehrsfreien Wohnstraße betrachten kann, hier mit Blick auf die Dächer der Altstadt. Bei dieser Lösung können sogar die Kleinkinder »im Freien« spielen, während die Eltern vor ihrer Wohnung sitzen. Vorbild zu diesem Entwurf war eigentlich der 45 Jahre zuvor entstandene Spangen-Komplex.
Problematisch bei den Galerie-Straßen sind die Schlafzimmerfenster; wenn sie auf die Galerie gehen, wird die Privatsphäre beeinträchtigt. Diesem Nachteil kann abgeholfen werden, indem der Boden im Schlafzimmer erhöht wird, so daß man von innen nach außen über die Köpfe der Vorbeigehenden hinausschauen kann, während das Fenster zu hoch ist, um Einblick in das Zimmer zu gewähren. Inzwischen ist das Gebäude als Ganzes weniger offen und die Galerie-Straße nicht mehr öffentlich zugänglich.

113

114

115

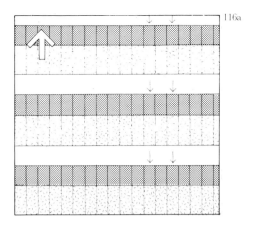
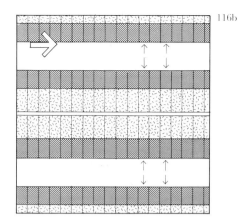
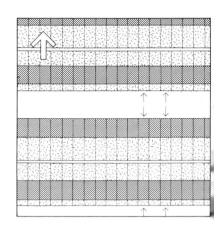

Anlage-Prinzipien [116]

Die Bedeutung der Anlage kann man ganz an den Prinzipien erkennen, die bei allen neuen Wohnbauprojekten angewandt wurden. In der Stadtplanung des 20. Jahrhunderts führte die Forderung nach offeneren Räumen und besseren Lichtverhältnissen in allen Wohnungen zur Aufgabe der bis dahin üblichen Anordnung von umschließenden Blockbebauungen.

Dadurch verschwand der Kontrast zwischen der lautlosen Abgeschiedenheit der umschlossenen Höfe und der Geschäftigkeit und dem Verkehrslärm auf der Straße. Die Fassaden auf der Straßenseite bildeten die Hausfront (und der Architekt bemühte sich besonders um ihre Gestaltung), während die schlichteren rückwärtigen Fassaden mit ihren Balkonen und Wäscheleinen – die einen günstig gelegen, die anderen durch ihre Ausrichtung wesentlich benachteiligt – die sogenannte Wohnseite darstellten. Diese Anordnung wurde durch den Zeilenbau mit durchgehenden Wohnungen abgelöst, was die Anlage der Gärten auf einer Seite ermöglichte (Zeichnung 116a). Man muß sich allerdings darüber im Klaren sein, daß bei dieser Anordnung die Eingangstüren der einen Hausreihe in die Gärten der nächsten Reihe blicken. So wohnt jeder in einer Art Halbstraße, und der Raum zwischen den Blöcken ist immer der gleiche, anstatt sich abwechselnd als Garten oder Straße zu präsentieren.

Der Zeilenbau beruht übrigens auf der Formengleichheit der Parzellen, solange die Ausrichtung es erlaubt (Zeichnung 116b), doch sogar wenn dies nicht zutrifft, muß darauf geachtet werden, daß die Vorderseiten der Häuser (d. h. die Seiten, an der sich die Eingangstüren befinden) einander gegenüberliegen (Zeichnung 116c). In diesem Fall schaut jeder auf den gleichen gemeinsamen Bereich – so kann man zum Beispiel sehen, wie die Nachbarskinder morgens zur Schule eilen (geht etwa unsere Uhr wieder nach?). Ungehindert auf die Nachbarn schauen zu können, weckt aber auch die Neugier; bei diesem Anlagetyp ist es also wichtig, Türen und Fenster so anzuordnen, daß der Eingangsbereich einen gewissen Schutz vor übertriebener Schaulust bietet. Bei der traditionellen geschlossenen Anordnung der Häuserblöcke liegen alle Gärten und alle Eingangsbereiche einander gegenüber und unterscheiden sich insofern voneinander.

Royal Crescent, Bath, England, 1767
J. Wood, J. Nash [117-119]

Obwohl sicherlich nicht in Hinblick auf nachbarliche Interaktion entworfen, ist die gebogene Straßenfront in dieser Hinsicht besonders interessant.

Da die Häuser nach einer konkaven Linie angeordnet sind, schauen sie sich gegenseitig an. Die Wirkung ist etwa die gleiche, wie wenn man in einem Zug sitzt, der in eine Kurve fährt; plötzlich erblickt man die anderen Wagen mit

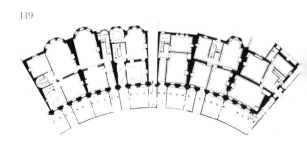

Fahrgästen, deren Gegenwart einem gar nicht bewußt war. Eine gebogene Straßenflucht mit Reihenhäusern, die auf den gleichen Außenbereich blicken, trägt zur Geschlossenheit der Anlage bei.
Verstärkt die konkave Seite das Gefühl der Zusammengehörigkeit, so sorgt wiederum die konvexe nach hinten dafür, daß die Häuser sozusagen voneinander abgekehrt sind, wodurch die private Sphäre der Gärten erhalten wird. Diese Lösung ist also für beide Seiten günstig.

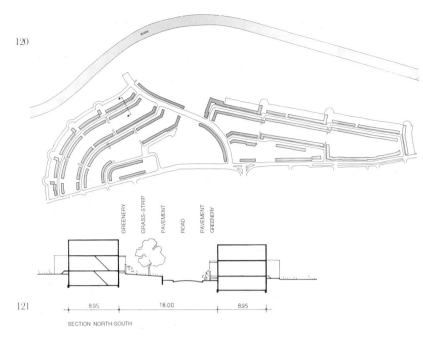

122 Römerstadt 1934

Römerstadt, Frankfurt am Main, 1927/28
E. May [120-123]

Wie sein berühmter Kollege Bruno Taut gehörte Ernst May zu den führenden Pionieren des modernen Wohnbaus in Deutschland. Seine 1926-30 in Frankfurt entstandenen Bebauungen zeigen seinen ausgesprochenen Sinn für urbane Details, die die Lebensqualität verbessern können. Tauts Architektur lehrt, daß die trostlosen Planungen, die gewöhnlich als Ergebnis des für Sozialwohnungen vorgesehenen limitierten Etats entstehen, trotz beschränkter Mittel in hervorragende Wohnanlagen verwandelt werden können, wenn die Entwürfe mit dem richtigen Sinn für Ausrichtung und Proportion erstellt wurden. Sicherlich darf man nicht vergessen, daß die Architektur der Siedlungen und die Gestaltung des Umfelds von einem Mann stammen, für den Architektur und Stadtplanung eins waren, und der insofern Wohnbauten und Umgebung dergestalt aufeinander abzustimmen verstand, daß sie zu Teilen eines Ganzen wurden.

Die Siedlung Römerstadt ist auf einem sanft ansteigenden Hügel am Ufer der Nidda gelegen. Die parallel verlaufenden Straßen folgen der Richtung des Tals; obwohl es sich bei der terrassenförmigen Anlage angeboten hätte, die Gärten auf der Talseite zu planen, befinden sich die Eingangstüren zu den Reihenhäusern beiderseits der Straße einander gegenüber. Die sich aus der Orientierung und dem (leichten) Niveauunterschied ergebenden Ungleichheit der beiden Eingangsseiten wurde durch die Gestaltung des Straßenraumes mit einer grünen Zone vor den Häusern, deren Garten weniger günstig liegt, kompensiert.

Daß zwischen Pflaster und Nordwand ein schmaler Streifen ausgespart wurde, ist ein kennzeichnendes Detail. Offensichtlich sollten hier Kletterpflanzen eingesetzt werden, um die Kahlheit der Fassaden zu mildern.

123 Römerstadt 1985

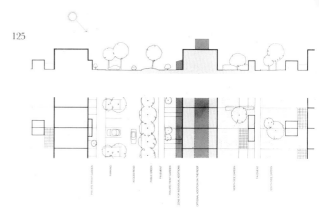

Siedlung Het Gein, Amersfoort [124-128]

Die Siedlung »Het Gein« in Amersfoort zeichnet sich besonders durch die Qualität der Wohnstraßen aus. Das Gelände wurde, so weit es ging, in möglichst lange, gerade Blöcke und parallele Straßen unterteilt. Auf den ersten Blick scheint eine solche Anlage weniger Vielfalt zu bieten als der konventionelle Plan; es wurde jedoch davon ausgegangen, daß ruhige, gerade Straßen einen besseren Ausgangspunkt für eine vielfältige Gestaltung der Parzellen selbst erlauben, etwa wie Kette und Schuß bei einem Gewebe, dessen Kette (hier die Straßen) eine starke (wenn nötig sogar farblose) Struktur bildet, während der Schuß für die Farbe sorgt. Eine wichtige Voraussetzung ist allerdings, daß die Wohnstraßen möglichst verkehrsfrei bleiben. Viel Wert wurde auch auf das Profil der Straßen gelegt, das nicht nur für die Qualität der einzelnen Wohnungen wesentlich ist, sondern auch für ihre Beziehung zueinander. Die Vorderseiten, also auch die Eingangstüren, stehen beiderseits der Straße paarweise einander gegenüber. Die Straßen sind von Südosten nach Nordwesten orientiert; dies bedeutet, daß eine Seite mehr Sonne bekommt als die andere. Deshalb wurden die Straßen asymmetrisch angelegt, mit den Parkplätzen auf der Schattenseite, während die Sonnenseite reichlich begrünt ist. Als Ausgleich erhielten die Häuser, deren Eingangstür sich auf der Sonnenseite befindet und deren Garten folglich im Schatten liegt, entlang der Front einen zusätzlichen 1,80 m breiten Streifen, der benutzt werden kann, um dort eine Veranda, einen Wintergarten, einen Freisitz oder ähnliches einzurichten. Diese Anbauten wurden schon von Anfang an bei einigen Häusern mitterrichtet und sollten die Bewohner ähnlicher Häuser animieren, diesen Beispielen zu folgen, wenn sie es sich leisten konnten. Wie dieser Raum von den jeweiligen Hausbewohnern schließlich benutzt wird, sollte eine wesentliche Quelle der Vielfalt sein – nicht als Produkt des Entwurfs, sondern eher als Ausdruck individueller Wünsche. Einige Häuser haben auch ein ausgebautes Dachgeschoß, und es wurde

versichert, daß künftig weitere Anbauten in einem bestimmten, vereinbarten Bereich erlaubt sein würden. Die Freisitze befinden sich je nach Sonnenlage entweder in unmittelbarer Nähe der Häuser oder in den Gärten. In den teilweise im Schatten liegenden Gärten erhält man dadurch ein son-

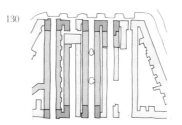
130

129

»Der Spaß beginnt damit, das Auto und den Wohnwagen startklar zu machen.«
(Aus dem ANWB - Reiseführer)

131

132

Wohnstraße in Saxmundham, England 1887. Feiern zum Regierungsjubiläum von Queen Victoria
»In den späten achtziger Jahren des letzten Jahrhunderts hatte die Popularität der Königin die früheren Wellen republikanischer Ideen überspielt und erreichte ihren Höhepunkt in den Jubiläumsfeiern von 1887 und 1897. Die Queen war beliebter als jeder frühere Monarch in England. Man beachte auf diesem Bild, daß der Polizist mitten unter den Ehrengästen beim Servieren der Bevölkerung hilft. Der Tag ist so warm, daß die Damen ihre Sonnenschirme öffnen. Ein sonnenverbranntes Gesicht war unbedingt zu vermeiden, weil es dem Ansehen in der Gesellschaft abträglich war.«
(Gordon Winter, A Country Camera 1844-1914, Penguin, London)

niges, geschütztes Plätzchen. Bei den günstiger orientierten Grundstücken sind die Freisitze unmittelbar am Haus, so daß es reizvoll ist, eine Verbindung zwischen beiden herzustellen.

Wohnungserschließung

Wohnungen sollten möglichst einen direkten Zugang zur Straße haben und vorzugsweise nicht allzu weit davon entfernt sein, wie es bei Hochhäusern oft der Fall ist. Ist die eigene Wohnung nur über eine gemeinsame Halle, einen Aufzug, Treppen, Galerien oder Arkaden zu erreichen, sind diese Räume so anonym, daß sie jeglichen ungezwungenen Kontakt zwischen den Bewohnern unterbinden und zu einem weitläufigen Niemandsland werden. Auch unter Berücksichtigung der Tatsache, daß in einem mehrstöckigen Haus jede Wohneinheit ihre Privatsphäre braucht, haben neben-, über- oder untereinander wohnende Nachbarn doch viel miteinander zu tun, während die räumlichen Verhältnisse, die dies begünstigen sollten, fehlen. In einem Wohnblock weiß man auch nicht, wo man Freunde begrüßen und verabschieden soll. Soll man sie bis zur Haustür begleiten und die Treppen allein heruntergehen lassen, oder mit ihnen bis zum Parkplatz gehen? Und wie umständlich ist es, das Gepäck in den Wagen zu laden, wenn man in Urlaub fährt. Und wenn die Kinder noch zu klein sind, um im Freien allein zu spielen, wird die Situation wirklich problematisch.

In Wohngegenden muß die Straße nicht nur im Alltag, sondern auch bei besonderen Anlässen als Wohn-Raum erlebt werden können, bei gemeinsamen Aktivitäten oder solchen, die für die dortigen Anwohner von Bedeutung sind.

Sicherlich ist es unmöglich, den Straßenraum so zu planen, daß die Menschen plötzlich auf die Idee kommen, ihre Mahlzeit gemeinsam dort einzunehmen. Es wäre jedoch von Vorteil, diese Vorstellung im Auge zu behalten und als Grundforderung zu betrachten, der man im Prinzip gerecht werden könnte. Obwohl die Menschen in nördlichen Ländern ihre Mahlzeiten nicht im Freien einzunehmen pflegen, kommt es hin und wieder vor; deshalb müssen wir darauf achten, daß die Organisation des Raumes dies nicht a priori verhindert. Die Menschen könnten sogar den öffentlichen Raum für neue Zwecke nutzen, wenn ihnen die Möglichkeit dazu ausdrücklich geboten wäre.

Ebenso wichtig wie die Anordnung der Wohneinheiten einander gegenüber ist die Befensterung, die Plazierung der Erkerfenster, Balkone, Terrassen, Treppenabsätze, Türschwellen, Veranden – ihre Größe und räumliche Verteilung, d. h. ob sie im richtigen Abstand zueinander stehen. Es geht immer darum, den richtigen Mittelweg zu finden, der den Bewohnern erlaubt, sich in ihre Privatsphäre zurückzuziehen, wenn sie es wünschen, ihnen jedoch die Möglichkeit gibt, Kontakt mit ihrer Umwelt aufzunehmen.

Entscheidend ist in dieser Hinsicht der Eingangsbereich, der Platz, wo das Haus endet und die Wohnstraße beginnt. Von dem, was Wohneinheit und Wohnstraße sich gegenseitig anzubieten haben, hängt es ab, ob sie beide gut oder schlecht funktionieren.

Das Familistère, Guise, Frankreich, 1859-83
[133-136]

Das Familistère in der nordfranzösischen Stadt Guise ist eine Wohngemeinde, die vom Ofenfabrikanten Godin nach den utopischen Ideen von Fourier gegründet wurde. Der Komplex besteht aus 475 in drei aneinandergebaute Wohnblöcke aufgeteilten Wohneinheiten mit Gemeinschaftseinrichtungen wie Krippe, Schule und Wäscherei. Die um die drei großen Lichthöfe angeordneten Wohnungen bilden im wahrsten Sinn des Wortes deren Wände. Obwohl die Form der Höfe und die gefängnisartige Anordnung der Türen entlang den Galerien heute etwas primitiv erscheinen, ist dieser frühe »Wohnblock« nach wie vor ein herausragendes Beispiel dafür, wie Straße und Wohnung sich ergänzen können. Die Tatsache, daß die Höfe überdacht sind, fördert außerdem gemeinschaftliche Aktivitäten, die damals dort offensichtlich üblich waren, als das Familistère als kollektive Wohnform funktionierte. »Jeder Versuch, die Arbeitsverhältnisse zu ändern, ist zum Scheitern verurteilt, wenn er nicht von einer Reform des Bauens begleitet wird, die den Zweck verfolgt, für die Arbeiter eine

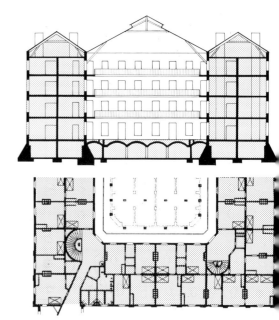
133

134

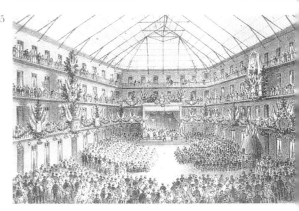
135

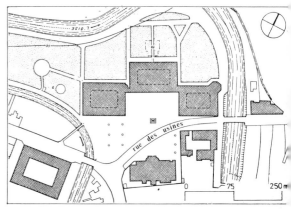
136

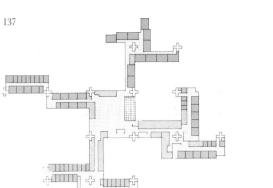

angenehme Umgebung zu schaffen, die sowohl auf ihre praktischen Bedürfnisse abgestimmt ist, als ihnen auch ermöglicht, die Freuden des Lebens in der Gemeinschaft zu genießen, wie es jedem Menschen wohl zusteht.«
(A. Godin, *Solutions sociales,* Paris 1894)

Seniorenheim De Drie Hoven, Amsterdam [137-140]

Bei Krankenhäusern, Pflegeheimen und ähnlich großen Wohngemeinschaften erfordert die begrenzte Beweglichkeit der Bewohner eine Planung, die mit einer Stadt im kleinen vergleichbar ist. Bei De Drie Hoven muß alles in einer relativ kurzen Entfernung unter dem gleichen Dach erreichbar sein, denn kaum ein Bewohner ist in der Lage, den Platz ohne fremde Hilfe zu verlassen. Zum Glück erlaubt die Größe des Heims, ein Programm mit so vielen Vorzügen zu entwickeln, daß die Institution in dieser Hinsicht tatsächlich an eine Stadt erinnert. Die Bewohner bewegen sich in dieser Umgebung wie in einer Dorfgemeinschaft.

Bei der Organisation stark von der Vorstellung der Dezentralisierung geprägt, wurde der Komplex in mehrere »Flügel« unterteilt, jeweils mit eigenem »Zentrum«. Die einzelnen Abteilungen münden in den zentralen »Gemeinschaftsraum«. Diese Anordnung führte zur Entstehung einer Folge offener Bereiche, die den Übergang räumlich darstellen: Nachbarschaftszentrum, Gemeindezentrum, Stadtzentrum – ein zusammengesetztes Ganzes, in welchem jeder offene Bereich einer bestimmten Funktion dient. Die Gesamtkonfiguration wird jedoch vom zentralen »Hof« beherrscht, den die Heimbewohner selbst den »Dorfplatz« nennen.

Dieser »Dorfplatz« ist genaugenommen nicht von Wohneinheiten umgeben, wie die Lichthöfe des Familistère in Guise, doch bildet er, was die Benutzung und die sozialen Beziehungen angeht, den Kern des Komplexes. Dort findet alles statt, was für die Gemeinschaft – oder von ihr – organisiert wird: gesellschaftliche Veranstaltungen, Konzerte, Theater- und Ballettaufführungen, Modeschauen, Markt, Chorgesang, Kartenspielabende, Ausstellungen und Festessen zu bestimmten Anlässen. Dort gibt es fast jeden Tag etwas besonderes. Dieser »Dorfplatz« ist die freie Interpretation des üblichen, für bestimmte Veranstaltungen vorgesehenen Auditoriums, das die Hälfte der Zeit unbenutzt bliebe, wenn es eine getrennte, zentrale Halle wäre.

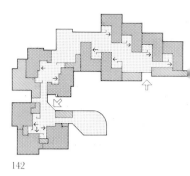

141

142

Montessori-Schule, Delft [141-142]

Bei der Montessori-Schule wurde die Halle so konzipiert, daß sie in der gleichen Beziehung zu den Klassenzimmern steht wie die Straße zu den Häusern. Die räumliche Beziehung zwischen Klassenzimmern und Halle sowie deren Form wurden als »gemeinschaftlicher Schul-Wohnraum« gedacht. Wie dies in der Schule funktioniert, könnte ein Modell dafür sein, was in der Straße zu verwirklichen wäre.

Kasbah, Hengelo 1973, P. Blom [143-144]

Kein anderer Architekt hat sich eingehender mit der Frage der Interaktion von Wohnung und Straßenraum beschäftigt als Piet Blom. Während die Planung der Kasbah hauptsächlich mit dem befaßt war, was durch die Anordnung der Wohnungen selbst erreicht werden konnte (s. *Forum 7*, 1959 und *Forum 5*, 1960-61), bildet das in Hengelo entstandene städtebauliche Ensemble nicht die Wände der Straße, sondern vielmehr das »Dach der Stadt«, während das Erdgeschoß darunter einen großen Freiraum für gemeinschaftliche Aktivitäten und Veranstaltungen bildet. Allerdings werden die hier angebotenen außerordentlichen Raumverhältnisse nur gelegentlich in Anspruch genommen.

Dieses Beispiel ist lehrreich: die Wohnungen sind von der Straße allzusehr abgeschnitten, sozusagen von ihr abgekehrt und blicken nach oben; von dieser Straße kann man durch die Fenster wenig sehen, und selbst die Eingänge bilden nur einen indirekten Zugang. In dieser Hinsicht schafft diese Form von Straßenraum als Gegenstück zu den

143

144

Wohnungen die für den Alltag erwünschten Bedingungen nicht. Außerdem ist der Raum vermutlich zu groß, um ausgefüllt zu werden, weil er, im Gegensatz zu einem gleichgroßen gewachsenen Dorf, nicht genug aktives Umfeld bietet.

Versuchen wir uns jedoch dieses Gefüge im Herzen von Amsterdam, mit einem lebhaften Markt in der Straße darunter, vorzustellen. Eine solche Situation schwebte Piet Blom vermutlich vor, als er seinen Entwurf konzipierte.

Nachdem sie sich von der traditionellen Blockbebauung abgewandt hatten, versuchten die Architekten, vor allem unter dem Einfluß von Team X und Forum, eine Reihe neuer Wohnformen zu erfinden und entwickelten oft spektakuläre Lösungen.

Ob diese jedoch richtig funktionieren, hängt nur teilweise von der Qualität der Wohnungen selbst ab. Mindestens genauso wichtig ist, daß der Architekt einen Weg findet, die Wohnungen als Baumaterial zur Errichtung einer Straße zu benutzen, die den gestellten Ansprüchen gerecht wird. Die Qualität der einen hängt von jener der anderen ab: Häuser und Straßen ergänzen sich.

Daß die Lösungen, wenn gebaut, oft enttäuschend sind, ist darauf zurückzuführen, daß die Architekten häufig eine falsche Vorstellung von der Art und Weise haben, wie der von ihnen geschaffene Straßenraum tatsächlich erlebt und benutzt wird. Abgesehen von der Tendenz, sich zu sehr auf die Wirksamkeit bestimmter Einrichtungen zu verlassen (die sich allzuoft als viel weniger lebensfähig erweisen als gedacht) liegt der Irrtum meist im Mißverhältnis zwischen der Größe des öffentlichen Raumes und der Zahl der Menschen, die ihn benutzen sollen.

Ist der Straßenbereich zu groß, geschieht zu wenig an zu wenig Stellen, und den guten Absichten zum Trotz entstehen weite Räume, die den Charakter einer Wüste aufweisen, weil sie einfach zu leer sind. Nicht wenige – gut entworfene – Projekte würden richtig funktionieren, wenn nichts als ein Markt an einem sonnigen Samstag dort stattfände, jene Art von Markt, den man sich leicht vorstellen kann, von denen es jedoch in Wirklichkeit nur einen für hunderttausend Wohnungen gibt.

Solche Planungen müßten fortlaufend in bezug auf die »Bevölkerungsdichte« getestet werden, indem auf der Pause die ungefähre Zahl der Leute angegeben ist, welche die verschiedenen Zonen bei wechselnden Situationen voraussichtlich benutzen sollten. Dadurch bemerkt man zum Beispiel, daß der für Unterhaltung vorgesehene Bereich zu groß ist. Weite Räume sprechen oft die Phantasie des Architekten an, weil sie eine bestimmte Ruhe ausstrahlen; ob die lokale Bevölkerung das Gleiche empfindet, ist fraglich. Für Wohn- und andere Bauten ist eine Vielfalt von Formen denkbar, solange der Straßenbereich so gestaltet ist, daß er in Alltagssituationen als Katalysator zwischen den Anliegern wirkt, damit die Distanz zwischen den Bewohnern der einzelnen allzuoft fast »hermetisch« abgeschlossenen Wohnungen nicht größer wird, und die Organisation des Raumes stattdessen die sozialen Interaktionen und den sozialen Zusammenhalt fördert.

145
Via Mazzanti, Verona

146

10 Der öffentliche Bereich

147 Studentenprotest in der Galleria Vittorio Emanuele, Mailand

Stellen Häuser den privaten Bereich dar, so bilden Straßen den öffentlichen Raum. Behausung und Straße die gleiche Aufmerksamkeit zu schenken, heißt, die Straße nicht einfach als übriggebliebenen Raum zwischen Wohnblöcken, sondern als ein wesentliches, ergänzendes Element zu behandeln, das räumlich ebenso sorgfältig organisiert sein muß, um eine Situation zu schaffen, in der sie nicht mehr nur dem Autoverkehr, sondern auch anderen Zwecken dient. Ist die Straße als Ansammlung von Bauten grundsätzlich Ausdruck der Pluralität einzelner, meist privater Komponenten, so bildet die Abfolge von Straßen und Plätzen als Ganzes den potentiellen Raum, in dem der Dialog zwischen den Anliegern möglich wird.

Ursprünglich war die Straße der Ort der Handlung, wo Revolutionen stattfanden, Feste gefeiert wurden, und man kann durch die Geschichte hindurch von einer Epoche zur nächsten verfolgen, wie die Architekten den öffentlichen Raum im Auftrag der Gemeinschaft, in deren Dienst sie standen, gestalteten.

Dies ist also ein Plädoyer für die Aufwertung des öffentlichen Raumes, der die soziale Interaktion fördern und zugleich widerspiegeln soll. Bei jedem urbanen Raum müssen wir uns fragen, wie er funktioniert, für wen, durch wen und zu welchem Zweck.

Sind wir einfach von seinen ausgewogenen Proportionen beeindruckt, oder dient er etwa auch zur Verbesserung zwischenmenschlicher Beziehungen?

Empfinden wir eine Straße oder einen Platz als schön, so nicht nur, weil die Dimensionen und Proportionen angenehm sind, sondern wegen ihrer Funktion innerhalb der Stadt als Ganzem. Dies hängt nicht unbedingt von den Raumverhältnissen ab, obwohl sie oft eine Rolle spielen, und solche Fälle sind interessante Beispiele für den Architekten und den Stadtplaner.

Palais Royal, Paris 1780, J. V. Louis [148-150]

1789 wurden auf drei Seiten des ursprünglichen Gartens des Palais Royal in Paris eine Häuserreihe mit Arkaden als Ladenstraßen errichtet. Heute handelt es sich um einen der abgeschirmtesten öffentlichen Räume in der Stadt, der gleichzeitig als wichtige Abkürzung vom Louvre zur Bibliothèque Nationale dient. Der kleine, längliche Park verdankt seine räumliche Qualität und angenehme Atmosphäre nicht nur den ausgewogenen Proportionen der regelmäßig gegliederten Gebäude, die ihn umschließen, sondern auch der vielfältigen Gestaltung der Anlage mit Grünflächen, Stühlen, Bänken, Sandkästen und einem Café mit Stühlen im Freien.

148

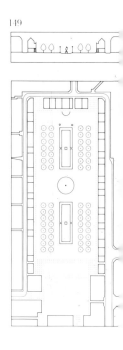

149

Stadtplatz, Vence, Frankreich [151]

In Ländern mit mildem Klima spielt die Straße natürlich eine größere Rolle im Leben der Menschen als in kühleren Gegenden. In den Mittelmeerländern findet man in jedem Dorf und in jeder Stadt solche Plätze wie in Vence. In vielen Orten hat der Tourismus die traditionelle Lebensart beträchtlich zerstört und daher auch die ursprüngliche Funktion des öffentlichen Raums; dennoch sind solche Plätze für gemeinschaftliche Aktivitäten besonders geeignet, in diesen veränderten Zeiten vielleicht noch mehr, wie die Open-air-Konzerte zeigen.

151

Rockefeller Plaza, New York [152]

Die Rockefeller Plaza im Herzen von New York funktioniert sogar im Winter wie ein urbaner Wohnraum, wenn Menschen von überall her kommen, um auf der temporären Eisbahn Schlittschuh zu laufen. Die Schlittschuhläufer zeigen den Zuschauern, was sie können, und obwohl dort nicht so viel los ist, kann es durchaus dazu kommen, daß die Passanten ein bestimmtes Gefühl der Zugehörigkeit empfinden, etwa wie jenes, das in einem Theater, einer Kirche oder irgendeinem Versammlungsort zu erwarten ist, und das hier zum Teil dank den räumlichen Verhältnissen, die geschaffen wurden, spontan entsteht.

152

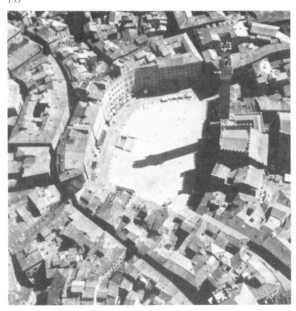

Piazza del Campo, Siena [153-155]

Wenn es überhaupt einen öffentlichen Raum gibt, dessen umschlossene Form und außergewöhnliche Lage den Eindruck eines Stadtwohnraums erweckt, so ist es die Piazza del Campo in Siena. Obwohl der Platz mit seinen vom Palazzo Communale beherrschten, ziemlich strengen Gebäuden nach innen gekehrt ist, erzeugt die schalenförmige Vertiefung mit den strahlenförmig davon ausgehenden steilen Gassen unverkennbar eine Atmosphäre der Offenheit und des Lichts. Die sonnige Seite des Platzes ist von Cafés mit Terrassen gesäumt, die das ganze Jahr über gefüllt sind vor allem mit Touristen.

Die Situation ändert sich vollkommen zur Zeit des Palio delle Contrade, des Pferderennens, an dem alle umliegenden Ortschaften teilnehmen. Dieses jährliche Ereignis, zugleich Zeremonie und Wettkampf, verzaubert die ganze Stadt und ihre Bevölkerung, und der schöne, schalenförmige Raum birst von Menschen, die auf den aufgestellten Tribünen stehen, um das in der Mitte stattfindende Rennen gut beobachten zu können. Zu dieser Zeit sind alle Fenster mit Blick auf die Piazza gesteckt voll zahlender Zuschauer oder Freunden der Familien. Am Abend des Wettkampfes dinieren dann fünfzehntausend Menschen draußen, in den Straßen aller Nachbardörfer.

Plaza Mayor, Chinchon, Spanien [156, 157]

Jedes Jahr, wenn der Stierkampf stattfindet, verwandelt sich der Marktplatz von Chinchon, einer kleinen Stadt südlich von Madrid, in eine Arena. Diese Plaza, deren Form an ein in einer Senke liegendes, griechisches Amphitheater erinnert, ist ringsum von Häusern umgeben, mit Läden und Cafés unter den Arkaden im Erdgeschoß und Wohnungen darüber. Alle Wohnungen haben Holzbalkone, die den Fassaden entlang laufen und einen ununterbrochenen zweistufigen Kreis zum Platz hin bilden. Wenn ein Stierkampf stattfindet, werden die Balkone zu Tribünen mit Sitzreihen, die die Hausbewohner vermieten, um zusätzlich etwas zu verdienen. Auf diese Weise erhalten Privatwohnungen, die an solch strategischen, für das Leben der Gemeinde wichtigen Plätzen gelegen sind, vorübergehend einen öffentlichen Status.

156

157

Diese Balkone, die alle nach den gleichen Prinzipien als zusätzliche, vor den relativ geschlossenen Fassaden vorspringende öffentliche Zone vermutlich in Hinblick auf diese öffentliche Sonderfunktion konzipiert wurden, halten den Raum zusammen, damit ein großes, einheitliches Ganzes entsteht, ähnlich dem klassischen italienischen Theater mit seinen gestaffelten Reihen von Logen.

Dionne-Brunnen, Tonnerre, Frankreich [158]

Gemeinsame Waschplätze (die Wasserpumpen oder Hähne, die sich in kleineren ländlichen Ortschaften in der Mitte des Dorfes befinden) waren für die Bewohner immer ein beliebter Treffpunkt, wo geplaudert wird, und wo die letzten Neuigkeiten ausgetauscht werden. Fließendes Wasser und Waschmaschine haben dem ein Ende bereitet.»Heute haben Frauen keine Zeit mehr für sich« hört man oft als Verteidigung der Modernisierung. Bei dem berühmten Brunnen in Tonnerre wurde die Stelle, wo das Wasser aus großer Tiefe emporquillt, von einem einfachen kreisförmigen Damm umschloßen. Diese Lösung steigert noch die Großartigkeit dieser natürlichen Erscheinung und schafft darüber hinaus die einfachen Voraussetzung für einen gemeinschaftlichen Waschplatz für die in der Nähe wohnenden Leute.

Heute werden keine Waschplätze mehr eingerichtet (Wasch-Stationen für Autos zählen dabei nicht). Gibt es eigentlich noch Plätze, wo die Beschäftigungen des Alltags die Schaffung gemeinschaftlicher Einrichtungen in einem öffentlichen Bereich erfordern, wie jene, die man in den weniger wohlhabenden Teilen der Welt noch findet?

158

11 Der öffentliche Raum als gebaute Umgebung

159

160

Bis zum 19. Jahrhundert gab es wenige der Öffentlichkeit zugängliche Bauten, und diese wiederum waren es nicht uneingeschränkt. Die Zugänglichkeit solcher Gebäude wie Kirchen, Tempel, Moscheen, Bäder, Basars, Arenen, Theater, Universitäten usw. ist mit bestimmten, von den Verantwortlichen oder Besitzern auferlegten Einschränkungen verbunden. Eigentlich war öffentlicher Raum immer im Freien. Das 19. Jahrhundert war das goldene Zeitalter des öffentlichen Gebäudes, dessen Baukosten gewöhnlich von der Gemeinschaft getragen wurden. Die in jener Periode entstandenen Gebäudetypen bildeten die Bausteine der Stadt, und man kann heute noch an ihnen lernen, welche architektonischen und räumlichen Mittel am besten geeignet sind, um einen Bau einladender und gastlicher zu gestalten.

Die industrielle (R)evolution hat einen neuen Massenkonsum eingeleitet. Die Beschleunigung und Vermassung der Produktions- und Verteilungssysteme führten zur Einrichtung von Warenhäusern, Weltausstellungen, gedeckten Markthallen und natürlich zum Bau öffentlicher Verkehrsnetze mit Bahnhöfen und U-Bahnstationen, was zwangsläufig ein Anwachsen des Tourismus zur Folge hatte.

Vichy, Frankreich [159-160]

Ein besonders interessantes Beispiel solcher Einrichtungen ist der Kurort mit natürlichen Heilquellen, wie etwa die französische Stadt Vichy. Was von den gesundheitsfördernden Eigenschaften des Wassers zu erhoffen und zu erwarten sei, ist ein beliebtes Gesprächsthema aller Kurgäste. Da die verschriebene Kur eine gewisse Zeit in Anspruch nimmt, führt der Weg die Kurgäste regelmäßig durch den im Zentrum der Stadt gelegenen Park zu den Quellen. Die Hauptwege durch diesen Park sind mit einer Konstruktion aus Leichtmetall überdacht, die dem Gast das Gefühl vermittelt, sich zugleich innen und außen zu bewegen.
Die allgemeine Atmosphäre gleicht der eines endlosen Cafés im Freien, mit unzähligen Bänken und Stühlen, auf welchen die Kurgäste sitzen können, wenn sie das Wasser der Heilquelle trinken. Der stetige Besucherstrom ist ein entscheidender Faktor für das Leben der Stadt überhaupt; dort gibt es viele Läden, Restaurants, ein Spielkasino und alle möglichen Einrichtungen für die Kurgäste, die für die Einwohner selbst eine wichtige Einkommensquelle bedeuten. Dort hat sich also eine frühe Form von Tourismus-Industrie entwickelt.

Der wesentliche Grund für das Entstehen sozialer Wechselbeziehungen ist immer der Handel gewesen, der sich bei allen Formen gemeinschaftlichen Lebens bis zu einem gewissen Grad auf der Straße abspielt. Stadt und Land begegnen sich, wenn der Bauer in die Stadt kommt, um seine Produkte anzubieten und mit dem Erlös andere Güter einzukaufen. Dabei werden Neuigkeiten ausgetauscht.

161

162

163

164

Die Pariser Markthallen, 1854-66
V. Baltard [161-164]

Die Pariser Markthallen bildeten ein unersetzliches Glied in der Güterverteilungskette der Stadt, sozusagen eine Relais-Station in einem Mammutsystem, in welchem Erzeuger und Konsument keinen direkten Kontakt mehr miteinander aufrechterhalten konnten. Die Markthallen bestanden aus großen Flächen mit Satteldächern und einer geschützten Zone zum Be- und Entladen. Diese rege Aktivität blieb selbstverständlich nicht ohne Einfluß auf die Umgebung; dort gab es zum Beispiel viele Restaurants, die die ganze Nacht offen waren; einige von ihnen existieren als Erinnerung an die damalige Zeit immer noch.

Die kolossale Entwicklung, vor allem beim Transport der Lebensmittel, machte den Umzug nach Rungis erforderlich. Trotz einer heftigen Kampagne für ihren Erhalt wurden die großen, nun leeren Pavillons mit ihrer Stahlskelettkonstruktion 1971 abgerissen. Es ist immer schwierig, Orte für Theateraufführungen, Sportveranstaltungen und andere Ereignisse, die ein großes Publikum anziehen, zu finden, und diese Hallen wären dafür durchaus geeignet gewesen. Ihren Abbruch und was an ihrer Stelle entstand, kann man wohl als ein Symbol der Zerstörung des öffentlichen Straßenraums als Arena urbanen Lebens betrachten.

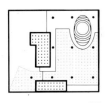

165

Gemeindezentren, F. Van Klingeren [165]

Die von Van Klingeren entworfenen Gemeindezentren (die er Agoras nennt), wie etwa in Dronten und Eindhoven, waren Versuche, alle Aktivitäten, die in der Stadt stattfinden, unter einem Dach zu vereinen. Solche Anlagen erzeugen neue soziale Rollen und Austauschmöglichkeiten, die in neuen Stadtvierteln und Bebauungen nicht zustandekommen können, weil niemand daran dachte, die Voraussetzungen für ihre Entwicklung zu schaffen.

Die getrennten Raumzellen mit separaten Eingängen, die statt eines integrierenden Baus geplant wurden, wirken sich negativ auf die Lebensfähigkeit der Umgebung als Ganzes aus und paradoxerweise tun sie, je besser sie funktionieren, um so mehr der Lebensqualität auf der Straße Abbruch. Daher sind sie nichts anderes als »künstliche« Stadtzentren, die ihre Existenz der Unzulänglichkeit städtischer Einrichtungen und der fehlenden übergreifenden Einsicht verdanken, daß eine Verbindung zwischen den neuen Wohnbezirken und dem bestehenden Stadtkern notwendig ist.

Wie interessant diese Gemeindezentren als soziales Experiment in den sechziger Jahren auch gewesen sein mögen, ist es nicht verwunderlich, daß sie unter den heutigen, durch viel weniger Toleranz und Gemeinschaftssinn geprägten sozialen Verhältnissen keine Funktion mehr haben. Besonders die Lautstärke der in in unmittelbarer Nähe stattfindenden Veranstaltungen wurde als störend empfunden, und bald begann man, Mauern und andere Arten von Abschirmungen zu errichten, welche die dem Entwurf zugrundeliegende Einheit zerstörten.

Der Eiffelturm, Paris, 1889, G. Eiffel [166]

Der Eiffelturm, der anläßlich der damaligen Weltausstellung errichtet wurde, ist nicht nur ein touristisches Symbol der Stadt Paris, sondern auch, wie ursprünglich geplant, ein Zeugnis der neuen Ideen, die im Laufe des 19. Jahrhunderts entwickelt wurden. Hier sieht man in deutlicherer Form als je zuvor den konkreten Ausdruck des sozialen Wandels, der sich in der Monumentalisierung und in der Zentralisierung der Macht offenbarte. Eine Konstruktion wie der Eiffelturm ist die Demonstration dessen, was möglich wird, wenn unzählige kleine Komponenten, die ihre jeweilige Funktion und ihren bestimmten Platz haben, zu einem zentral konzipierten Ganzen verbunden werden, das die Summe der Teile bei weitem übertrifft. Die Feingliedrigkeit dieser Ingenieurleistung wird einem bewußt, wenn man bedenkt, daß das 30 cm hohe maßstäbliche Modell dieser Konstruktion nur 7 Gramm (vgl. Guide Michelin) wiegen würde. Je größer die Kontrolle der einwirkenden Kräfte, um so größer die erreichte Expansion. Der Eiffelturm ist die Verkörperung des Zentralisierungsprinzips, das aus einer Vielzahl kleiner, untergeordneter Kräfte eine furchterregende Kraft erzeugen kann. Er ist die Demonstration der herausragenden Ausführung eines kühnen Plans, ausgearbeitet in aller Unschuld, ohne Vorstellung der monströsen, alles verschlingenden Kräfte, die ausgelöst werden sollten. Das »Kunststück« bei einem Verteilungssystem, in welchem die von einer Masse von Erzeugern produzierten Güter durch ein Labyrinth von Zwischenkanälen an eine Masse von Konsumenten verteilt werden, beruht auf dem komplizierten Prozeß von Arbeitsteilung, Spezialisierung und wirksamen Verträgen. Von dieser Art Organisationstechnik wird ohne Zweifel der sich ausbreitende Expansions-Moloch und die Verringerung des Einflusses des Einzelnen auf den Prozeß als Ganzes begünstigt.

166a   166b   166c

167

168

Ausstellungspavillons

Die Weltausstellungen – jene internationalen Schaukästen der Massenproduktion, für welche neue Märkte gefunden oder geschaffen werden mußten – erforderten den Bau riesiger Ausstellungshallen wie des Crystal Palace (1851) in London [167, 168], des Grand Palais (1900) [169] und des Petit Palais in Paris, die beide heute noch stehen. Diese großen Hallen aus Eisen und Glas waren die ersten Paläste, die für den Verbraucher errichtet wurden, der die Konsumgesellschaft steuert und von ihr gesteuert wird

169

(in der Konsumgesellschaft konsumiert der Verbraucher und wird selbst von ihr konsumiert). Dieses Zeitalter neuer Produktionsverfahren und Systeme brachte auch neue Konstruktionsmethoden hervor: die Einführung des Eisens als Baumaterial ermöglichte die Errichtung von Dachkonstruktionen mit ungeheuerer Spannweite innerhalb kürzester Zeit. Darüber hinaus konnten Glasscheiben in die Eisenrahmen der Dächer eingefügt werden, und die auf diese Weise erzeugte Transparenz verlieh den großen Hallen eine leichte, luftige Atmosphäre. Eigentlich erinnerten die neuen Konstruktionen weniger an feste Bauten denn an raumumschließende Glasglocken, die einen Schutz gegen widrige Wetterverhältnisse boten, die gigantischen Gewächshäusern (wie den heute noch bestehenden in Laken bei Brüssel oder jenen in Kew Gardens in London) gleichen. (Übrigens war der Crystal Palace ein unmittelbares Produkt der traditionellen Glashaus-Konstruktion). Auch die großen Spannweiten vermittelten dem Besucher den Eindruck, daß er sich nicht im Inneren eines Gebäudes im üblichen Sinne befand. Während Eisenkonstruktionen solch große Spannweiten erlaubten, und die Möglichkeiten der neuen Konstruktionsmethoden eifrig benutzt wurden, fragt sich, ob sie wirklich funktionell waren. Vielleicht doch nicht, denn die riesigen Räume waren zwar durch die großen Dächer hervorragend beleuchtet, aber einige Stützen mehr hätten die Funktionalität kaum beeinträchtigt. Hier wiederum scheint die reine Machbarkeit ebenso die Bedürfnisse geweckt zu haben, wie die Bedürfnisse nach neuen Techniken und Möglichkeiten verlangten. Wie der Eiffelturm eine neue Denkart veranschaulichte, wurde diese Denkart durch die neuen Konstruktionsmöglichkeiten angeregt: Angebot und Nachfrage bedingen sich gegenseitig (was war zuerst da? Ei oder Henne?). Es ist in der Tat sehr schwierig, die Weitspanndächer und ihre Entwicklung und die minimale Gliederung des Raums nicht mit dem Entstehen der neuen Denkweise zu assoziieren, die zur Monumentalisierung und folglich zur heutigen Zentralisierung führte.

170 Magasin du Printemps, Paris, 1881-1889
P. Sedille

172 Au bon Marché, Paris 1876
L.C. Boileau

Kaufhäuser, Paris

Die kolossale Konsum- und Marktexpansion, die ihren Ausdruck in den Ausstellungshallen aus Eisen und Glas des vorigen Jahrhunderts fand, spiegelte sich auch auf lokaler Ebene in den großen Kaufhäusern wider.

Im Gegensatz zu den Basaren und anderen Arten von gedeckten Straßenmärkten, wo viele Einzelverkäufer unter einem Dach ihre Waren anbieten, ist das Kaufhaus ein zentral geleitetes Einzelunternehmen, das den Anspruch erhebt, ein so großer Laden zu sein, daß man dort alles kaufen kann. Eigentlich handelt es sich um einen ins Überdimensionale gesteigerten Gemischtwarenladen mit außergewöhnlich reichhaltigem Warenangebot. Ist die Ware in solchen Läden normalerweise hinter der Theke in Regalen vom Boden bis zur Decke gestapelt, nur für den Verkäufer erreichbar, so sind die vielen Stockwerke des Kaufhauses von allen Seiten einer großen zentralen Halle sichtbar – etwa wie die Regale des Ladens, doch mit dem großen Unterschied, daß sie allen Besuchern zugänglich sind.

Das Glasdach, das man in fast allen Kaufhäusern (s. die Pariser Grands Magasins) findet, erzielt die gleiche Raumwirkung wie bei einem großen Einzelhandelsgeschäft, auch wenn der umgebende Raum in getrennte Abteilungen für die verschiedenen Waren unterteilt ist.

Die Zentralhalle der Galeries Lafayette bietet den Besuchern einen wahrlich fürstlichen Empfang; die majestätische Freitreppe war überwältigend (sie wurde später auseinandergenommen, um ein paar Quadratmeter Verkaufsraum zu gewinnen).

171 Galeries Lafayette, Paris 1900

Bahnhöfe

Die Erweiterung des Eisenbahnnetzes förderte das Reisen und den Austausch von Gütern und ließ die Welt kleiner und zugleich größer werden. Wie Torhäuser, bildeten die Bahnhöfe, die in den Städten und Dörfern errichtet wurden, die Ecksteine des Systems. Meist an prominenter, zentraler Stelle gelegen, führten sie nicht nur einen neuen Bautyp in die Städte ein, sondern hatten auch die Entstehung einer Reihe anderer Einrichtungen wie Hotels, Restaurants und Läden zur Folge. Nicht selten haben sie sich oft zu selbständigen Geschäftszentren entwickelt, deren Kundschaft sich nur zum Teil aus Zugreisenden zusammensetzt. In vielen Fällen sind Bahnhofshallen allmählich zu öffentlichen Räumen, überdachten Bereichen geworden; dort kann man nach Ladenschluß immer noch einkaufen oder Geld wechseln, telefonieren, eine schnelle Mahlzeit einnehmen – oder eine üppigere, da viele Bahnhöfe für ihr Büffet berühmt sind. Diese Konzentration setzt sich in der unmittelbaren Umgebung mit Cafés, Restaurants und Hotels fort. In Großbritannien sind selbst Hotels ein Teil des Bahnhofs. Kurz gesagt, die mit der Ankunft und Abfahrt der Züge zusammenhängende Geschäftigkeit führt in unmittelbarer Nähe des Bahnhofs zu einer größeren Konzentration von Einrichtungen als woanders in der Stadt.

173   Central Station, Glasgow

174   Metrostation Place Dauphine, Paris, 1898-1901, H. Guimard

U-Bahnstationen

Die Ein- und Ausgänge des unterirdischen öffentlichen Verkehrsnetzes, wie der Pariser Metro oder der Londoner Underground, wirken sich ähnlich, wenn auch in bescheidenerem Maße, auf viele Stellen der Stadt aus. Vor allem die Pariser Metroeingänge mit ihren typischen Formen sind Teil einer weitverzweigten Konstruktion, die in allen Stadtvierteln wie ein vertrautes, unverkennbares Wahrzeichen aus dem Boden herauszuwachsen scheint. Die U-Bahnstation spielt für das Viertel die gleiche Rolle wie der Bahnhof für die Stadt: sie fördert das Geschäftsleben und die Entstehung vieler Einrichtungen. Die Hallen und Passagen der Hauptstationen sind in ihrem Gewirr ein bevorzugter Aufenthaltsort für Straßenmusikanten, besonders im Winter, wenn sie in dem unterirdischen Bereich der Stadt Zuflucht vor der Kälte suchen.

12 Zugänglichkeit der Öffentlichkeit in den privaten Bereich

Obwohl die großen Bauten, die für möglichst viele Besucher zugänglich sein sollten, nicht ununterbrochen offen und ihre Öffnungszeiten von einer Geschäftsleitung festgelegt sind, stellen sie doch eine beträchtliche Erweiterung des öffentlichen Raums dar.

Die besten Beispiele dieser Verlagerung sind ohne Zweifel die Passagen: mit Glas überdachte Einkaufsstraßen, wie jene, die im 19. Jahrhundert gebaut wurden und von denen es heute noch auf der ganzen Welt viele eindrucksvolle Zeugnisse gibt. Durch die Passagen konnten vor allem die offenen Innenräume der Geschäftsunternehmen genutzt werden, die dem Trend folgten, weitere Verkaufsflächen für neue Käuferschichten zu erschließen. Im Kernbereich der Einkaufsstraßen haben sich also Fußgängerrouten entwickelt. Da es dort keinen Autoverkehr gibt, kann die Straße so eng sein, daß der potentielle Käufer die Schaufenster auf der gegenüberliegenden Straßenseite noch gut sehen kann.

Passage du Caire, Paris, 1779 [175-178]

Ein interessantes Beispiel des Arkadenkonzeptes liefert in einer elementaren Form die Passage du Caire in Paris. Der ganze Aufbau des außergewöhnlich gestalteten Innenraums wurde zusammen mit der Außenhülle nach einem rationalen Ordnungsprinzip konzipiert, das, unter Berücksichtigung bestimmter Regeln, bis zu einem gewissen Grad eine freie Anordnung der architektonischen Elemente erlaubte. Viele der hier untergebrachten Geschäfte sind mit den am Rande befindlichen Räumen verbunden, so daß sich neben den offiziellen Eingängen ein weiteres Netz von Passagen in und zwischen den Verkaufsstellen entwickeln konnte.

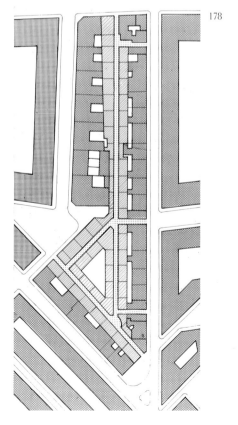

Einkaufspassagen (Arkaden)

In Paris, wo die ersten Einkaufspassagen gebaut wurden und sich besonderer Beliebtheit erfreuten (viele Passagen bestehen immer noch, insbesondere im 1. und 2. Bezirk), gibt es drei aufeinanderfolgende Blöcke mit verbindenden Passagen: die Passage Verdeau, die Passage Jouffroy und die Passage des Panoramas. Zusammen bilden sie eine kurze Kette, die den Boulevard Montmartre überquert, und man könnte sich leicht vorstellen, wie sich ein ganzes Netz aus überdachten Fußgängerrouten, ganz unabhängig vom Verlauf der umgebenden Straßen, hätte entwickeln können.

Einkaufspassagen gibt es auf der ganze Welt in den verschiedensten Formen und Größen; oft haben sie ihren ursprünglichen Glanz als teures Einkaufsviertel verloren, doch in manchen Städten findet man dort die luxuriösesten Läden, wie in Brüssel in der Galerie St. Hubert oder in Mailand in der Galleria Vittorio Emanuele, die allgemein als das Herz der Stadt empfunden wird.

Zur Untersuchung, Analyse und Geschichte der Passage s. J. F. Geist, *Passagen, ein Bautyp des 19. Jahrhunderts*, München 1969)

Die Passage gewann wieder an Aktualität, als die Verkehrsüberlastung in den Stadtzentren so groß wurde, daß das

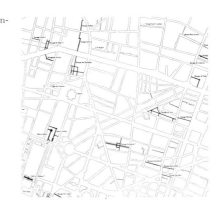

179 Paris, 2. Arrondissement

181 Paris, Galerie Vivienne

180 Paris, Passage des Panoramas

182 Paris, Galerie Vivienne

183 Sydney, Strand Arcade

Bedürfnis nach Fußgängerzonen, einem »System« neben dem eigentlichen Straßennetz, immer größer wurde. Die Passagen aus dem 19. Jahrhundert liefen durch die Häuserblöcke wie Abkürzungen und zielten vor allem darauf ab, den Innenraum zu nutzen.

Dennoch blieb die Front dieser Häuser unverändert und fungierte weiter als eigenständige Fassade. Bei den heutigen gedeckten Fußgänger-Passagen sieht das Äußere des Komplexes, in welchem sich die Aktivität konzentriert, oft wie die unfreundliche Rückseite eines Gebäudes aus. Die umgekehrte Lösung – die die Masse des Baus sozusagen nach außen kehrt– ist nichts anderes als eine Pervertierung des Passagenprinzips.

Die hohen, langen Passagen mit ihrem Oberlicht vermitteln das Gefühl eines Innenraums; sie sind also zugleich »innen« und »außen«. Das Innere und das Äußere gehen so eng ineinander über, das man nicht sagen kann, ob man sich im Inneren eines Gebäudes befindet, oder im verbindenden Raum zwischen zwei getrennten Bauten. Macht man den Gegensatz zwischen Baumassen und Straßenraum – jedenfalls im großen Ganzen – zum Kriterium der Unterscheidung von privatem und öffentlichem Bereich, wird der umschlossene Privatbereich durch die Einführung der Passagen transzendiert. Der Innenraum wird zugänglicher, das Straßengebilde dagegen engmaschiger. Die Stadt kehrt sich nach außen, sowohl räumlich wie hinsichtlich ihrer Zugänglichkeit. Im Konzept der Passage ist das Prinzip eines neuen Systems

184-188 Mailand, Galleria Vittorio Emanuele

189 Brüssel, Galerie St. Hubert

190 Turin, Galleria dell'Industria Subalpina

der Zugänglichkeit enthalten, nach welchem die Grenzlinie zwischen Öffentlichem und Privatem verlagert und teilweise aufgehoben wird, wobei der private Bereich, jedenfalls räumlich, für die Öffentlichkeit zugänglicher wird.
Die Abkehr von der umschließenden Bebauung im Städtebau des 20. Jahrhunderts bedeutete die Auflösung des scharf definierten Straßengefüges. Mit der wachsenden Selbständigkeit der Gebäude wurde deren Beziehung zueinander schwächer, so daß sie heute sozusagen ohne die früher übliche Ausrichtung wie Megalithen auf einem schier unbegrenzten Raum verstreut stehen. Die »rue corridor« ist zu einem »espace corridor« geworden.
Dieser neue, für die »physischen« Verhältnisse des Wohnens besonders innovative Bebauungstyp hat sich auf die Geschlossenheit des Ganzen katastrophal ausgewirkt; von diesem

Schicksal sind die meisten Städte betroffen. Je größer die Zahl der als selbständige Volumina freistehenden Gebäude mit individuellen Fassaden und eigenen Eingängen, um so geringer die Geschlossenheit, und vor allem um so größer die Trennung von öffentlichem und privatem Raum, auch wenn die Wohnblöcke mit Zugangsgalerien oder überdachten Innenstraßen, ja sogar umgebenden Privatbereichen geplant wurden. Der Städtebau mit Häusern, die wie selbständige, beziehungslose Denkmäler frei stehen, hat höchstens zu hübschen Parklandschaften geführt, in denen man sich immer »außen« fühlt.
Begannen die modernen Architekten und Stadtplaner schon vor dem Zweiten Weltkrieg, die Städte aufzubrechen, so wurde das Zerstörungswerk durch den Krieg weitergeführt; später erteilte die Verkehrsobsession den Gnadenstoß. Deshalb sind

187

188

191 Toronto, Eaton Center

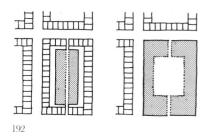

192

193

wir heute alle davon überzeugt, daß es notwendig ist, die Stadtkerne wieder aufzubauen und das Interesse für den Straßenraum und folglich für das Äußere der Gebäude erneut zu wecken. Dies sollte jedoch nicht zur Errichtung von Straßenmauern führen, in welchen die eigentlichen Wohnungen einfach Satzzeichen oder Requisiten einer Inszenierung sind. Wir dürfen nicht vergessen, daß die Moderne auf fortschrittlichere Bauten bedacht war, vor allem auf die Verbesserung des Wohnens durch eine bessere Ausrichtung, die mehr Sonnenlicht, eine größere Öffnung nach außen und ein schöneres Umfeld usw. ermöglicht. Das Gesicht einer Stadt ist nur zur Hälfte das Wahre, qualitätsvolles Wohnen die andere, ergänzende Hälfte. Die vielen Beispiele von offenem Städtebau aus den zwanziger und dreißiger Jahren sind immer noch aktuell, zumindest, was ihre typischen Eigenschaften anbelangt.

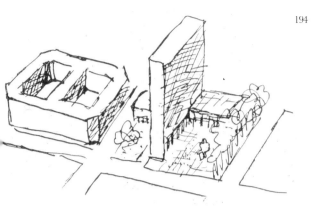

Ministerium für Erziehung und Gesundheit, Rio de Janeiro, 1936/37, Le Corbusier [193-196]

Bei seinem Konzept orientierte sich Le Corbusier nicht an den traditionellen Blöcken, wie sie der Bebauungsplan vorsah. Statt eines massigen, das Grundstück umschließenden Baukörpers mit majestätischen Fassaden entwarf er ein formal ungebundenes, auf Stützen stehendes Hochhaus, um welches man nicht herumzugehen braucht, sondern bei dem man den durch die Pilotis gebildeten Raum durchqueren kann. Die Höhe der Stützen und der Abstand zwischen ihnen wurden so berechnet, daß der so definierte Raum befreiend wirkt. Das Gefühl der Befreiung ist besonders frappierend, weil man in dieser Umgebung eine solche Situation nicht erwartet; umso anregender wirkt sie.
Le Corbusiers wichtigster Beitrag in diesem Zusammenhang beruht darauf, daß ein normalerweise zum privaten Bereich gehörender, weiter Raum allgemein zugänglich wird und dadurch in das Stadtgefüge einbezogen wird.
Man darf jedoch nicht vergessen, daß diese Lösung sehr viel an Qualität eingebüßt hätte, wären die umliegenden Blöcken nach dem gleichen Prinzip entworfen worden. In diesem Fall hätte das ganze Viertel das übliche Bild einer gewöhnlichen modernen Stadt geboten. Gerade der überraschende Kontrast bringt hier das Entwurfsprinzip besonders zur Geltung.

Die Qualität des Straßenraums und der Gebäude müssen in ihrer Wechselbeziehung zueinander betrachtet werden. Ein Mosaik von Bezügen – wie man sich das urbane Leben vorstellt – fordert eine Raumgestaltung, bei welcher die gebaute Form und der Außenraum (den wir Straße nennen) nicht nur komplementär im räumlichen Sinne sind und sich gegenseitig formen, sondern – dies ist unser Hauptanliegen – Baumasse und Außenraum durch größere Zugänglichkeit einander durchdringen und damit die Grenzlinien zwischen privatem und öffentlichem Raum durchlässiger machen. Wird man in einen Bau nach und nach hineingeführt, verliert die Eingangstür ihre Bedeutung als abruptes Einzelmoment; sie erweitert sich sozusagen zu einer Sequenz von Zonen, die eigentlich noch nicht zum Innenraum, jedoch nicht mehr explizit zum öffentlichen Bereich gehören. Dieser Zugänglichkeitsmechanismus wird am deutlichsten durch die Passagen veranschaulicht, und es ist nicht verwunderlich, daß ihr Konzept heute noch ein Paradigma ist.

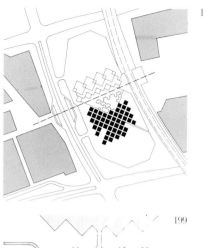

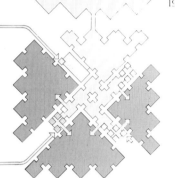

Centraal Beheer Verwaltungsgebäude [197-200]

Die gänzlich an der »traditionellen« offenen Bebauung der ersten Hälfte dieses Jahrhunderts orientierte Stadtplanung, d. h. eine Planung ohne strenge Baufucht und Straßen-

mauern, an denen die Häuser liegen, erforderte einen eigenständigen Architekturentwurf ohne Beziehung zu den umliegenden Bauten. Anstatt eines riesigen kompakten Volumens entstand durch die Auflösung in mehr oder weniger selbständige, durch passagenähnliche Galerien (also allgemein zugänglichen Raum) getrennte, kleinere Blöcke ein aus mehreren Komponenten zusammengesetzte, durchsichtigere Konfiguration.

Da es im ganzen Komplex überall Ein- und Ausgänge gibt, erinnert dieser eher an ein städtisches Ensemble als an ein Einzelgebäude, oder, noch treffender, an eine Art Siedlung. Der Entwurf wurde nicht nur so konzipiert, um den Mitarbeitern zu ermöglichen, ihre Arbeitsplätze für eine Pause zu verlassen, oder an einer der vielen im Zentralbereich des Gebäudes eingerichteten Theken Kaffee zu trinken, wie bei einem Bummel im Stadtzentrum; dieser Bereich sollte auch für das Publikum offen sein.

Diese Gelegenheit hätten die Passanten auch voll ausgenützt, wäre der ursprüngliche Plan zur Ausführung gekommen; der Apeldoorner Bahnhof hätte nämlich unmittelbar an den Gebäudekomplex angrenzen sollen, so daß die Bahnsteige durch das Centraal Beheer zu erreichen gewesen wären (nach Absprache mit der holländischen Eisenbahngesellschaft war sogar die Einrichtung von Fahrkarten-Verkaufsstellen im Centraal Beheer selbst geplant).

Während das Gebäude als selbständige Einheit formal durch seine Gliederung in kleinere architektonische Komponenten perspektivisch erfaßbar ist, wird auf praktischer Ebene eine ähnliche Artikulation durch das gewählte Prinzip der Zugänglichkeit erreicht: das Gebäude kann von allen Richtungen und in verschiedenen Stufen betreten werden.

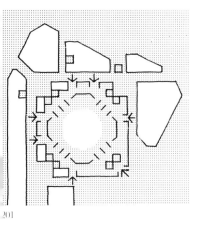
201

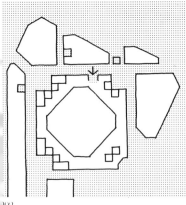
202

203

Dennoch hat das Centraal Beheer unter dem Eindruck des wachsenden Sicherheitsrisikos in öffentlichen Einrichtungen den allgemeinen Zugang eingeschränkt. Heute werden alle Eingänge von Fernseh-Kameras überwacht, und ebenso stärker wird das Bedürfnis nach einem einzigen Zentraleingang zum Gebäude, das nach der Zusammenziehung zweier Baukörper zu einem einzigen an Klarheit eingebüßt hat.

Vredenburg Musikcenter, Utrecht [201-203]

Es wurde versucht, die traditionelle Form der Konzerthalle als »Musiktempel« zu vermeiden und stattdessen eine zwanglosere, weniger einschüchternde und insofern hoffentlich für den Laien freundlichere Atmosphäre zu schaffen. Neben der revolutionären Gestaltung des Gesamtbildes wurde auch der Mechanismus der Zugänglichkeit radikal geändert. Man betritt das Gebäude nicht durch einen imposanten Eingang, sondern »nach und nach«. Zuerst befindet man sich in einer überdachten Passage, die zu den vielen Eingängen führt (wie in einem Kaufhaus), dann in den Foyers des Musikcenters, von wo aus man in den eigentlichen Saal gelangt. Sind die vielen Eingänge in der Passage oder direkt am Platz offen, so wird das ganze Gebäude vorübergehend zu einem Teil der Straße. Tatsächlich hat es auch diese Funktion während der wöchentlichen Konzerte (bei freiem Eintritt) in der Mittagszeit. An diesen Tagen erblickt man dort überraschte Kauflustige, die oft aufmerksam zuhören, obwohl sie nicht gekommen waren, um Musik zu hören, sondern diesen Weg als Abkürzung zur nächsten Straße benutzten.

204

Cineac Cinema, Amsterdam, 1933,
J. Duiker [204, 205]

Duiker gelang es nicht nur, das ganze architektonisch
Programm wunderschön in das sehr kleine Grundstück dia
gonal einzupassen (jeder Quadratzentimeter mußte ge
nutzt werden), sondern auch die Ecke, an welcher sich de
Eingang befindet, offen zu lassen, so daß sie weiterhin a
öffentlicher Raum fungiert. Auf diese Weise geht der Pas
sant hinter der hohen Stütze am Kino vorbei und wird, von
gebogenen Glasvordach geleitet, vielleicht dazu animier
eine Karte für die Non-Stop-Vorstellung zu kaufen (da
Vordach wurde 1980 mit Holz verkleidet und die Leucht
reklame entfernt; so wurde Duikers letztes bedeutende
Werk verunstaltet). Der Raum, der somit der Straße zu
rückgegeben wurde, ist ein wesentlicher Bestandteil de
Architektur, zum Teil der Ecklage wegen, zum Teil durc
die benutzten Materialien (gleiche Fliesen auf dem Bode

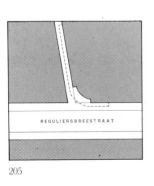

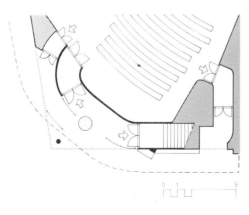

205

und im Gebäude selbst, Glasvordach); er ist also ambivalent: privat und zugleich öffentlich.

Die Relativät der Begriffe »innen« und »außen« zum Ausdruck zu bringen, ist in erster Linie eine Frage der Raumgestaltung; ob ein Bereich eher den Charakter einer Straße oder eines Innenraums aufweist, hängt dagegen hauptsächlich von der Raumqualität ab.
Ob man diesen Bereich als Innen- oder Außenraum oder als etwas Dazwischenliegendes empfindet, hängt außerdem weitgehend von den Dimensionen, der Form und der Wahl der Materialien ab.

Beim Centraal Beheer [206] wie beim Vredenburg Musikcenter [207] sind die halb als Straße konzipierten Bereiche – wie die traditionellen Passagen – besonders hoch und schmal und von oben beleuchtet. Dieser Typ von Durchgängen erinnert an die Gassen alter Städte, ein Eindruck, der sich noch verstärkt, weil für Böden und Wände Materialien verwendet wurden, die sonst für Außenbereiche üblich sind. Je weiter man in das Musikcenter eindringt, wird dieses Gefühl durch die Verwendung von Holz für die Böden und Wände noch gesteigert. Das angrenzende Einkaufscenter Hoog Catharijne ist mit Marmorplatten ausgelegt; hier sind die Ladenstraßen viel breiter und nur gelegentlich von oben beleuchtet. Durch die betonte Horizontalität, die überwiegend künstliche Beleuchtung und den prunkvollen polierten Marmor erinnert Hoog Catherijne eher an ein großes Kaufhaus als an den öffentlichen Raum, der dieses Einkaufszentrum eigentlich ist.

206

207

208

Hotel Solvay, Brüssel, 1896, V. Horta [208-211]

Obwohl das Tor in der Fassade unverkennbar der Haupteingang zum Hotel Solvay ist, befindet man sich beim Betreten des Gebäudes nicht in der üblichen Halle, sondern in einem Gang, der durch das ganze Haus hindurch zu einer anderen, auf den Hof sich öffnenden Tür führt.

In diesen Gang fuhren die Wagen hinein; so konnten Bewohner und Gäste bei Regenwetter vor der eigentlichen Eingangstür des Haus trockenen Fußes ein- und aussteigen.

Der tatsächliche Eingang steht also im rechten Winkel zur Fassade und markiert den Beginn einer aus Eingangshalle und Treppe bestehenden, in den ersten Stock führender Raumfolge; die Haupträume sind längs der Front und der Rückseite des Hauses angeordnet und weisen jene für Horta typischen gläsernen Trennwände auf, die eine offene Verbindung zum Treppenhaus schaffen.

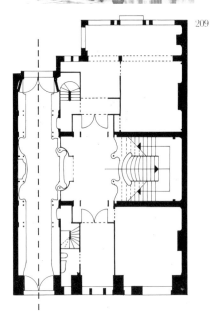

209

210

211

Der Durchgang erweckt den Eindruck, als sei er ein Teil der Straße, obwohl es sich in Wirklichkeit um einen zum Haus gehörenden Privatbereich handelt. Dieser Eindruck wird durch die hier verwendeten Materialien verstärkt, insbesondere durch das Pflaster und den erhöhten Randstein.

Ein für Horta charakteristisches Detail ist der fließende Übergang zwischen Fassade und Bürgersteig, so daß die Grenzlinie zwischen Gebäude und Straße, also zwischen Privatgrund und öffentlichem Bereich verwischt wird, ja sogar zu existieren aufhört, da für Fassade und Bürgersteig die gleichen Materialien verwendet wurden. Man kann sich kaum vorstellen, wie dies mit der Lokalbehörde zu bewerkstelligen gewesen war, die immer auf einer strikten Trennung von privatem und öffentlichem Grund bestand.

Passage Pommeraye, Nantes, 1840-43 [212-214]

Obwohl die für die meisten Passagen gewählten Materialien und Formen dem Typ nach zum Außenbereich »gehören«, ist manchmal das Gegenteil der Fall, wie die Passage Pommeraye in Nantes zeigt. Diese durch einen Wohnblock geführte Verbindung zweier auf verschiedenen Niveaus liegenden Straßen ist eine der schönsten noch erhaltenen Passagen, insbesondere wegen dieser verschiedenen Ebenen, die durch eine große hölzerne Treppe miteinander verbunden und beide von der Mitte aus sichtbar sind.

Das nicht nur optisch, sondern auch akustisch vermittelte Gefühl, daß man sich in einem Innenraum befindet, wird durch die in dieser Konstellation überraschende Verwendung von Holz noch verstärkt. Das Innere und das Äußere sind also hier doppelt relativiert, so daß die Passage als Musterbeispiel für die Aufhebung des Gegensatzes zwischen innen und außen betrachtet werden darf.

»Der Brief«, Pieter de Hoogh (1629-84) [215]

Pieter de Hooghs Bild veranschaulicht die Relativität der Begriffe »innen« und »außen« nicht nur durch die Evozierung der räumlichen Unterschiede, sondern vor allem durch den Ausdruck der Materialien und deren Wärmestufen unter dem unterschiedlichen Licht.
Das Interieur, mit den kühlen, glänzenden Fliesen und den strengen Fenstern im Hintergrund hat eine »Außentemperatur«, die mit dem warmen Leuchten der Fassade im Sonnenlicht außen kontrastiert. Die ebenerdige, offene Eingangstür bildet einen sanften Übergang zwischen dem Wohnbereich und der Straße mit ihrer teppich-ähnlichen Fläche. Innen und Außen haben ihre Rolle vertauscht und einen zusammenhängenden Raum geschaffen, der vor allem wie ein Ausdruck der Zugänglichkeit erscheint.

Genau so wie innen der Rückgriff auf eine Raumorganisation und auf Materialien, die der Außenwelt zuzuordnen sind, das Interieur weniger intim erscheinen lassen, genau so verleiht die Anwendung von interieurbezogenen Elementen dem Äußeren einen intimeren Charakter; durch die perspektivische Darstellung des Inneren und des Äußeren und die sich daraus ergebende Ambivalenz wird also das Gefühl von räumlicher Zugänglichkeit und zugleich von Intimität gesteigert.

Die gestufte Folge von Informationen durch architektonische Mittel bewirkt ein allmähliches Hinein- und Hinausgehen. Das durch die Architektur Erfahrene trägt zu diesem Prozeß bei: Abstufungen in der Höhe, Breite, Beleuchtungsgrad (natürliches oder künstliches Licht), Materialien, unterschiedliche Ebenen. Die aufeinanderfolgenden Wahrnehmungen rufen eine Vielfalt von Assoziationen hervor, die auf Grund früherer Erfahrungen einen unterschiedlichen Grad an »Innerem« und »Äußerem« erkennen lassen.

Jede Wahrnehmung informiert nicht nur über den Grad an »Innerlichkeit« oder »Äußerlichkeit«, sondern auch über die jeweilige Nutzung. Er wurde schon erwähnt, daß die Nutzung eines Bereiches, das Gefühl der Verantwortlichkeit dafür, sowie auch dessen Pflege von den territorialen Ansprüchen und der Verwaltung abhängen, doch hat die Architektur durch die evokativen Eigenschaften aller räumlichen Bilder, Formen und Materialien die Fähigkeit, eine bestimmte Art von Nutzung anzuregen. Begriffe wie »öffentlich« und »privat« werden zu reinen Verwaltungsangelegenheiten.

Durch die Wahl geeigneter architektonischer Mittel kann also der Privatbereich weniger festungsartig wirken und zugänglicher werden, während der mehr auf die Übertragung von Verantwortung an den Einzelnen und auf die persönliche Betreuung der Interessenten bedachte öffentliche Bereich wiederum intensiver in Anspruch genommen wird, und dadurch eine Bereicherung erfährt.

Wurde in den ausgehenden sechziger Jahren der Trend zu einer größeren Offenheit der Gesellschaft im allgemeinen und der Gebäude im besonderen, wie zur Straße als öffentlichem Raum par excellence laut, wächst nun das Streben nach einer Beschränkung der Zugänglichkeit und der Zuflucht in die eigene »Burg«, aus Angst vor Aggression und dem Wunsch, sich in den eigenen Wänden sicher zu fühlen. Doch insofern, als das Gleichgewicht zwischen Offenem und Geschlossenem die Spiegelung unserer eher offenen Gesellschaft ist, dürften z. B. in den Niederlanden mit ihrer fest verankerten Tradition die denkbar günstigsten Verhältnisse für die Errichtung von grundsätzlich offeneren Bauten und gastlicheren Straßen gegeben sein.

215

B Raum gestalten – Raum lassen

»Der Gegenpol von Zwang ist nicht Freiheit, sondern Verbundenheit. Zwang ist eine negative Wirklichkeit, und Verbundenheit ist die positive; Freiheit ist eine Möglichkeit, die wiedergewonnene Möglichkeit. Vom Schicksal, von der Natur, von den Menschen gezwungen werden: der Gegenpol ist nicht vom Schicksal, von der Natur, von den Menschen frei, sondern mit ihm, mit ihr, mit ihnen verbunden und verbündet sein; um dies zu werden, muß man freilich erst unabhängig geworden sein, aber die Unabhängigkeit ist ein Steg und kein Wohnraum.«
Martin Buber, *Reden über Erziehung*, Heidelberg 1953

1 Struktur und Interpretation

Der erste Teil (A) dieser Studie befaßte sich mit der Wechselwirkung von öffentlichem und privatem Bereich und mit dem, was der Architekt tun kann, um ein Gleichgewicht zwischen beiden herzustellen – zumindest, wenn er in jeder Situation erkennt, wer für bestimmte Aufgaben verantwortlich ist und wie diese interpretiert werden können.
Im zweiten Teil wird auf die Wechselwirkung von Form und Nutzung eingegangen, da die Form die Nutzung und das Erleben nicht nur bestimmt, sondern auch durch sie bestimmt wird, insofern sie interpretierbar ist, also beeinflußt werden kann. Sobald ein Bau für alle entworfen wird, – d. h. als kollektiver Ansatz – müssen alle erdenklichen individuellen Interpretationen in Betracht gezogen werden, und zwar nicht nur zu einem bestimmten Zeitpunkt, sondern im Wandel der Zeit.
Die Beziehung zwischen einer kollektiven Gegebenheit und deren individueller Interpretation – wie sie zum Beispiel zwischen Form und Nutzung besteht – sowie deren Erlebnis lassen sich mit der Beziehung von Sprache und Sprechen vergleichen. Die Sprache ist ein kollektives Werkzeug, der gemeinsame Besitz einer Gruppe von Menschen, die in der Lage sind, dieses Werkzeug zu benützen, um ihre Gedanken zu formen und sie anderen zu vermitteln, solange sie die Konventionen der Grammatik und der Syntax respektieren und solange sie erkennbare Wörter, d. h. Wörter verwenden, die dem Gesprächspartner etwas bedeuten. Das Erstaunliche ist, daß jeder vom anderen verstanden werden kann, sogar wenn es um den Ausdruck äußerst persönlicher Gefühle auf sehr persönliche Weise geht.
Das Sprechen ist außerdem nicht nur eine übereinstimmende Interpretation der Sprache, sondern die Sprache selbst wird durch das immer wieder Gesprochene beeinflußt und erfährt unter diesem stetigen Einfluß eine Veränderung. Man kann also sagen, daß die Sprache nicht nur das Sprechen bestimmt, sondern gleichzeitig dadurch bestimmt wird. Sprache und Sprechen stehen in einer dialektischen Beziehung zueinander.
Der Begriff Struktur ist eher verwirrend als klärend. Alles, was auf irgendeine Weise zusammengesetzt wurde, wird bald als Struktur bezeichnet. (Darüber hinaus gibt es auch die negativen Assoziationen mit dem sogenannten strukturellen Denken in Institutionen, Wirtschaftsunternehmen und natürlich in der Politik). Hier bezieht sich die »Struktur« auf neue Formen der Unterdrückung durch die neuen Machthaber. Alles Gebaute – ob gut oder schlecht – bei welchem der konstruktive Aspekt visuell eine bedeutende Rolle spielt, und aus wiederholten Fertigbauteilen (entweder aus Beton oder einem anderen Material) mit Raster oder Rahmen, steif oder wackelig – oder beides – besteht, wird als strukturalistisch etikettiert. Die ursprüngliche, keineswegs inhaltslos Bedeutung der Begriffe »Struktur« und »Strukturalismus scheint tatsächlich vom Architektur-Jargon erstickt worde zu sein. Ursprünglich bezeichnete der Strukturalismus ein von der Anthropologie abgeleitete Denkweise, die in den sech ziger Jahren in Paris entstand und vor allem in der vo Claude Lévi-Strauss entwickelten Form einen starken Ein fluß auf die Sozialwissenschaften ausübte. Der Begriff is eng verknüpft mit Lévi-Strauss, dessen Vorstellungen – insbesondere, wenn sie sich mit der vorhin erwähnten Beziehun zwischen kollektivem Muster und individueller Interpretatio befaßten – für die Architektur besonders anregend gewese sind.
Lévi-Strauss selbst wurde vom Linguisten Ferdinand d Saussure (1857-1913) angeregt, der sich als erster mi dem Unterschied zwischen »langue« und »parole«, zwische Sprache und Sprechen, beschäftigte. Die Sprache ist ein Struktur par excellence, eine Struktur, die im Prinzi durch ihren Inhalt die Möglichkeit bietet, alles auszu drücken, was verbal vermittelt werden kann; sie ist also di Voraussetzung für das Denken. Denn eine Idee existier im Grunde nur, wenn sie in Worten formuliert werden kann Wir verwenden die Sprache nicht nur, um unsere Vorstellun gen zu vermitteln; die Sprache formt diese Ideen, wen wir sie ausdrücken. Formulieren und Denken gehen Han in Hand: wir formulieren, während wir denken, aber wi denken auch, während wir formulieren.
Innerhalb dieses Systems – ein zusammenhängendes Gefüg von Werten – sind die verschiedenen Zwischenbeziehungen i Regeln festgelegt; dennoch bleibt ein weiter Spielraum, de paradoxerweise gerade durch jene festen Regeln, die ihn ein grenzen, geschaffen wird.
Im Strukturalismus als Philosophie wird diese Idee erweiter um ein Bild des Menschen zu umreißen, dessen Möglich keiten konstant und festgelegt sind, wie ein Satz Spielkarten mit dem man verschiedene Spiele spielen kann, je nach dem, wie sie verteilt werden.
Die einzelnen Kulturen – ob sogenannte »primitive« oder »zivi lisierte« – spielen das gleiche Spiel in verwandelte Form; die Hauptrichtungen sind festgelegt, währen die Interpretation sich stets ändert (Lévi-Strauss, La Pensé sauvage, 1962).
Lévi-Strauss untersuchte die Mythen und Legenden de verschiedenen Völker. Er verglich sie miteinander un stellte fest, daß die gleichen Themen immer wiederkehren daraus schloß er, daß durch die Anwendung von Verwand lungsregeln ein hoher Grad an Strukturparallelen entsteh Alle Verhaltensmuster in den verschiedenen Kulturen, behauptet er weiter, seien Transformationen des gleichen Grundmu

sters; wie unterschiedlich die Kulturen auch seien, bliebe die Beziehung zum eigenen System, in welchem sie eine Funktion ausüben, im Prinzip konstant.
Um ein ähnliches Beispiel anzuführen: »Vergleicht man ein Photo und dessen Negativ, so entdeckt man, daß die Beziehung zwischen den Komponenten die gleiche ist, auch wenn beide Bilder unterschiedlich sind« (M. Foucault).
Um es einfacher auszudrücken: wenn es ums Wesentliche geht, tun verschiedene Leute unter verschiedenen Umständen das Gleiche und verschiedene Dinge in der gleichen Weise.
»Der Mensch ist das, woraus er gemacht ist; die Frage ist nur, was er daraus macht« (J.-P. Sartre), d. h. wie weit reicht die Freiheit, die er sich innerhalb der Grenzen seiner Möglichkeiten schaffen kann.
Am einfachsten läßt sich der Begriff Struktur am Beispiel des Schachspiels erklären. In einem System von denkbar einfachen Regeln, die die Bewegungsfreiheit der einzelnen Figuren bestimmen, gelingt es dem geübten Spieler, eine unendliche Zahl von Kombinationen zu ersinnen. Je besser der Spieler, um so einfallsreicher die Partie. Neue Spielangewohnheiten bilden sich in der Praxis heraus und werden in erfahrener Hand zu offiziellen Regeln, die sich wiederum auf die ursprünglichen auswirken und im weiteren Sinn zur Regulierung des Systems beitragen. Schach ist ein hervorragendes Beispiel dafür, wie eine Reihe fester Regeln die Freiheit viel mehr fördert, als sie einschränkt. Der amerikanische Linguist Noam Chomsky, der vor allem wegen seiner Verurteilung der amerikanischen Intervention im Vietnam im Gedächtnis vieler geblieben ist, verglich Sprache in einer ähnlicher Weise wie Lévi-Strauss die Mythen und kam zu dem Schluß, es gebe bei allen Menschen eine analoge linguistische Fähigkeit. Er ging von einer »Urgrammatik« (generative grammar) aus, eine Art Muster, worauf alle Sprachen zurückgehen und für welches bei jedem eine angeborene Fähigkeit vorhanden ist. In diesem Sinne könnten also die verschiedenen Sprachen, wie die verschiedenen Verhaltensweisen, als Abwandlungen voneinander betrachtet werden, eine Theorie, die, allgemein betrachtet, von Jungs »Archetypen« nicht sehr entfernt scheint. Dies führt zur Vorstellung, daß die Erzeugung der Form und die Gestaltung des Raumes in ähnlicher Weise auf die bei allen Menschen aus den unterschiedlichsten Kulturen vorhandene Fähigkeit zu verschiedenen Interpretationen auf im wesentlichen gleichen »Ur-Formen« zurückgeht. Darüber hinaus führte Chomsky die Begriffe »Vermögen« und »Leistung« (»competence« und »performance«) ein. Das »Vermögen« ist die Beherrschung der Sprache durch den Einzelnen, die »Leistung« dagegen bezeichnet ihren Gebrauch in konkreten Situationen. Mit Hilfe dieser allgemeineren Neuformulierung der Begriffe »Sprache« und »Sprechen« kann tatsächlich eine Verbindung zur Architektur hergestellt werden. In der Architektur könnte man mit »Vermögen« die Interpretationsfähigkeit der Form bezeichnen, mit »Leistung« dagegen die Art, in welcher die Form in einer bestimmten Situation interpretiert wird oder wurde.

2 Form und Interpretation

Allgemein gesprochen steht »Struktur« für das Kollektive, Allgemeine, Sachliche(re) und ist in einer gegebenen Situation interpretationsfähig. Man könnte also im Zusammenhang mit einem Gebäude oder einer Stadtbebauung von Struktur sprechen, d. h. von einer Großform, die sich mit wenig oder gar keiner Veränderung für verschiedene Situationen eignet, weil sie immer wieder neue Möglichkeiten für neue Nutzungen bietet.

Kanäle, Amsterdam [216-220]

Das Netz der Amsterdamer Kanäle verleiht der Stadt ihr typisches Gesicht und erleichtert die Orientierung. Die konzentrischen Halbkreise sind nicht nur eine Hilfe, um den Weg durch die Stadt zu finden; wie die Jahresringe eines Baumes spiegeln sie auch den Wandel der Zeit. Offensichtlich lagen Verteidigungsüberlegungen ihrem spezifischem Muster zugrunde, das darüber hinaus noch so viel zu bieten hat. Neben Verteidigungszwecken wurden die Kanäle hauptsächlich für den Transport der ein- und ausgeführten Güter benützt, denen die Stadt einen großen Teil ihres Wohlstands verdankt; vor der Einführung des

216

217

218

19

220 Herengracht, Amsterdam, 1672, G. van Berkheyde

ffentlichen Abwassersystems dienten sie darüber hinaus ls offene Kloaken. Heute bilden sie die wichtigsten grünen ürtel im Zentrum der Stadt, und Bootsfahrten bieten unähligen Touristen Gelegenheit, die Schönheit der Architur von einem exklusiven Blickwinkel aus zu bewundern. ie stellten aber auch eine Möglichkeit dar, viel zusätzchen Raum zu gewinnen – eine besonders geschätzte Perektive in einer Zeit, in der die Stadterweiterung den absoten Vorrang hatte, denn sie boten eine Lösung für die in en fünfziger und sechziger Jahren so gravierend gewordeen Verkehrsprobleme. In Holland wurden zu dieser Zeit iele Kanäle aufgefüllt, was für viele Städte und Stadtviertel reparable Schäden bedeutete. In Amsterdam beschränkte ich der Schaden auf eine Anzahl radialer Kanäle – zum lück blieb die einmalige halbkreisförmige Anlage erhalten. uf einigen Kanälen werden Hausboote immer noch geuldet, weil sich die Behörden der Bedeutung dieser Eratz-Behausungen in einer Zeit ausgesprochener Wohnungsnappheit bewußt sind. Sie möchten jedoch, daß alle soald wie möglich verschwinden, denn sie haben leider keine orstellung davon, wie sehr diese sich stets wandelnde Forenvielfalt zur Lebendigkeit der Stadt beiträgt, insbeondere, wo das allgemeine Stadtbild von einer formalen, ürdigen Architektur beherrscht wird, wie längs der Amterdamer Kanäle.

uf alten Photographien kann man jedoch erkennen, daß n vorigen Jahrhundert die Kanäle wegen des regen Hanels, der sich dort abspielte, ein viel geschäftigeres und uneordneteres Bild boten: Amsterdam zeichnete sich nicht ur durch seine schöne Architektur aus, sondern ebenso urch die lebendige, bunte Aktivität rund um die vielen ähne, die ihre Ladung bis ins Herz der Stadt brachten. m schnellsten verändert sich die Stadtlandschaft mit den ahreszeiten, vor allem den Kanälen entlang, wo die Bäume n Sommer eine ganz andere räumliche Wirkung erzeugen ls im Winter, wenn sie kahl sind. Dann heben sich die Fasaden scharf vom Himmel ab und bilden eine beinahe graphische Begrenzung des urbanen Raums. Schließlich ändert sich auch das Bild drastisch, wenn die Kanäle gefroren sind und sich der Mittelpunkt vom Ufer auf die Eisflächen mit den Schlittschuhläufern verlagert. Bei solchen relativ seltenen Gelegenheiten verwandeln sich Atmosphäre und Raumgefühl für eine Weile vollkommen.

Mexcaltitàn, Mexiko [221-223]

»Der Wunsch, ein Umfeld zu schaffen, das verschiedenen Zwecken dient, kann manchmal durch für den Ort typische Verhältnisse gefördert werden. In Mexcalitàn, einem am Fluß San Pedro gelegenen Dorf, werden die Straßen durch die im Spätsommer einsetzenden starken Regenfälle zeitweilig in Kanäle verwandelt, so daß der ganze Ort eine regelrechte Metamorphose erfährt.«
Das Leben im Dorf wird gänzlich durch diese Naturverhältnisse bestimmt. Die Straßen dienen nach wie vor dem Verkehr und dem Transportwesen auf ebenso effiziente Weise, wenn auch in verschiedenen »Aggregatzuständen«, wobei jeder sein spezifisches Potential voll ausnützt (s. Veröffentlichungen, 4).

221

222

22

Estagel, Frankreich [224, 225]

»Mit den Jahreszeiten verändert sich die Wassermenge vieler ins Mittelmeer fließender Flüsse beträchtlich. In Estagel bei Perpignan versickert der Agy im Sommer; im Winter wälzt er sich im uralten Flußbett. Doch sogar in ausgetrocknetem Zustand spielt der Fluß eine dominierende Rolle in der kleinen Stadt, denn das Flußbett – ein Graben aus Zement – wird zum öffentlichen Bereich und für die dortigen Kinder zu einem Spielplatz besonderer Art. In der Mitte des Flußbettes sammelt eine Rinne das Regenwasser; diese Auffangrinne verhält sich zum Fluß wie der Fluß zur Stadt; sowohl vom Umfang wie von der Zeit her handelt es sich um eine Miniaturversion von Ebbe und Flut. Den Kindern bedeutet sie eine Bereicherung ihres Spielplatzes; für sie ist der Agy ein echter Fluß, mit seinem typischen Reiz und auch den Problemen, die ein Fluß manchmal mit sich bringt« (s. Veröffentlichungen, 4).

Oude Gracht, Utrecht [226-233]

In Utrecht hat der natürliche Niveauunterschied zwische Straße und Kanal ein außergewöhnliches, äußerst nützliche Gefälle erzeugt. Schon im 14. Jahrhundert dienten die Ka näle zur Beförderung von Gütern auf Kähnen; sie wurde auf den Kais vor den Lagerplätzen, die sich unterhalb de Straße befanden, ein- und ausgeladen. Diese Lagerhäuse bilden nach wie vor die Keller der auf Straßenebene be findlichen Läden. Damals konnten die Waren durch ein einfache vertikale Verbindung mit dem Kai hinauf- und hin untergebracht werden. An einer Stelle gelangten die Fuh werke durch einen Tunnel von der Straße zum Kai und um gekehrt, um ihre Ladung zu den Bestimmungsorten in de Stadt zu bringen.

Als die althergebrachte Güterbeförderung auf Wasser wegen eingestellt wurde, verloren die Kais ihre ursprüng liche Funktion; seit neuestem dienen sie als Terrassen fü

224

2

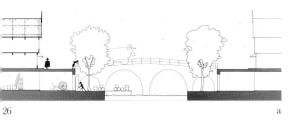
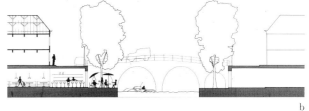

die Cafés und Restaurants, die in den ehemaligen Lagerhäusern untergebracht sind, die meist von den darüberliegenden Läden getrennt wurden, als die Kais zum großen Teil funktionslos geworden waren.

Heute werden also die alten Kais wieder benutzt, wenn auch auf andere Weise, und bei schönem Wetter sind sie wieder voller Menschen. An den Kanälen entlang sind sie tatsächlich in einer bevorzugten Lage, durch die geschoßhohe Kaimauer vom Wind und Verkehrslärm geschützt. Auch der Abstand dieser Mauern beiderseits des Kanals vom Ufer – weit unter dem Straßenniveau – trägt zur guten Proportion des Ganzen bei. Die Biegung des Kanals gliedert den Raum, erzeugt ein Gefühl anheimelnder Geschlossenheit, ohne die Aussicht zu versperren.

Schließlich gibt es dort auch – wer hätte das entwerfen können? – hübsche Bäume, die zur einmaligen Atmosphäre dieses Teils der Altstadt besonders beitragen. Obwohl aus rein städtebaulichen Überlegungen entstanden, wurde die Anlage heute, ein Jahrhundert später, in einen Platz ganz anderer Art umgewandelt, ohne daß grundsätzliche Veränderungen notwendig waren. Man kann sich leicht vorstellen, wie es hier aussieht, wenn das Wasser in den Kanälen gefroren ist und eine natürliche Eisbahn entsteht. Unten am Kai werden die Schlittschuhe angeschnallt, während die Straße den Zuschauern gehört. Diese Verwandlung zeigt wiederum, wie flexibel dieser Typ von städtebaulicher Form ist und wie er sich jeder neuen Situation anpassen kann. Ähnliche Verhältnisse, wenn auch in einer ganz anderen Größenordnung, findet man auch am Ufer der Seine in Paris, wo die Clochards ihren traditionellen Aufenthaltsort aufgeben mußten, weil eine Schnellstraße diese Außenseiter-Zone am Wasser für sich in Anspruch nahm.

232

234

Der Viadukt an der Place de la Bastille
Rue Rambouillet, Paris [234-243]

Der Viadukt wurde für die Eisenbahn gebaut, wie in so vilen Städten, wo Verkehrsadern in ein großes Ballungszetrum führen. Die 72 Bögen wurden mit dem ausgebaut, w
sich gerade anbot. Der Viadukt diente als eine Art Ramen, eine Folge klar abgegrenzter Fächer, die sich belieb
füllen ließen.
Der Viadukt selbst ist weitgehend unverändert gebliebe
beinahe wie er immer war und bleiben kann – eine best
hende Struktur, immer bereit, neue Nutzungen aufz

23

236

237

238

nehmen, die wiederum der Umgebung einen neuen Sinn geben. Es ist erstaunlich, wie wenig die Ausbauten Rücksicht auf das halbkreisförmige Rahmenwerk nehmen, dessen Form für Bauten recht ungünstig ist und offensichtlich wenig Anreiz bietet, eine typische Gegenform zu bilden. Als wäre es die selbstverständlichste Sache der Welt, wurden alle Bögen mit Ausbauten gefüllt, die nach den gleichen Prinzipien errichtet wurden, wie freistehende Häuser. Der Viadukt selbst diente weder als Ausgangspunkt noch als Inspirationsquelle, wurde jedoch offensichtlich nicht als Störfaktor empfunden; sogar die engen Seitengassen konnten sich ihren Weg durch das lange steinerne Hindernis bahnen, Stadtgefüge und Viadukt durchdringen sich gegenseitig. Nachdem keine Eisenbahnzüge mehr darauf fahren, wurde der Viadukt zur Promenade umgestaltet, die zur neuen, auf dem Platz des ehemaligen Bahnhofs in Vincennes erbauten Oper führt. Es ist geplant, die Bögen mit identischen Fassaden zu verkleiden, entsprechend unserer heutigen konventionellen, zivilisierten Vorstellungen von Ordnung. In diesem Fall müßte ein einmaliges Stadtdenkmal einer Standardlösung weichen.

239

240

241

235b Blick auf den Viadukt auf der rue Rambouillet mit der früheren Gare de la Bastille (1859). Hier steht jetzt die Bastille-Oper.

242

243

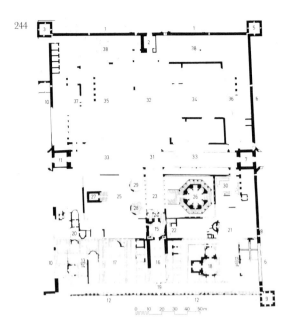

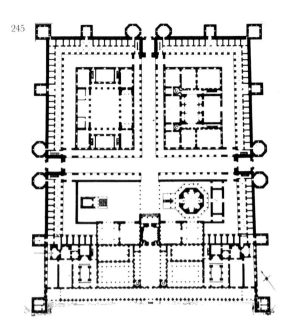

Der Diokletians-Palast, Split, Dalmatien
4. Jahrh. v. Chr. [244–251]

Unter dem Titel »Die Residenz eines Kaisers in Split wird zu einer Stadt für dreitausend Einwohner« schrieb der Architekt Bakema über die Ruinen dieses römischen Palastes, der heute noch den Kern der dalmatinischen Stadt bildet (Forum, 2-1962).

Die einstigen Teile des Palastes bilden heute die Wände von Behausungen; aus ehemaligen Nischen sind Räume, aus Palasthallen Wohnungen geworden, und überall entdeckt man Fragmente, die an die ursprüngliche Funktion der Anlage erinnern. Von der ihn umschließenden Stadt ganz absorbiert, konnte der gewaltige Bau einem völlig neuen Zweck dienen, während sich die Stadt der gegebenen Form vollständig anzupassen vermochte. Hier hat eine Metamorphose stattgefunden; innen ist die ursprüngliche Struktur noch immer vorhanden, doch die Art, wie sie in die neue

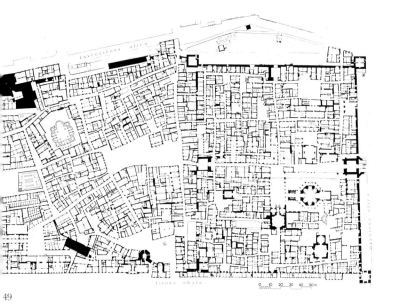

249

250

integriert wurde, läßt die Frage aufkommen, was von der Konstruktion übrigbliebe, entfernte man die späteren Ausbauten. Der Prozeß ist irreversibel: der Palast ist zwar da, er kann jedoch nicht wieder »aufgerufen« werden. Daß unter veränderten Verhältnissen eine ganz andere Art der Anpassung an die noch vorhandene Struktur gewählt werden könnte, ist ebenso unvorstellbar; zumindest regt diese zu keiner andere Lösung an.

Split ist ein besonders interesssantes Beispiel, weil es die Trennung von Form und Funktion deutlich veranschaulicht; darüber hinaus ist es auch erwähnenswert, da es schon 1962 Anregungen für die Auseinandersetzung mit architektonischen Formen wie Amphitheatern lieferte, obwohl diese, im Gegensatz zum Diokletians-Palast, nicht nur neue Nutzungen *erlaubten*, sondern durch ihre typische Form und Struktur geradezu *aufzwangen*.

251

Die Amphitheater in Arles und Lucca [252-254]

»Die Arena in Arles wurde im Mittelalter als Befestigungsanlage benutzt; dann wurde sie mit Bauten gefüllt und bis ins 19. Jahrhundert als Stadt bewohnt.
Das Amphitheater in Lucca wiederum wurde in die Stadt integriert und zugleich als Platz aufrechterhalten. Innerhalb des undefinierbaren Stadgefüges ist der ovale Raum ein Wahrzeichen, das der Umgebung Namen und Identität verleiht.
Zum gleichen Zweck erbaut, spielten beide Amphitheater unter veränderten Verhältnissen unterschiedliche Rollen.

inneren Raum zum Arbeiten, Spielen, Wohnen, oder einfach einen öffentlichen Platz. Die ursprüngliche Funktion ist vergessen, doch die Amphitheater-Form hat ihre Bedeutung nicht verloren, da sie zur stetigen Erneuerung anregt (s. Veröffentlichungen, 1).
Diese Amphitheater haben ihre Identität als umschlossene Räume bewahrt, während ihr Inhalt Veränderungen unterliegt. Unter veränderten Umständen kann sich also die gleiche Form vorübergehend unterschiedlich darstellen, ohne daß die Struktur selbst eine wesentliche Veränderung er-

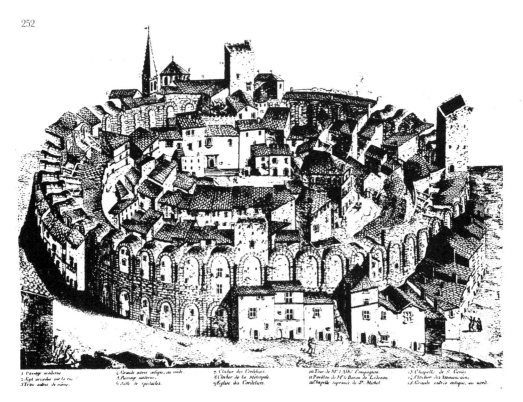

252

Die Arenen in Nîmes und Arles, die in umschlossene kleine Dörfer verwandelt wurden, während die Ruinen beider gallo-romanischen Städte den Schlangen und Eidechsen überlassen wurden, geben eine gute Vorstellung des Verfalls der Städte nach dem Fall von Rom. In Nîmes verwandelten die Westgoten die Arena in eine Ministadt mit zweitausend Einwohnern, die man durch an den vier Himmelsrichtungen gelegenen Tore betrat. In der Arena wurden Kirchen gebaut. Das Gleiche galt für Arles. Die Arenen wurden zu Burgen. (Michel Ragon, zitiert nach Pierre Lavedan, *Histoire de l'urbanisme, Antiquité-Moyen Age*, Paris 1926)

Jedes nahm die Farbe des Umfeldes an, in welches es integriert wurde und welches es selbst aufnahm, während das jeweilige Umfeld wiederum durch die alte Struktur in seiner Mitte geprägt wurde. In ihrer neuen Form gliederten sie sich nicht nur selbstverständlich in das Stadtgefüge ein, sondern verliehen diesem seine Identität. In beiden Fällen erfuhren der ovale Raum und dessen Umgebung unter ihrem gegenseitigen Einfluß eine Verwandlung. Diese Ovale sind Archetypen: hier bilden sie einen großen umschlossenen,

fährt. Außerdem zeigt Arles – dessen Arena heute in ihren urprünglichen Zustand zurückversetzt wurde – daß dieser Verwandlungsprozeß grundsätzlich reversibel ist. Ein besseres Beispiel für »Fähigkeit« und »Leistung« in der Architektur kann man sich kaum vorstellen. Daß beide Amphitheater nicht identisch sind, unterstreicht nur das Polemische dieser Situation: denn genauso wie die Selbständigkeit der ovalen Form durch den Verwandlungsprozeß betont wird, drängt sich die Form als »Archetyp« beinahe unvermeidlich auf.

Aus den oben erwähnten Beispielen ebenso wie aus den folgenden läßt sich verschiedenes schließen: In allen Fällen waren die vielen Nutzungen, die die ursprüngliche Struktur ermöglichte, nicht von vornherein oder bewußt in diese Struktur miteinkalkuliert; vielmehr konnten sie virtuell unter veränderten Verhältnissen verschiedene Funktionen erfüllen und somit in der Stadt eine unterschiedliche Rolle spielen.

Es stimmt sicherlich nicht, daß nur eine bestimmte Form für eine bestimmte Funktion angemessen ist. Es gibt Formen, die nicht nur verschiedene Interpretationen zulassen, sondern diese unter veränderten Verhältnissen geradezu diktieren. Man könnte also sagen, daß die Form die Vielfalt der Lösungen schon virtuell enthalten haben muß.

Bei keinem der erwähnten Beispiele verändert sich die eigentliche Struktur unter dem Einfluß ihrer neuen Funktion, was ein

Je kürzer die Dauer einer bestimmten Situation, um so temporärer die Natur der jeweiligen Ausbauten oder Änderungen; bei täglichen Einrichtungen können diese sogar von einem Tag auf den anderen entfernt werden. Man muß also zwischen feststehenden An- oder Umbauten und temporären, eher mit der »Software« vergleichbaren »Ausfüllungen« unterscheiden. Die folgenden Beispiele befassen sich mit temporären, durch den täglichen Gebrauch erforderten Änderungen.

253 Amphitheater in Lucca

254 Amphitheater in Arles

entscheidender Punkt ist: die Form kann sich einer Vielfalt von Funktionen anpassen und ihr Erscheinungsbild ändern, während sie im Wesentlichen die gleiche bleibt.

Bis zu welchem Grad eine Form sich verschiedenen Interpretationen passiv anpaßt oder diese Interpretationen aktiv hervorruft, weil sie selbst anregend wirkt (wie im Falle der Arena), ist von Situation zu Situation unterschiedlich.

Die Hauptform, die wir Struktur nennen, ist von Natur aus kollektiv, sie wird gewöhnlich von der öffentlichen Hand kontrolliert und ist im Prinzip eine Angelegenheit der Öffentlichkeit. Ihre Nutzung wird entweder von der öffentlichen Hand oder privat kontrolliert, je nach dem, welche kommerziellen Interessen damit verbunden sind.

Einrichtungen, die mehr oder weniger von Dauer sind, erfordern meist Ausbauten oder weitere Unterteilungen – die selbst eigenständige Konstruktionen sind. Der Funktionswechsel kann während einer langen Zeit, einiger Jahre, einer Saison, einer Woche stattfinden oder auch täglich erfolgen.

99

Tempel auf Bali [255-259]

Anders als durch die Konzentration auf ein einzelnes, dominierendes Monument, wie in der christlichen Welt, ist der auf Bali praktizierte Hinduismus durch die Existenz zahlreicher Andachtszentren gekennzeichnet, die sozusagen in einer Dezentralisierung der Kultstätten ihren Ausdruck findet. Allein oder in Gruppen sind auf der ganzen Insel Tausende von Tempeln verstreut.

Im Zusammenhang mit der Natur der Feier – Ahnenkult, Erntedankfest usw. – gibt es sowohl zeitlich als auch räumlich unterschiedliche Ebenen des Rituals. Da die verschiedenen Zeremonien jeweils in einem bestimmten Tempel stattfinden, werden nicht alle diese Kultstätten zur gleichen Zeit benutzt, jedoch jeden Tag eine andere. Die Tempel, deren Größe von Möbeln bescheidenen Ausmaßes bis hin zu kleinen Häusern reicht, sind manchmal aus Stein, gewöhnlich aber handelt es sich um einen auf einen steinernen Sockel ruhenden, offenen Bau mit einer komplexen Holzkonstruktion und einem Strohdach. Im Grunde sind es eher in der ganzen Landschaft verstreute, in Freien stehende überdachte Altäre. Neben verlassener Tempeln, die nur mehr aus dem Skelett bestehen oder solchen, die leer sind, stößt man plötzlich auf einige ausgestattete, die mit herrlichen Behängen und Gegenständen aus Bambus und Palmenzweigen oder anderen Kultobjekten geschmückt sind, und in denen sich stets Opfergaben befinden. Jeder einzelne Tempel hat also die Funktion eines Rahmens, der mit den für die jeweiligen Zeremonien nötigen Kultgegenständen versehen und temporär für einen spezifischen Zweck benutzt wird, sozusagen ein bestimmtes Gewand für eine bestimmte Rolle erhält, bevor

255

er in seinen ursprünglichen passiven Zustand zurückkehren darf.

Selbstverständlich ist dies eine vereinfachte Beschreibung der eigentlichen Situation, denn man entdeckt auch Tempel, die mehrere kleinere Tempel enthalten, in denen sich wiederum noch kleinere befinden – Konstruktionen in der Konstruktion – die wohl auf die unterschiedlichen Beziehungen verschiedener Mitglieder der Gemeinschaft zu einem bestimmten Ahnen hindeuten könnten.

Und als ob dies nicht genügte, tauchen plötzlich von allen Seiten Frauen in langen Reihen auf, mit hohen, bunten Lasten auf dem Kopf, Opfergaben aus Reis, Kokosnuß und Zucker in allen möglichen Formen und Farben. Alle Opfergaben werden in die kleinen Tempel als letzter – und eßbarer – Schmuck, die vergänglichste und weichste Komponente in einer Folge von Elementen gestellt, die von der »hardware« bis zur »software« reichen.

Wenn die Zeremonie vorbei ist und die Götter die Opfer empfangen haben, werden die eßbaren Gaben wieder nach Hause mitgenommen und verzehrt und die beim Tempel zurückgelassenen von Hunden gefressen. Dem westlichen, rationalen Geist mag dies widersprüchlich erscheinen – entweder opfert man den Göttern Speisen, oder man ißt sie selbst; in einem nüchterneren und vielleicht intelligenteren Sinn ist es möglich, beides zu tun: nach Absolvierung des religiösen Brauches wird die Gabe einfach zu einem Leckerbissen für Menschen und Hunde. So kann das gleiche Objekt verschiedene Funktionen haben, in diesem Fall zu verschiedenen Zeiten; erhält es zu bestimmten Anlässen eine rituelle Bedeutung, verliert es diese, wenn die Zeremonie vorüber ist, und kehrt vom Außergewöhnlichen

260

261

ins Gewöhnliche zurück. In christlichen Gotteshäusern behalten Kirchenmobiliar und Schmuck ihre sakrale Bedeutung, auch wenn die Kirche nicht benutzt wird. Daß Kinder in einem geweihten Haus Verstecken spielen wie in Bali, wo sich die Tempel immer wieder in Kinderspielplätze verwandeln, ist in der westlichen Welt undenkbar. Einen Altar als Kletterstange kann man sich kaum vorstellen. Im der westlichen Welt fehlt es den Menschen wahrscheinlich an Phantasie, außerdem ist es nicht rentabel, Altäre wie Klettergerüste bauen zu müssen, als ob Gott etwas dagegen hätte, wenn Kinder auf seine Altäre klettern. Aber in diesem Teil der Welt wollen wir alles ordentlich und sauber und an der richtigen Stelle halten, und die Bedeutungen können nicht vermischt werden.

Rockefeller Plaza, New York [260–261]

Die Rockefeller Plaza, der kleine, tiefer gelegene Platz in der Mitte des Rockefeller Center in Manhattan, bietet im Sommer ein ganz anderes Bild als im Winter. Im Winter läuft man dort Schlittschuh, im Sommer wird aus der Eisbahn eine Terrasse, auf der man zwischen Pflanzen und Sonnenschirmen sitzen kann. Dieser klar definierte Raum bietet die Gelegenheit, den Wechsel der Jahreszeiten voll auszunützen.

Columbia University, New York [262]

Monumentale Treppenläufe sind ein Hauptmerkmal repräsentativer Bauten, die ein Gefühl der Ehrfurcht einflößen sollen. In diesem Fall handelt es sich um eine Bibliothek,

den Lebensnerv einer Universität, einen Tempel, in dem Wissen gespeichert wird, und der ehrfurchtgebietende Eingang fordert keineswegs zu einem zufälligen, spontanen Besuch auf, denn jeder, dem Gehen schwer fällt, fühlt sich absolut entmutigt. Diese Bibliothek ist also in keiner Weise einladend!

Man kann sich des Eindrucks nicht erwehren, daß jeder, der am Wissen teilzunehmen wünscht, das Gefühl haben sollte, daß man von ihm eine Gegenleistung erwartet. Wie imposant diese Stufen auch sein sollten, die Abbildung zeigt, daß sie auch zwanglos benutzt werden können, etwa wie eine Tribüne, wenn zum Beispiel eine Rede gehalten wird. Hier stellt sich also heraus, daß die Architektur eine ganz andere Funktion übernimmt als die geplante, und in diesem Fall sogar einem genau entgegengesetzten Ziel dient, da die Studenten ihr den Rücken kehren.

Formal verdanken diese Stufen ihre Bedeutung einzig und allein ihrer Funktion, und diese Bedeutung kann, wie wir hier sehen, unter Umständen ins Gegenteil umschlagen.

Es wäre nicht schwierig, weitere Beispiele zu bringen, die veranschaulichen, wie eine Großform verschiedene, unbeabsichtigte Interpretationen zuläßt; was hier jedoch gezeigt werden soll, sind die möglichen Anwendungen eines etablierten Prinzips. Vermag ein Architekt den Unterschied zwischen Struktur und Ausfüllung, anders ausgedrückt: zwischen »Vermögen« und »Leistung«, mit all seinen Implikationen völlig zu begreifen, kann er zu Lösungen gelangen, deren Anwendung mehr Spielraum beinhaltet und – da der Zeitfaktor in seiner Lösung auch eine Rolle spielt – mit mehr Zeitraum. Steht einerseits die Struktur für das Kollektive, entspricht andererseits ihre Interpretation den Forderungen des einzelnen, und führt so zur Versöhnung von Individuellem und Kollektivem.

3 Die Struktur als Rückgrat: Kette und Schuß

Anders als bei den eben erwähnten Beispielen wollen wir uns nicht in erster Linie mit den verschiedenen, im Wandel der Zeit entstandenen Interpretationen befassen, sondern mit der Vielfalt jener, die in der gleichen Zeit zusammenfallen

263

und somit ein Ganzes bilden, dank einer Struktur, die sozusagen als gemeinsamer Nenner die Verschiedenheit der einzelnen Ausdrucksformen überbrückt.
Das in den folgenden Beispielen enthaltene Ordnungsprinzip läßt eine Vielfalt von Bildern entstehen. Nehmen wir das Bild eines Gewebes, das aus Kette und Schuß besteht. Man könnte sagen, daß die Kette die Grundordnung des Gewebes bestimmt und somit die Möglichkeit schafft, mit dem Schuß die größte Vielfalt und Farbenpracht zu erreichen.
Die Kette muß vor allem stark sein und die richtige Spannung haben, doch hinsichtlich der Farbe dient sie nur als Grundlage. Der Schuß gibt dem Gewebe Farbe, Muster und Textur, die von der Phantasie des Webers abhängen. Kette und Schuß bilden ein unteilbares Ganzes, eines kann ohne das andere nicht existieren, sie bestimmen sich gegenseitig.

Das Projekt Fort l'Empereur, Algier, 1930
Le Corbusier [263–269]

Die Idee, die dieser wie ein Band entlang der Küste sich erstreckenden Megastruktur zugrundeliegt, bestand darin, Autostraße und Wohnungen zu verbinden. Oberhalb und unterhalb der Autostraße staffeln sich Ebenen, die künstliche Baugelände bilden. Darauf können einzelne Grundbesitzer Wohneinheiten in beliebigem Stil errichten.
Man könnte die Konstruktion dieser »sols artificiels« Träger nennen (Le Corbusier selbst verwendete dafür den Begriff »superstructure«), und sie sollte selbstverständlich in einem Zug als Teil der Autostraße, und zwar vom Staat,

264 Le Corbusier, »La Ville Radieuse«, Seite 247, Paris, 1933

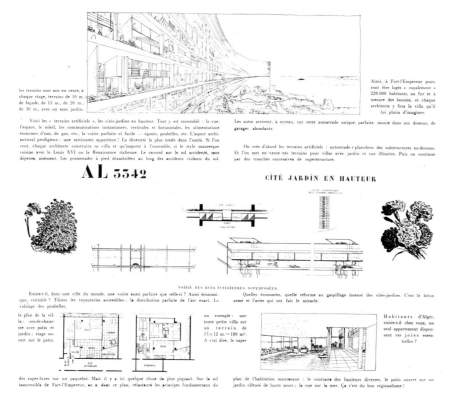

gebaut werden. Die Zeichnung zeigt, daß Le Corbusier, zumindest auf dem Papier, an die größte erdenkliche Vielfalt dachte. 1930, als die Moderne und der Funktionalismus ihren Höhepunkt erreicht hatten, war dies wirklich revolutionär, auch wenn Le Corbusier etwas naive Vorstellungen vom Verkehr hegte, wie manche Kritiker später behaupteten. Es war eine außergewöhnliche Vision, die sogar heute, nach über fünfzig Jahren, mehr Architekten inspiriert, als sie zuzugeben bereit sind.

Le Corbusiers Entwurf für Algier bildet den Schlüssel zu unserer Argumentation, da er ausdrücklich vorsah, daß die einzelnen Benutzer durch die Stärke der Megastruktur selbst die Möglichkeit haben sollten, ihre Heime so zu gestalten, wie sie es wünschten, oder den Ideen ihrer »eigenen« Architekten

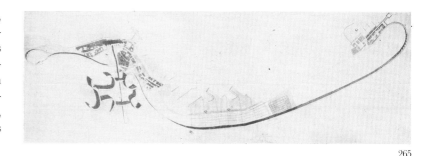

265

Tage. Dieser Typ von Massenbehausung entspricht jedoch der Wirklichkeit, der wir immer wieder begegnen, und dies ist auch eines der gravierendsten Probleme, mit denen wir konfrontiert werden. Heutzutage scheinen die Menschen nicht mehr zu wissen, wie sie einen Ausdruck für ihren eigenen

266

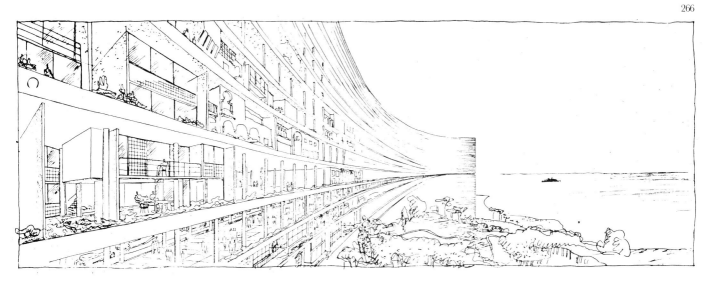

entsprechend. Wies die kollektive Struktur lediglich auf die räumlichen Grenzen der jeweiligen Wohnungen hin, so bestimmten die Wohnungen selbst das Erscheinungsbild des Ganzen. Diese Art »superstructure« schuf auf kollektiver Ebene die Verhältnisse, die den Bewohnern eine außergewöhnliche Freizügigkeit der Gestaltung gewähren sollten.

Die Zeichnung – nebenbei bemerkt eine der anregendsten, die Le Corbusier je ausgeführt hat – zeigt, daß Entwürfe und Konstruktionsmethoden, die am stärksten voneinander abweichen, harmonisch nebeneinander bestehen können; die Megastruktur erlaubt nicht nur diese Vielfalt, sondern bereichert den Gesamtkomplex viel mehr als der Entwurf eines noch so genialen anderen Architekten. Darüber hinaus läßt sich aus der Zeichnung erkennen, daß mit der Vielfalt der Teile bei einer solchen Struktur auch die Qualität des Ganzen steigt. So scheinen Chaos und Ordnung einander zu brauchen. Auf der Zeichnung sieht man auch einige durchschnittliche Wohnungen, Massenbehausungen, wie sie in einem System, in welchem die Menschen selbst bei der Planung und Errichtung der Häuser, in denen sie wohnen, kein Mitspracherecht haben, immer zu finden sind. In Le Corbusiers Zeichnung haben solche Wohnungen inmitten der sie umgebenden Üppigkeit keine Bedeutung und erscheinen lediglich als eine seltsame Erinnerung an vergangene

267

268

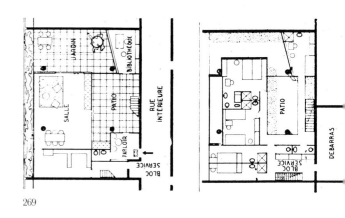

269

Wohnstil finden sollen, obwohl die Völker auf der ganzen Welt seit eh und je die Häuser gebaut haben, die sie wollten, die Kleider trugen, die ihnen gefielen, selbstgebaute Werkzeuge benützten und gegessen haben, was ihnen schmeckt.

Weshalb sollte die Fähigkeit zur persönlichen Formensprache wesentlich von jener zum persönlichen Ausdruck durch die Sprache abweichen? Vermögen wir dies wirklich nicht mehr, so können wir mit gutem Grund annehmen, daß die Ohnmacht der heutigen Architektur auf eine ernste Zersetzung der sozialen Beziehungen zurückzuführen ist. Die Massenbehausung, die, oberflächlich betrachtet, unseren industriellen Bedingungen entspricht, verdankt ihre Dominanz dem monokulturellen Verhalten, das unsere Gesellschaft prägt. Das mindeste, was ein Architekt in einer solchen Situation tun kann, ist, Bilder zu umreißen, die Wege zeigen, um die Menschen aus ihrer Lethargie wachzurütteln.

Wie nah uns Le Corbusiers Entwurf (1932) einer scheinbar evidenten Lösung brachte, umso entfernter sind wir heute davon. Schon der kleinste Schritt in diese Richtung bedeutet einen fundamentalen Konflikt mit unserer von Institutionen regierten, zentralisierten Gesellschaft, und wir kommen der Verwirklichung unserer Pläne kaum näher. Die wenigen Erfolge, die wir erzielen, geben uns jedoch Gelegenheit, das Prinzip zu demonstrieren, wenn auch mehr theoretisch als praktisch.

Die Träger und die Menschen: Das Ende des Massenwohnungsbaus, N. J. Habraken, 1961

Ich möchte in diesem Zusammenhang Habrakens Beitrag erwähnen, der in gewissem Sinne dem entspricht, was sich Le Corbusier vorstellte, als er sein Projekt für Algier entwarf. Habraken versuchte, zumindest in der Theorie, eine Formel zu finden, die den Menschen mit Hilfe der zur Verfügung stehenden industriellen Mittel einen größeren Spielraum bei der Wahl ihrer Wohnform läßt. Die Träger, besondere, vom Staat zu diesem Zweck zur Verfügung gestellte Skelettkonstruktionen mit den nötigen technischen Grundeinrichtungen, können als Baugelände für Fertighäuser oder Häuserteile dienen, die von zahlreichen Firmen angeboten werden. Da der zukünftige Benutzer unter vielen Möglichkeiten den Typ von Haus wählen kann, der ihm gefällt und da er die Möglichkeit hat, bestimmte seinem Geschmack entsprechende Änderungen vornehmen zu lassen, wird er wiederum aktiv in einen Prozeß miteinbezogen, bei dem er gewöhnlich kein Mitspracherecht hat.

Doch die Probleme tauchen sofort auf, denn auch diese Häuser werden bald kommerzialisiert und sind allen Unannehmlichkeiten der Konkurrenz- und Marketing-Mechanismen ausgesetzt. So wird alles auf den niedrigsten gemeinsamen Nenner gebracht – jenen der Mittelmäßigkeit – und schon befinden wir uns wieder am Ausgangspunkt. Was das unterbreitete Konzept interessant macht, ist der Versuch die Voraussetzungen für eine flexiblere und wirksamere Nutzung der ungeheuren industriellen Möglichkeiten über die unsere Gesellschaft verfügt, zu schaffen. Von Zeit zur Zeit fragt sich jeder, weshalb Häuser nicht wie Autos erzeugt werden können, und vom technischen Standpunkt aus ist es nicht leicht zu verstehen, weshalb wir uns mit unseren Häusern so schwer tun.

Die Frage läßt sich nicht so leicht beantworten; eins ist jedoch klar: es ist vor allem das Problem der Lage, mit ihrer Fülle von Erfordernissen und Vorschriften, die mit dem Prinzip der Wiederholung – dem Rückgrat der modernen Technologie – kollidieren. Könnte man das Haus selbst vom Problem des »Baugeländes« trennen, das der Staat als ausgeklügelten urbanen Rahmen zur Verfügung stellen würde, so könnte, zumindest theoretisch, einer der Träume des 20. Jahrhunderts Wahrheit werden. Doch die wenigen Versuche, die unternommen wurden, um diesen Traum zu verwirklichen, haben nicht einen Bruchteil des poetischen Bildes erzeugt, das Le Corbusier vor über fünfzig Jahren entstehen ließ.

Hausboot-Projekte [270-273]

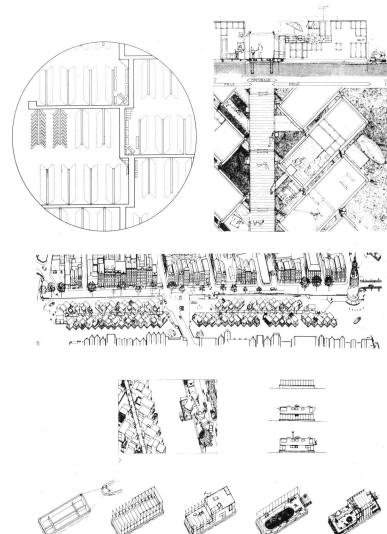

Hausboote – entsprechend einer Anordnung der Behörde meist in Gruppen verankert – sind in Holland ein besonders auffallendes Beispiel für eine (zugestandenermaßen permanente) Wohnform, bei welcher die Bewohner ein weitgehendes Mitspracherecht haben; dadurch ist eine recht differenzierte Situation entstanden, zumindest, was das äußere Erscheinungsbild angeht. Diese Freiheit des Ausdrucks ist sicherlich darauf zurückzuführen, daß es für solche Boote keine offiziell anerkannte, traditionelle Erscheinungsform gibt. Schon von Anfang an waren sie nicht anderes als Notlösungen für das Wohnungsproblem.

Allerdings sind die chaotischen Zustände und das allgemeine Durcheinander ausgeblieben, vor dem die Behörden so große Angst hatten, ohne Zweifel, weil die Gesamtform und Größe dieser Hausboote von den Bootskörpern abhängen, auf welchen sie aufgebaut sind, die sich nicht sehr voneinander unterscheiden. Außerdem sind sie der Länge nach an einem Kai verankert, von dem sie Wasser, Gas und Strom erhalten. Diese Hausboote stellen also eine freie und persönliche Interpretation von Standardelementen dar, verbunden mit den Vorzügen eines permanenten Ankerplatzes. Da, wo sie – meist an der Peripherie der Städte –

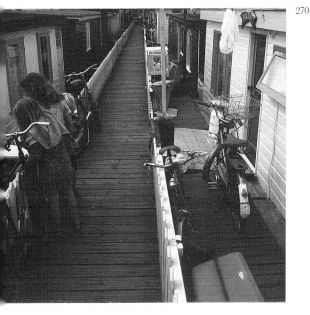

ganze schwimmende Viertel bilden, wurden zur Erleichterung Stege gebaut, schmale Achsen, die die Grunderfordernisse, wie Zugang und Energieversorgung, sichern. Dieses »Rückgrat« organisiert und ordnet.

In Gegenden mit großen Wasserflächen wären sogar ganze schwimmende Städte vorstellbar, mit einem Netz von Stegen, die statt Straßen die Infrastruktur bilden. In solchen Siedlungen könnten dann die Behausungen viel bunter aussehen als in einer gewöhnlichen Groß- oder Provinzstadt. Und was für ein Gefühl der Freiheit, zu wissen, daß man zuweilen das Hausboot an eine andere Stelle bringen kann, wenn man aus irgendeinem Grund an einem bestimmten Ort sein möchte. (Diese Idee entstand 1970 in Zusammenhang mit einem Sanierungsplan für das Zentrum von Amsterdam, damit die Leute, die ihre Häuser wegen Renovierungen vorübergehend verlassen mußten, ein Hausboot auf einem nahegelegenen Kanal beziehen konnten und nicht gezwungen waren, ihre vertraute Umgebung zu verlassen).

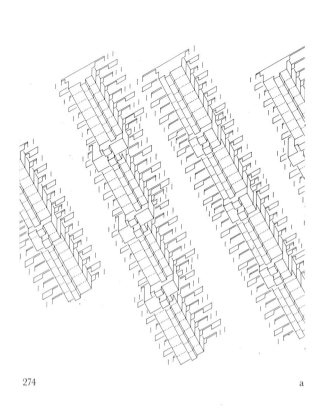

274 a

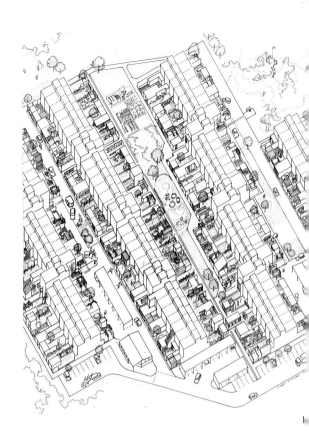

Wohnprojekt Deventer-Steenbrugge [274]

Entworfen wurden nur ein offenes Raster, lediglich eine Straßenkonfiguration und die Grundparzellierung. Die Häuser liegen zum größten Teil an zwei Straßen und können also zwei Eingänge haben, was die Gefahr übertriebener gesellschaftlicher Kontrolle ausschließt, sollte sie durch die Förderung des Gemeinschaftssinns je wieder entstanden sein.

Erwartet wird, daß jede Straße durch ihre Bewohner und deren Tätigkeit ihren eigenen Charakter erhält; so sollte innerhalb eines Rasters identisch angelegter Straße eine Vielfalt von Lösungen entstehen.

Im rückwärtigen oder im vorderen Teil der Parzelle können die Bewohner selbst Anbauten wie Garage, Schuppen, Werkstatt, Wintergarten, einen zusätzlichen Raum oder einen kleinen Laden errichten. Eine niedrige Mauer zwischen den Parzellen sollte die Aufstellung solcher Anbauten erleichtern und den Bewohnern als Anreiz dazu dienen.

Zur Entstehung des Straßenraumes als Ganzes trägt jeder Bewohner bei; in der Straße wird die gegenseitige Abhängigkeit, die schon bei der Abgrenzung der Privatbereiche zustandekommt, nun zu einem wesentlichen Faktor; in der Tat sollten die Anrainer selbst in der Lage sein, sie nötigen Entscheidungen kollektiv zu treffen (s. Veröffentlichungen, 4).

De Schalm, Projekt für ein Stadtzentrum [275-277]

Da sich die Sozialkontakte auf der Straße manifestieren könnte man sich das Zentrum eines Stadtviertels als ein Straße vorstellen, die je nach Bedarf und zur Verfügung ste henden Mitteln eine Vielfalt von Aktivitäten ermöglicht. E sollte so geplant werden, daß es sich mit der Zeit durch An passung an neue Bedürfnisse weiterentwickeln kann – mi anderen Worten, es sollte immer möglich sein, neue Ele mente einzubringen und sie zu ändern oder abzubauen wenn sie überflüssig geworden sind.

Deshalb begannen wir mit dem, was man Rückgrat nenner könnte, einer Straße mit durchsichtigem Dach, im rechter Winkel zu einer Anzahl von Mauern, die Zonen zwischer den Haupt- und Nebenstraßen markieren. Wie chaotiscl dieser Komponentenkomplex auch sein mag, sollte die Hauptstraße das Durcheinander in ein permanent geord netes Gebilde verwandeln. Braucht man Raum für be stimmte Anlässe wie Feiern, Jahrmärkte, Ausstellungen, sc ist es besser, auf Einrichtungen wie Festzelte, Unterstände

275 a

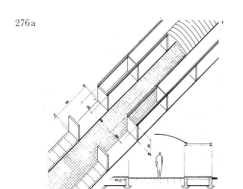
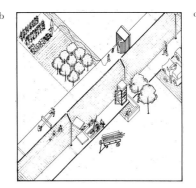
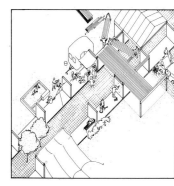
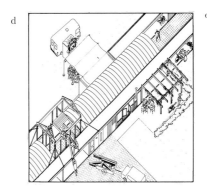
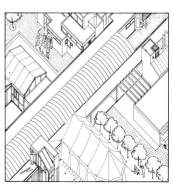

angars, Kioske usw. zurückzugreifen, die mehr Möglichkeiten bieten als permanente Bauten, die entweder zu klein oder zu groß sind und kein Überraschungsmoment erzeugen. Für länger bestehende Einrichtungen können Fertigbauten aufgestellt werden, die auf dem Markt leicht erhältlich sind, wie Baubaracken, Bürocontainer oder Hangars. Es geht darum, daß die Bewohner selbst ihre Umgebung gestalten, und es ist Aufgabe des Architekten, ihnen das richtige Werkzeug dazu zu liefern. Dieses Projekt, ein typisches Produkt aus den frühen siebziger Jahren, wirft eine Reihe von Fragen auf, nachdem das Ergebnis sich als nicht ganz gelungen erwiesen hat. Es ist klar, daß die Benutzer den ihnen gestellten Anforderungen nicht gewachsen waren. Sie konnten nicht viel mehr tun, als komplette Fertigbauteile zu bestellen, die sie montierten und mit etwas Farbe anstrichen. Der »Lichttrakt« ist zu einer formlosen Masse geworden. Offensichtlich war die Straße mit Mauern als Gestaltungsmotiv nicht stark genug, um dem Impakt der Querstrukturen (»Schuß«) standzuhalten, geschweige denn, sie so zu erzeugen, wie ursprünglich geplant.

Obwohl dieses Projekt eine Vielfalt von Elementen miteinander verband und in vieler Hinsicht als gelungen gelten kann, wenn man es vom Standpunkt eines joint venture im Viertel selbst betrachtet, war seine formale Einheit keineswegs überzeugend. Was dem Einzelnen im privaten Umfeld gelingt, wird von einer Gruppe in einem gemeinsamen Bereich nicht unbedingt erreicht. An diesem Projekt wird deutlich, was geschieht, wenn dem Benutzer zu viel Freiheit gelassen wird. Im Vergleich zu den größeren Gestaltungsmöglichkeiten, die ein Architekt ihnen hätte bieten können, ist das Resultat enttäuschend.

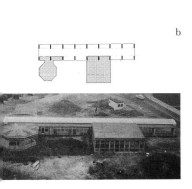
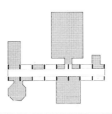

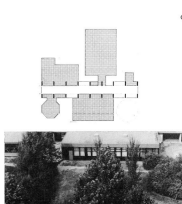

Projekt für eine Fußgängerunterführung [278-281]

Die unter einer breiten Verkehrsader vorgesehene Unterführung war ein wichtiger Teil der unterirdischen Fußgängerzone, die das Stadtzentrum mit dem Bahnhof hätte verbinden sollen.

Jedenfalls war dies die Vorstellung der Apeldoorner Planer, als sie das Verwaltungsgebäude des Centraal Beheer entwarfen, und es gab damals allen Grund, diese zukünftige Fußgängerzone mit dem Bau zu verbinden. Die Unterführung sollte besonders breit werden, um nicht nur dem reinen Fußgängerverkehr zu dienen. Auf diese Weise wäre es möglich gewesen, den trostlosen Anblick, den ein solcher Tunnel so oft bietet, zu vermeiden; darüber hinaus hätten in diesem öffentlichen Bereich Einrichtungen wie Jugendzentren, Proberäume für Theatertruppen, sowie für Straßenverkäufer Platz gefunden, die Raum brauchen, jedoch nicht in der Lage sind, hohe Mieten zu zahlen. Vielleicht hätte aber auch eine überdachte Markthalle diesen Zweck erfüllt. Allerdings hat die Erfahrung mit überdachten öffentlichen Bereichen gezeigt, daß diese Vorstellung nicht

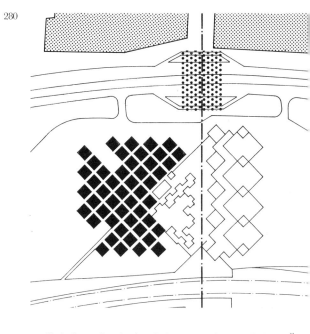
280

realistisch und, wie der Bebauungsplan, auf einer Überschätzung dessen beruht, was durchführbar ist.

Kurz, der Grundgedanke war, statt der üblichen weitgespannten Unterführung mit wenigen Auflagern eine hohe Zahl an Stützen zu planen, die durch ihre Größe ohne weitere Veränderungen als Trennung der mehr oder weniger geschlossenen Raumeinheiten, Ecken oder Nischen, dienen, d. h. für die eventuell erforderliche Unterteilung des Raums sorgen sollten. (Jede Stütze besteht eigentlich aus zwei getrennten, von einer Mauer umschlossenen, kleineren Säulen, die wiederum weitere Nischen oder Schaufenster bilden können). Es ging also darum, zu demonstrieren, daß aus diesen in der Laufrichtung hintereinander angeordneten, verbundenen Säulen eine Anregung ausgehen würde, »etwas daraus zu machen«, mit anderen Worten, daß sich die Konstruktion durch ihre Anordnung zu den verschiedensten Nutzungen eigne.

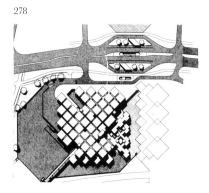
278

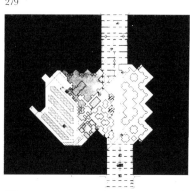
279

281 a

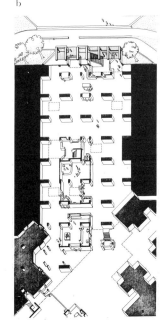
b

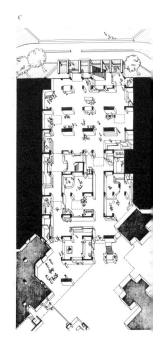
c

Wohnanlage Westbroek [287-289]

Der Entwurf zu dieser noch unvollendeten, kleinen Wohnanlage wurde nicht durch Konstruktionsprinzipien, sondern durch die Beschaffenheit des Baugeländes diktiert. Vor Jahrhunderten wurde das Gebiet durch ein aus parallelen Gräben bestehendes Parzellierungssystem künstlich geteilt, ein typisches Merkmal dieser Landschaft, das es unter allen Umständen zu erhalten galt. In den Niederlanden ist es üblich, Bauland dadurch zu gewinnen, daß man zuerst ein mehrere Meter dickes Kiesbett aufschüttet, das als Fundament für Straßen, Kanalisationen usw. dient; durch diese Praxis wird natürlich die darunterliegende Landschaft ausgelöscht und durch eine glatte Fläche ersetzt, auf welcher eine vollkommen abstrakte Planung entstehen kann, die keine Rücksicht auf die Beschaffenheit des Bodens nimmt. In diesem Fall allerdings wurde von der »natürlichen« Gliederung des Bebauungsgeländes wohlüberlegter Gebrauch gemacht.

Die Planung sah vor allem die Bebauung der schmalen Streifen zwischen den Gräben vor, und da diese nicht breit genug waren, um eine beiderseits von Häusern und Gärten besäumte Straße aufzunehmen, wurden die Bauten aneinandergerückt, was ein Netz von engen Straßen ergab, die sich durch zum Teil übereinandergreifende Strukturen schlängelten. Diese Lösung ermöglichte, den für das Kiesfundament und die Infrastruktur der Straßen und Kanalisationen notwendigen Raum auf ein Minimum zu reduzieren, d. h. so weit wie möglich von den Gräben (oder eher kleinen Kanälen) zu legen, um eine Verschiebung der Ufer

282

durch den Seitenschub zu vermeiden. Die typische Anordnung wurde also durch die Einschränkungen und Möglichkeiten des Ortes bestimmt. Die Gräben (oder kleinen Kanäle) wurden also in die Planung miteinbezogen und die Ufer nach verschiedenen Methoden befestigt; da, wo sie das Ende der Privatgrundstücke markieren, ist ihr Erscheinungsbild wegen ihrer neuen Funktion gänzlich verschieden. So hat in diesem Fall die Gliederung und Parzellierung der Landschaft nicht nur zu einer höchst originellen Raumgestaltung geführt, sondern die Architektur selbst den Gräben ein neues Aussehen verliehen.

Hier spielte also die Grundstruktur eine entscheidende Rolle bei der Anordnung der Bauten und und vice versa: auf formaler Ebene stehen Grundstruktur und Bauten in einer Wechselbeziehung zueinander. Im Rückblick könnte man einwenden, daß die ausgeführte Planung die ihr zugrunde-

283

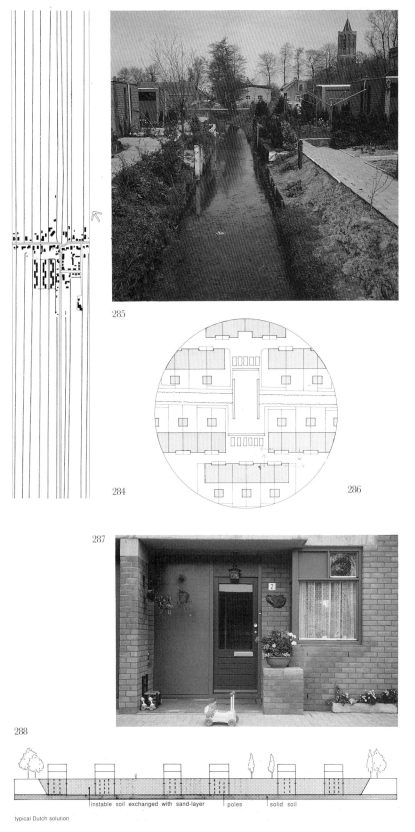

liegenden städtebaulichen Vorstellungen nicht klar genug veranschaulicht. Abgesehen davon, daß sie nicht vollendet wurde, liegt der Hauptgrund darin, daß sie nur von *einem* Architekten allein ausgeführt wurde, da der geringe Umfang des Projektes das Mitwirken mehrerer nicht erlaubte. So wurde leider die bestimmende Grundstruktur – die zumindest an den Uferstraßen erkennbar ist – architektonisch nicht voll ausgenutzt.

In den sechziger Jahren entwickelte vor allem der Kreis um Team X Entwürfe, bei welchen das Prinzip der Unterscheidung zwischen Struktur und Ergänzung schon hervorgehoben wurde. Diese Entwürfe, die die starre Funktionsbezogenheit und die daraus folgende Desintegration mit Erfolg vermieden, kann man mit Recht als Vorwegnahme und Anreger dessen betrachten, was man heute den Strukturalismus in der Architektur nennen würde.

Die Freie Universität Berlin, 1963
Candilis, Josic & Woods [290-294]

Im ursprünglichen Entwurf entwickelten die Architekten eine Formel zur räumlichen Gliederung einer modernen Universität, die ein regelrechtes Netz von Wechselbeziehungen und Kommunikation bilden sollte. Anstatt von der üblichen Unterteilung in Fakultäten auszugehen, die wie Hochburgen der Wissenschaft in eigenen Gebäuden mit eigener Bibliothek usw. untergebracht sind, planten sie eine einzige, wie eine überdachte akademische Siedlung funktionierende Struktur, deren Bestandteile alle in einer logischen Beziehung zueinander angeordnet werden konnten. Da sich die Vorstellungen und mit ihnen auch die Wechselbeziehungen im Laufe der Zeit wandeln, waren auch Bereiche vorgesehen, die innerhalb eines festgelegten, permanenten Netzes von Innenstraßen hätten errichtet oder wieder abgebaut werden können.

Dies erklärt Shadrach Woods wie folgt:
a) Bei dieser Planung besteht unsere Absicht darin, eine minimale Organisation zu schaffen, die ein Maximum an Möglichkeiten für die Art von Kontakt, Austausch und Information zuläßt, die die raison d'être einer Universität sind, ohne die zur individuellen Arbeit notwendige Ruhe zu beeinträchtigen.
b) Wir waren davon überzeugt, daß es nötig war, über die analytische Untersuchung der verschiedenen Fakultäten oder der in den einzelnen Gebäuden stattfindenden Aktivitäten hinauszugehen; uns schwebte eine Synthese der verschiedenen Funktionen und Abteilungen vor, die alle Disziplinen miteinbezieht und die zwischen ihnen bestehenden psychologischen und administrativen Schranken nicht noch durch die architektonische Gliederung oder die Splittung der Teile auf Kosten des Ganzen verstärkt.
c) Das Raster der primären und sekundären Zirkulations- und Servicewege ist wandlungsfähig und kann insofern effizient benutzt werden. In der ersten Planungsphase besteht es nur in Form eines nicht näher definierten Trassennetzes, das erst bei Bedarf ausgebaut wird. Es ist keine Megastruk-

290 Zeichnungen mit Erklärungen von S. Woods

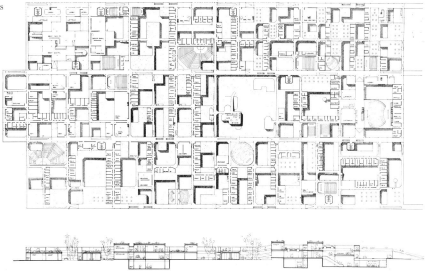

tur, sondern eher eine minimal strukturierte Planung, die innerhalb der Grenzen der technologischen und wirtschaftlichen Entwicklung wachsen und sich wandeln kann.
d) Keiner Disziplin wurde mehr Bedeutung beigemessen als den anderen, sei es in den Dimensionen oder durch die Intensität der damit verbundenen Aktivitäten. Diese Planung wurde zunächst als azentrisch konzipiert; die Art und Lage der »Zentren« wurde nicht willkürlich durch den Architekten bestimmt, sondern der freien Entscheidung der Benutzer des Systems überlassen.

(Shadrach Woods, *World Architecture*, London 1965, S. 113-14)

Woods war sicherlich auf Wachstum und Veränderung eingeschworen, und hielt beide Begriffe (nicht »Reduzierung«, wie es scheint) für die allerwichtigsten Komponenten, was unserer Vorstellung genau widerspricht. Allerdings erhielt er seine Rechnung dafür, denn als die Freie Universität endlich gebaut wurde, erwies sie sich als nicht anderes als die übliche starre Struktur.

Doch gibt es immer noch Gründe genug, die weiterhin relevante und deshalb unbestreitbar wichtige Grundvorstellung einer minimalen Ordnung in Betracht zu ziehen, in diesem Fall einer austauschfördernden Raumordnung, die prinzipiell einen breiten Spielraum bei der Ausfüllung der Grundstruktur gewährt.

291

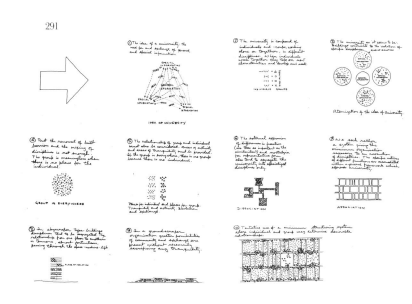

294

292

293

113

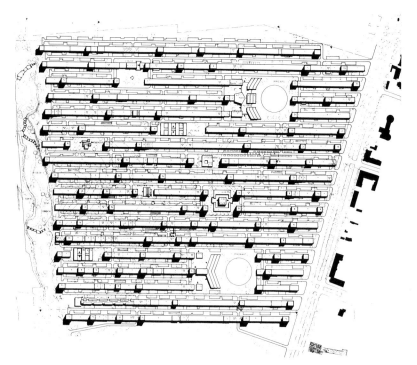

Projekt für einen Wohnbezirk in Berlin, 1965
S. Wewerka [295-298]

»Als das wohl älteste Element des Städtebaus kann die Straße angesehen werden. Sie war zu allen Zeiten die »Wohnstube« der Bevölkerung. Die Idee, den vertrauten städtischen Raum erneut anzuwenden, führte zu diesem Entwurf. Im öffentlichen Raum sollen sich alle die Geschehnisse, die sich seit eh und je in diesem Raum abgespielt haben, wieder ereignen können, allerdings besser organisiert. Im Gegensatz zum sogenannten Bebauungsplan gibt der Flächennutzungsplan nur die Nutzung und Erschließung, jedoch nicht die Form der Gebäude an. Auf diese Weise konnte eine Vielfalt von differenzierten Wohnformen und Straßenräumen entstehen. Auch in der Zukunft können sich neue Nutzungen ansiedeln oder Umbauten vorgenommen werden, ohne daß der Gesamteindruck verschandelt wird, oder organisatorische Störungen erleiden würde. Schließlich gibt es hier und da Fußgängerbrückchen über den tieferliegenden Fahrdammm (wie es die Topographie anbietet) und Passagen als Querverbindungen für Fußgänger und Automobile.

Das ganze »große Gebäude« (bestehend aus Wohn- und Straßengebäude usw.) ist als ein Gefäß gedacht, in welchem sich alle altbekannten städtischen Vorgänge wieder lebendig abspielen können. Ferner wurde man versucht, dem Automobil seine ihm gemäße Rolle zu geben, anstatt *nur* von der einen Voraussetzung, der *idealsten* Bedingung für das Automobil, auszugehen. Der Durchgangsverkehr wurde aus dem ganzen Bereich verbannt, was das Problem schon sehr vereinfacht.

Die Bewohner dieser Gegend sollen endlich wieder in der Lage sein, überall zu gehen, zu spielen, zu fahren und zu parken, und sie sollen wieder wissen, wohin sie gehören.«
(Stefan Wewerka, 1964)

»Dieses Projekt ist im Grunde nichts anderes als eine ausgeprägte Parzellierung des Baugeländes durch mauerähnliche Wohnblöcke, ein Gitterwerk, das unter Beachtung bestimmter Spielregeln auf verschiedene Weise noch ausgefüllt werden muß«. Die Mauern können Öffnungen aufweisen oder überhaupt unterbrochen sein, um öffentliche Bereiche oder Plätze zu schaffen, die Wohnblöcke unterschiedlich hoch und durch Fußgängerbrücken miteinander verbunden, usw. Das Gitter öffnet also dem Architekter eine Reihe von Möglichkeiten, mit anderen Worten: es regt Lösungen an, ja ruft sie sogar hervor. Offensichtlich wirkt der Zwang, nach dieser Vorgabe zu arbeiten, nicht einschränkend, sondern eher stimulierend, wie ein Katalysator. In Wirklichkeit erzeugt dieses festgelegte Raster also eine größere Freiheit (daß Freiheit und Zwang einander bedingen, ist auch kein Widerspruch).

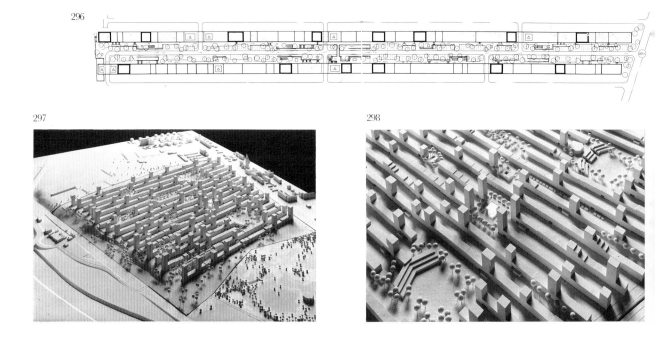

299 Watts Towers, Los Angeles, 1921-54, S. Rodia

300

Arbeiten verschiedene Architekten unabhängig voneinander, so können sie das Raster als »Schablone« benutzen und es mit eigenen Lösungen ergänzen. Ähnlich kann eine Vielfalt von Programmen ausgeführt und einzelne Komponenten innerhalb der vorgegebenen Anordnung nach eigenen Kriterien entwickelt werden. Der Plan selbst läßt eine solche Fülle von Interpretationen zu, daß der Gesamtkomplex immer eine bestimmte Ordnung aufweisen wird, unabhängig davon, was ersetzt wird und von wem.

Das Wesentliche an diesem Raster ist, daß es auf allen Ebenen interpretiert werden kann. Es liefert lediglich das Grundmuster, sozusagen die Urform, die ihre wahre Identität erst durch die Art der Ausfüllung erhält. Wie diese auch ausfallen mag, ihre Ordnung ist nicht aufgezwungen, sondern entspricht eher einer natürlichen Neigung. Das Raster hat hier die Funktion eines Gerüsts, das die Grundausrichtung enthält, die auf die einzelnen Lösungen übergeht. Da dieses Raster die gemeinsame Ausrichtung auf die einzelnen Komponenten überträgt, bestimmen nicht nur die verschiedenen Teile die Identität des Ganzen, sondern das Ganze trägt zur Identität der einzelnen Teile bei. Die Identität der Teile und des Ganzen stehen in Wechselbeziehung zueinander.

Abgesehen von der außergewöhnlichen Qualität der Planungen von Woods und Wewerka als Konzept können wir vor allem daran lernen, daß wir unsere Aufmerksamkeit nicht ausschließlich auf die eigentlichen Veränderungen lenken sollten, sondern auf die Struktur, die in ihrer Beständigkeit Veränderungen aufnehmen kann.

Im eben angeführten Beispiel, dem Bild von Kette und Schuß, ist die gemeinsame Struktur die Kette, in welche die einzelnen Interpretationen als Schuß hineingewoben werden. Gerade die an sich nichts oder wenig aussagende kollektive Struktur regte die einzelnen Interpretationen an, die ohne diesen Kontext nicht entstanden wären. Außerdem ist es auch die Struktur, die den Zusammenhang herstellt, ohne den eine überwältigende Masse von ungeordneten Lösungen entstünde, die wir Chaos nennen.

In den sechziger Jahren wurden die repressiven Aspekte der gleichgestalteten Wohneinheiten in den siloähnlichen Wohnblöcken am stärksten empfunden. Die Folge war die radikale

301 Le Palais Idéal, 1879-1912, Facteur Cheval

Ablehnung jeglicher Struktur, die mit System oder von oben aufgesetzter Ordnung verbunden war. Gleichzeitig wurde das Produkt individuellen Ausdrucks als besonders wertvoll hervorgehoben. Man denke an Rodias »Watts Towers« oder an das »Palais idéal« des Facteur Cheval und an all die phantastische Architektur, die äußerst engagierte Leute mit eigenen Händen kreierten. Doch die Idealvorstellung eines Sieges der schöpferischen Kraft des Einzelnen über alles, was von irgendeiner Macht auferlegt wird, ist eine grobe Vereinfachung.

Genau wie die Sprache notwendig ist, damit wir uns kollektiv ausdrücken können, setzt der räumliche Ausdruck des Menschen in seiner Umgebung die Existenz einer formalen Kollektivstruktur voraus. Aus all diesen Beispielen geht hervor, wie paradox es auch erscheinen mag, daß die durch ein strukturelles Prinzip (Kette, Achse, Raster) verursachte Einschränkung offensichtlich keine Verminderung, sondern eine Steigerung der Anpassungs- bzw. Ausdrucksmöglichkeiten zur Folge hat. Das richtige strukturelle Prinzip schränkt die Freiheit nicht ein, sondern steigert sie!

Die Ausfüllung ist also ebensowenig der Struktur unterworfen wie umgekehrt. Ich denke immer noch an die Metapher von Kette und Schuß: die Kette hält zwar das ganze Gewebe zusammen, aber das Erscheinungsbild des Endproduktes wird vom Schuß bestimmt.

Doch Struktur und Ausfüllung sind nicht nur gleichwertig, sie stehen auch in einer Wechselbeziehung zueinander; hier stimmt also die Vorstellung von Kette und Schuß nicht mehr. Ebenso wie das Sprechen die Sprache erzeugt und nicht nur umgekehrt, bedingen sie sich gegenseitig, und je besser ihre jeweilige Qualität ist, um so weniger wichtig erscheint es, beide Kategorien zu unterscheiden.

Villa Savoye, Poissy, 1929-32
Le Corbusier [302-305]

Es ist schwierig, ein besseres Beispiel für den freien Grundriß zu finden als Le Corbusiers Villa Savoye in Poissy »Les heures claires«.

Der freie Grundriß ist die konsequente Ausnutzung der vom Betonrahmen gebotenen neuen Möglichkeiten.

Kennzeichnend für diese frühen Beispiele waren neben der freistehenden Stützen die offenen, gebogenen Mauern, die ihre Befreiung von der Tragfunktion fast demonstrativ verkündeten. Betrachtet man diese Betonskelette, so stellt man sich zwangsläufig vor, daß die Stützen nach irgendeinem konstruktionsbedingten, regelmäßigen Schema angeordnet sind; auf den ersten Blick ist man geneigt zu denken, daß ihre Anordnung der Darstellung auf Abb. a entspricht, was keineswegs der Fall ist.

Es ist möglich, daß Le Corbusier zunächst von einem derartigen regelmäßigen System ausging, während des Entwerfens jedoch auf die Idee kam, nicht nur die Mauern der Stellung der Stützen anzupassen, sondern umgekehrt die Stützen in Relation zu den Mauern zu verschieben, und so die richtige Konfiguration zu erhalten. Durch das Verhältnis von Mauern und Stützen haben beide Systeme Platz füreinander und schaffen somit die Voraussetzungen für ihre gegenseitige Freiheit. Wie eine weiße Maschine ein mitten in der Natur gelandetes Raumschiff von einem anderen Planeten, stellt dieses Haus wie kein anderes der Mechanismus der Architektur des 20. Jahrhunderts dar.

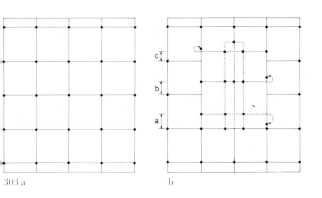
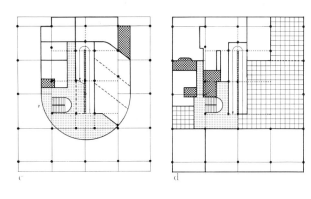

303 a   b   c   d

304

305

117

4 Das Rastermodell

Das Prinzip des Gitters als Gliederungssystem für die Stadt ist schon seit der Erfindung der Stadtplanung bekannt. In Städten, die nicht in einem allmählichen, durch geschichtliche Ereignisse bedingten Wachstumsprozeß begriffen waren, sondern nach einem festgelegten Plan gestaltet wurden, entstand immer wieder, wenn die Topographie des Ortes nicht eine bestimmte Gliederung förderte, das Bedürfnis nach einer Art Gitternetz, einem die weitere Entwicklung bestimmenden »Raster«. Unabhängig von der ursprünglichen Ausgangssituation findet man im Laufe der Geschichte Variationen zum gleichen Thema, die in einer einzigen Formel die Bedingungen der Landaufteilung in großem Umkreis sowie die Erschließung der verschiedenen Parzellen langfristig festlegen. Fast immer wird von recht- oder viereckigen Parzellen ausgegangen; die Straßen umschließen Blöcke, deren Größe von den gewählten Konstruktionsmethoden abhängt, obwohl sie im Prinzip unterschiedlich gefüllt werden könnten, da die Art der Bebauung von der Periode ihrer Entstehung ihr Gepräge erhält.

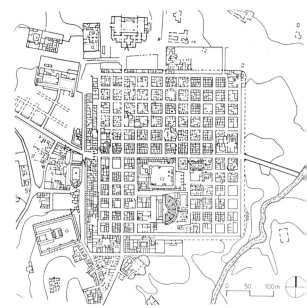

306 Timgad, Algerien

Ensanche, Barcelona, 1859, I. Cerdá [307–310]

Der in der zweiten Hälfte des 19. Jahrhunderts entstandene Plan Ildefonso Cerdás für Barcelona zielte auf eine höhere urbane Qualität als die ursprüngliche Anordnung der Straßen und Blöcke, bei der jeder nach Gutdünken schalten und walten konnte. Die Größe der Plätze wurde unter Berücksichtigung der Höhe der Bebauungen festgelegt, um überall adäquate Wohnverhältnisse zu schaffen. Einige Flächen sollten auch unbebaut bleiben.

Keiner dieser Gesichtspunkte wurde bei der Ausführung des Plans berücksichtigt, denn, wie so oft der Fall, die Verbesserung der Lebensverhältnisse war für die übermächtigen Grundbesitzer und Bauunternehmer kein Thema. So einfach es auch erscheinen mag, schuf Cerdás Projekt eines auf Zeilen mit unterschiedlich orientierten Häuserblöcken beruhenden Bebauungsprinzips eine beinahe unermeßliche Zahl von Kombinationsmöglichkeiten, die zu einem äußerst differenzierten urbanen Raum hätten führen können. Dies galt nicht nur abstrakt für die Bauten, sondern auch für das Wechselspiel mit Grünanlagen, das bei der Gliederung und Auflockerung des Raums eine wichtige Rolle spielte. Und von der weiteren Gestaltung der Blöcke durch

307

308

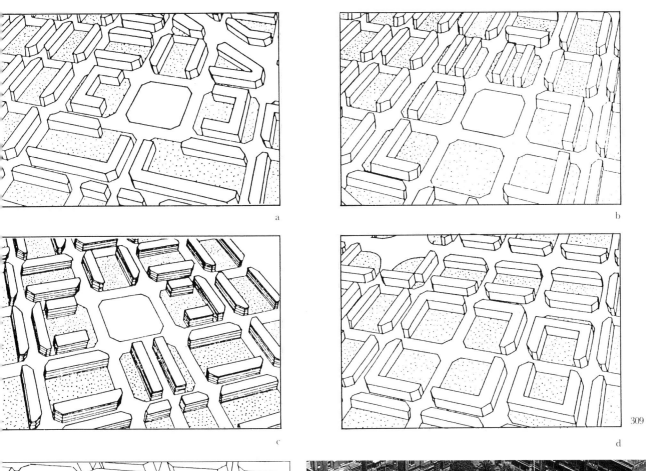

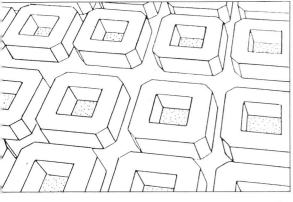

310 Casa Milá, Barcelona, 1906-10, A. Gaudí

verschiedene Architekten, deren persönliche Handschrift dafür bürgen sollte, daß innerhalb dieses klaren, konsequenten Systems kein Platz dem anderen gliche, haben wir noch gar nicht gesprochen.

Das Genialste an diesem Plan sind die genau definierten Ecken mit Eckbauten, deren Fassade stets schräg zur Kreuzung steht. Diese vier Diagonalen erweitern jede Kreuzung zu einem kleinen Platz, der die Eintönigkeit der langen Straßen unterbricht. Auch in der Form, in welcher der Plan schließlich ausgeführt wurde, mit geschlossenen Bebauungen und viel höheren Gebäuden als ursprünglich konzipiert, bleibt die Wirkung dieser Eckgestaltung auf die Gesamtanlage bemerkenswert, führte sie doch einige Architekten – mitunter keinen geringeren als Gaudí – dazu, sich von der Starrheit der üblichen Lösungen zu entfernen.

Manhattan, New York [311-314]

In den schnell gewachsenen amerikanischen Großstädten findet man das Rasterprinzip in seiner elementarsten Form und mit seinen charakteristischsten Ergebnissen. Man kann sich keine bessere Methode vorstellen, um die überwältigende Ansammlung architektonischer Formen – vom Flachbau bis hin zum Wolkenkratzer – die sich in dieser Welt des unaufhaltsamen freien Unternehmertums kaum bändigen läßt, einzubinden.

Manhattan ist ohne Zweifel das aufregendste Beispiel dafür. Der Betrachter erlebt nicht nur, wie die faszinierendsten architektonischen Lösungen wie eine abwechslungsreiche Landschaft vorbeiziehen, sondern wird durch die außergewöhnliche, langgezogene Form der Halbinsel noch mit zwei gegensätzlichen Erscheinungen konfrontiert: einerseits den breiten, in der Längsachse verlaufenden Straßen, die so lang sind, daß man sie am Horizont verschwinden sieht, andererseits den engeren Seitenstraßen, die die relativ kurze Entfernung von einem Ufer zum anderen durchlaufen. Während man in Manhattan die Größe der Stadt erfaßt, erlauben die Seitenstraßen gleichzeitig immer noch den Blick auf das Wasser dahinter. In diesem Fall trägt also das Raster zum außergewöhnlichen Erlebnis des Stadtraums bei.

Was dem Besucher in Manhattan am meisten auffällt, ist die unerbittliche Konsequenz, mit der das Raster gezogen wurde, bis es einfach nicht mehr weiter ging, so daß die etwas »ausgefransten« Ecken nicht nur beziehungslos, sondern auch wie Zufallsprodukte erscheinen. Seltsamerweise wurden ausgerechnet an solchen Stellen die interessantesten Lösungen entwickelt. Man könnte sich vorstellen, daß innerhalb eines so streng rechteckigen Systems die Straßen auf eine Art enden, die den durch das Raster gebotenen Möglichkeiten entspricht. Doch, wie meist der Fall, zeigt sich ausgerechnet in deren Konfrontation das Wesen zweier Prinzipien. Dies wird vielleicht am deutlichsten an den Stellen, wo der Broadway, die alte Landstraße, die praktisch unverändert blieb, als sei sie Teil der Landschaft, das regelmäßige Netz der parallel zur Längsachse verlaufenden Straßen kreuzt. Der Broadway wurde als gegebener Faktor in das Raster miteinbezogen und zerstört es überall, wo er darauf stößt, eine Herausforderung an den Architekten, eine originelle Lösung für diese Regelwidrigkeit zu finden. Ein geglücktes Beispiel dafür ist das Flat-Iron-Building am Madison Square. An solchen Stellen tritt das Wesen des Rasters besonders überzeugend zutage.

Daß das Rastersystem unvermeidlich zu einem eintönigen Stadtbild führt und repressive Folgen hat, ist ein reines Mißverständnis. Diese Gefahr besteht zwar, aber genügend Beispiele zeugen davon, daß mitten in einer ungeheuren Ansammlung von Bauten die negativen Aspekte in den Hintergrund treten. Ob die ordnende Eigenschaft des Gitters die Variationsbreite tatsächlich steigert, statt sie einzuschränken, hängt vom richtigen Gleichgewicht zwischen Regelung und Spielraum ab.

311

312

313

Das Gitter ist wie eine führende Hand, die nach äußerst einfachen Prinzipien arbeitet – es legt zwar die Hauptregeln fest, ist jedoch bei der Gestaltung der Details um so flexibler. Als objektive Basis steckt es die Anlage des Stadtraums ab, und diese Anlage verwandelt die zwangsläufig chaotische Wirkung unzähliger Einzelentscheidungen in brauchbare Lösungen. In seiner Einfachheit ist das Raster ein besseres Mittel zur vernünftigen Regelung als manche feinmaschigen Systeme, die, obwohl angeblich flexibler und offener, die schöpferische Kraft zu ersticken drohen. Was die Sparsamkeit der Mittel angeht, ist es mit einem Schachbrett vergleichbar, und wer könnte sich eine breitere Skala von Möglichkeiten vorstellen, als jene, die so einfache Regeln wie das Schachspiel bietet?

314

5 Die architektonische Ordnung

Einfach ausgedrückt, könnte man diese Ordnung als die Einheit definieren, die einen Bau kennzeichnet, wenn die einzelnen Teile das Ganze bestimmen, und, umgekehrt, wenn die einzelnen Teile sich ebenso logisch von diesem Ganzen ableiten lassen. Die Einheit, die durch einen Entwurf entsteht, dessen Teile das Ganze bestimmen *und wiederum durch* dieses *bestimmt werden – kann man in gewisser Hinsicht als Struktur bezeichnen. Das Material (die Information) wird mit Bedacht gewählt, um den Anforderungen der Bauaufgabe zu genügen, und die Lösungen der verschiedenen Entwurfssituationen (d. h. die jeweilige Beziehung des Bauwerks zum Ort) sind im Grunde Permutationen oder werden unmittelbar voneinander abgeleitet. Auf diese Weise ensteht eine klare, man könnte fast sagen vertraute Beziehung zwischen den verschiedenen Teilen. Folgt man diesem Gedankengang, drängt sich der Vergleich mit der Sprache, jenem ausgezeichneten Beispiel einer Struktur, auf.*

Jeder Satz erhält seinen Sinn durch die Wörter, woraus er besteht, und jedes Wort erhält wiederum seinen Sinn durch den Satz als Ganzes.

Selbstverständlich liegt jedem gut geplanten Bauwerk eine logische Idee mit einer deutlichen Thematik zugrunde, Vokabular, Material und Konstruktionsmethode sind einheitlich. Aber hier ist der auf einer logischen Strategie beruhende Entwurf das Wesentliche. Von den Komponenten ausgehend, muß man das ganze Gebäude immer wieder untersuchen, um festzustellen, ob die Extreme thematisch auf einen gemeinsamen Nenner zu bringen sind (d. h. die Hypothese auf ihre Stichhaltigkeit prüfen). Diese Untersuchung führt wiederum zur Korrektur der Hypothese oder des Themas.

Eine derartige Arbeitsmethode bedeutet eigentlich, daß der Architekt die Struktur seines eigenen Entwurfs sozusagen ausfüllt und durch Rückkoppelung schließlich ein ordnendes Prinzip erreicht, das die Voraussetzungen für alle denkbaren Ausfüllungen schafft – mit anderen Worten: eine Struktur erstellt, die programmiert ist, um alle gegebenen Situationen aufnehmen zu können.

Dieser vom Strukturalismus inspirierte Denkprozeß versucht, mit dem etwas widersprüchlichen Streben des Funktionalismus, für jede Funktion eine spezifische Form und Raumgestaltung zu finden, ins reine zu kommen.

Der Entwurf, der nach dem größten gemeinsamen Nenner, dem »Satz« aller mit einer bestimmten Aufgabe in Frage kommenden Bedingungen (d. h. dem Programm im weitesten Sinne) sucht, folgt einer anderen Strategie und erfordert vom Architekten einen ganz anderen Blick.

Waisenhaus, Amsterdam, 1955-60, A. van Eyck
[315-321]

»Das erste ausgeführte Bauwerk mit einer architektonischen Ordnung im Sinne einer Einheit, in welcher die Teile und das Ganze sich gegenseitig bedingen, war das Waisenhaus von Aldo van Eyck. Dieser Komplex mit seinen *Straßen* und *Plätzen* und selbständigen Baukörpern nimmt sich in seiner Organisation wie eine kleine autonome Stadt aus. Diese Assoziation drängt sich auf, auch wenn man mit van Eycks Empfehlung: »Macht aus allem einen Platz, aus jedem Haus und jeder Stadt eine Menge Plätze, denn ein Haus ist eine kleine Stadt, eine Stadt ein riesiges Haus« nicht vertraut ist.

Die Identifizierung mit einer *kleinen Stadt* ist vielleicht der schöpferischste Schritt überhaupt und ein höchst bedeutender Durchbruch. Wurde in der Entwurfsphase diese Verbindung hergestellt, folgt eine Reihe weiterer Assoziationen, die der Qualität der gemeinsamen, »öffentlichen« Bereiche eine neue Dimension verleihen. Gänge werden zu 'Straßen', Innenbeleuchtung wird zur 'Straßenbeleuchtung' usw. Obwohl ein Bau nie eine Stadt oder etwas dazwischen sein kann, kann er stadtähnliche Züge aufweisen und insofern ein besseres Haus werden. Dieses reziproke Stadt-Haus-Bild führt sowohl im inneren wie im äußeren Bereich zu einer konsequenten Artikulation von Groß und Klein in einer Folge von zwangslos ineinandergreifenden Bauteilen. Wird diese Artikulation bis in die kleinste Dimension durchgeführt, so entsteht nicht nur eine Wechselbeziehung zwischen Gebäuden und Städten, sondern auch zwischen Gebäuden und deren Einrichtung, weil größere Einbauten wie kleine Häuser sind, in welchen man sich

315

316

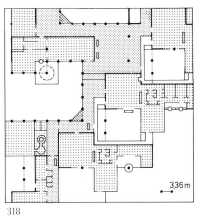

317
318
319

wohler fühlt als in einem großen Raum. Jeder Teil erhält also die Dimension, die seiner Bestimmung am besten entspricht, d. h. die richtige Größe, die ihn zur Geltung bringt. Heute ist dies allgemein bekannt, und ich kann mir auch kaum vorstellen, jemand wolle behaupten, davon unbeeinflußt gewesen zu sein. Was ich jedoch am erstaunlichsten finde, ist, daß unabhängig von der Sorgfalt, mit der der Entwurf bis in die kleinsten Teile ausgearbeitet wurde, das übergreifende Ganze im Wesen kraftvoller denn je bleibt; es strahlt eine ausgewogene Ruhe aus, die in einem einzigen Bild eine außergewöhnliche Komplexität von Form und Raum vereint. Das Geheimnis liegt meines Erachtens in der unumstößlichen Einheit von Material, Form, Proportion und Konstruktion, mit einer Ordnung gepaart, die so klar ist, daß ich sie mehr mit einer klassischen Ordnung in Verbindung bringen möchte als mit dem Prinzip der Kasbah. (Ich weiß, daß Aldo beides will: die Klarheit, jedoch labyrinthisch, und die Kasbah, jedoch klar gegliedert. Nicht etwa die eine oder die andere, sondern beide zugleich, was einen integrierenden Mechanismus verlangt. Mit allen Mitteln, die uns im 20. Jahrhundert zur Verfügung stehen, dürften wir heute in der Lage sein, dies zu erreichen).

Vielleicht spielen dabei auch die Stürze eine Rolle, durch die waagrechten Öffnungen betont, die so plaziert sind, daß sie eine kapitellartige Erweiterung der Säulen im oberen Teil vortäuschen. Sowohl innen wie außen bildet der durchlaufende Sturzbereich einen Horizont durch den ganzen Bau hindurch.

So wurde mir plötzlich klar, daß, ebenso wie eine Landschaft durch den Horizont selbständig wird, ein Bau durch die Kohäsionskraft seiner Ordnung einen Horizont erhält, die ihn paradoxerweise befreit.

Durch die kuppelartigen Dächer, die runden Säulen und vor allem durch die Reihe der Stürze wird das Gebäude von innen wie von außen rundherum durchsichtig. Um diese Elemente entfaltet sich ein Spiel von Wänden, das die Außenbereiche hereinholt und das Innere nach außen kehrt. Man denkt an Duikers Freiluftschule, bei welcher die Glashaut um den Außenrand der Klassenzimmer eingezogen wird, um Platz für die großen Loggien (nach außen verlegte Klassenzimmer) zu schaffen, während die ganze Gebäudemasse durch den Betonrahmen 'lesbar' bleibt. Durch das Vorkragen – eine besondere Kunst Duikers – wirken die Ecken noch leichter und durchsichtiger.

Auch beim Waisenhaus tritt die Außenhülle zurück und bildet eine Vorhalle, eine Loggia oder eine Veranda, doch auch das Gegenteil findet statt: an drei Stellen kragt das Innere nach außen vor und löst die Ecken auf, die hier sowohl die Bewegungsfreiheit als auch die Aussicht beeinträchtigt hätten. Solche Lösungen sind ohne Zweifel verblüffend.

320

321

Bei meiner allerersten flüchtigen Begegnung mit dem Waisenhaus, damals noch im Bau, war ich überzeugt, daß dieses wunderbare Gebäude etwas ganz Neues sein würde, das auf einem ganz anderen Prinzip beruhte und eine andere Art von Architektur ankündigte« (s. Veröffentlichungen, 8).

LinMij, Amsterdam [322-331]

Der Arbeitsraum, der auf dem Dach einer Großwäscherei aus dem Beginn des 20. Jahrhunderts gebaut wurde, war zunächst als erster Schritt zur Erweiterung des Werkes gedacht. Damals rechnete man damit, daß die Entwicklung der verschiedenen Abteilungen nach und nach eine Reihe von Erweiterungen erfordern würde. Dabei waren folgende Punkte zu überdenken:

1. Es war unmöglich vorauszusehen, welche Abteilungen eine räumliche Erweiterung erfordern würden und zu welchem Zeitpunkt;
2. Die Art und Investitionskraft der Gesellschaft erlaubten es nicht, mehr als eine begrenzte Zahl von Gebäuden gleichzeitig zu errichten;
3. Der Zustand des existierenden Werks war gut genug, um seine Erhaltung zu rechtfertigen, das zwar etwas düster und unpraktisch angelegte Gebäude konnte nach einigen Umbauten nach wie vor in Betrieb genommen werden.

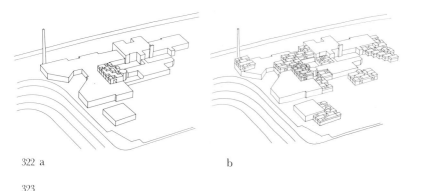

322 a   b

323

324

Um die künftige Expansion zu kanalisieren und der planlosen Entstehung von Erweiterungen vorzubeugen, wurde beschlossen, Baueinheiten zu entwerfen, die auf einer Reihe zueinander in Beziehung stehender Elemente beruhten; auf diese Weise sollte es möglich sein, durch verschiedene Kombinationen größere Räumlichkeiten zu schaffen. Die Grundprinzipien des Entwurfs waren folgende:
a) um der ständig wechselnden Nachfrage Rechnung tragen zu können, sollte sich jede Baueinheit für eine breite Skala von Aufgaben eignen, d. h. nicht zu streng auf ein spezifisches Programm geeicht, sondern flexibel genug sein, um ohne strukturelle Änderungen verschiedenen Funktionen dienen zu können;
b) nach jeder Erweiterung sollte der Komplex eine geschlossene Einheit bilden, unabhängig von der nächsten Bauphase; jeder Anbau sollte also selbst ein fertiges Ganzes darstellen.

Jede Baueinheit sollte eine eigene Identität haben, die stark genug ist, um sich zu behaupten und darüber hinaus zur Identität des übergreifenden Ganzen beizutragen, dessen Bestandteil sie selbst ist.

Hier beruht der ziemlich demonstrative Gebrauch von Fertigteilen nicht auf der Notwendigkeit der Wiederholung, sondern – was paradox erscheinen mag – auf dem Wunsch, jede Komponente zu individualisieren. Die Komponenten müssen selbständig sein, um verschiedenen Funktionen dienen zu können, die Form dagegen ist so zu wählen, daß die verschiedenen Bauteile aufeinander abgestimmt sind. Das ursprüngliche Gebäude wurde im Hinblick auf eine Aufstockung errichtet und war insofern stabil genug, um als Basis für die späteren Erweiterungen zu dienen, die diese künstliche Felsformation nach und nach bedecken sollten. Die neuen Bauteile bringen die Farbe der alten zur Geltung, während die alten wiederum zur Entstehung und Ausbildung der neuen beitragen. Das Alte und das Neue behalten ihre Identität und bestätigen einander zugleich.

325

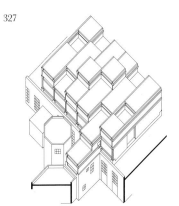

327

326

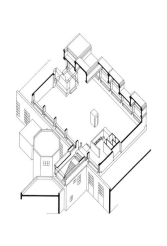

329

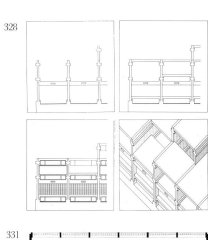

328

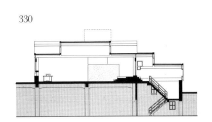

330

331

125

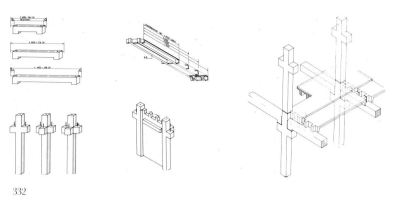

332

333

334

335

Seniorenheim De Drie Hoven [332-341]

Da dieses Heim für Senioren und Pflegebedürftige aus einer stationären und ambulanten Pflegeabteilung, sowie aus einem Teil mit selbständigen Wohnungen und gemeinsamen Einrichtungen besteht, und da die verschiedenen Abteilungen von Behörden mit jeweils eigenen Regeln und Vorschriften abhängen, mußte die Gesamtplanung der für die Gänge, Zimmer und Stockwerke unterschiedlich festgelegten Höhe und Breite Rechnung tragen. Und da die Kombination derart verschiedener Kategorien von Unterbringung ein Maximum an Austauschbarkeit erfordert, damit die Patienten, deren Zustand sich gebessert oder verschlimmert hat, ohne allzu lange Wege von einer Abteilung zur anderen gebracht werden können, bestand kein Zweifel, daß der Komplex nicht als ein Konglomerat aus freistehenden Bauten, sondern als eine urbane Zone, eine Miniaturstadt konzipiert werden sollte, in welcher alle Einrichtungen im Prinzip für alle Heimbewohner zugänglich und erreichbar sind.

Um den Anforderungen des äußerst variierten und überaus komplizierten Programms Rechnung zu tragen, wurde also beschlossen, ein durchlaufendes, auf dem gleichen Modul beruhendes Rahmenwerk zu schaffen. Die kleinstmögliche Maßeinheit als Grundkomponente für alle Räume wurde mit 92 cm errechnet.

Die erforderlichen Programme wurden in eine übergreifende, aus einem System aus Stützen, Trägern und Decken bestehende gestalterische Ordnung eingefügt, die von Anfang an durch die gewählte Maßeinheit bestimmt war und somit einer breiten Skala von Anforderungen Rechnung tragen konnte.

Wichtig waren die Synchronisierung und die Standardisierung der Maße im ganzen Komplex nicht nur in bezug auf die Austauschbarkeit, sondern auch zur Entwicklung einer rationellen, schnellen Konstruktionsmethode, die erlauben würde, die Baukosten so niedrig wie möglich zu halten und den zur Verfügung stehenden Etat nicht zu überziehen.

Um die Zahl der Bauelemente auf ein Minimum zu reduzieren, wurden drei Sturzgrößen gewählt, die Fassadenfelder in drei verschiedenen Breiten ergaben: 2 x 92 = 184 cm; 3 x 92 = 276 cm, und 4 x 92 = 368 cm. Durch Addieren dieser drei Fassadenfelder entstanden Standarddimensionen wie 5 x 92, 6 x 92 usw.

Mit Hilfe dieses aus verschiedenen Elementen bestehenden »Baukastensatzes« konnten die positiven und negativen Volumina nach Belieben kombiniert werden. In der ursprünglichen Anordnung bestand der Komplex aus Baukörpern, die um drei unterschiedlich große Höfe gruppiert waren, wobei der räumliche Kontrast noch dadurch verstärkt wurde, daß die zwei- und dreistöckigen Bauten den größten Hof umschlossen, die drei- und viergeschossigen den mittleren Hof und die fünf- und sechsstöckigen den kleinsten. Die Progression von zwei bis zu sechs Stockwerken erreicht ihren architektonischen Höhepunkt in der Mitte des Komplexes, der durch ein besonders großes Fenster über dem Auditorium betont wird (worauf ich großen Wert legte, ebenso wie auf die Tatsache, daß die Diagonalen der

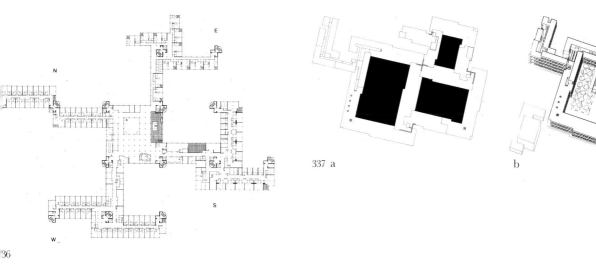

336

337 a b

rei Höfe Rechtecke bilden). Wir hatten uns mit diesen Aspekten besonders viel Mühe gegeben, so sehr waren wir vom Programm überzeugt. Dieses wurde jedoch geändert, als die Einstellung zur Alterspflege eine plötzliche Wandlung erfuhr.

Während sich eine große Zahl der neuen Vorschläge zunächst durch eine Reihe von Modifikationen, die den ursprünglichen Plan nicht grundlegend veränderten, den neuen Anforderungen anpassen ließen, stellte sich bald heraus, daß der geschlossene Kreis, um welchen sich das Ganze artikulierte, zu wenig flexibel und zu hermetisch war, um allen inzwischen geforderten Änderungen Rechnung zu tragen, so daß der Plan schließlich ganz aufgegeben werden mußte. Daraus zogen wir die Lehre, daß ein Entwurf, bei welchem man sich so streng an einer dermaßen spezifischen und ausgeprägten Gliederung der Baumassen halten muß, zum Scheitern verurteilt sei; viel besser sei es, von einer offeneren, weniger starren Grundstruktur auszugehen, die den jeweils erforderlichen Änderungen Rechnung tragen kann.

Nach diesem Fehlschlag wurde ein neues Konzept entwickelt, das schließlich zur Ausführung kam. Diesmal ging es zunächst darum, festzustellen, welche allgemeinen Einrichtungen, wie Treppen, Aufzüge, Schalttafeln, Leitungs- und Lüftungsrohre sowie Wartungsräume für die ganze Anlage notwendig waren. Sie wurden alle in vertikalen, in rationalem, regelmäßigem Abstand voneinander stehenden Schächten untergebracht. Dies ergab eine Konstellation von Türmen, die konstruktiv als stabilisierendes Moment für den ganzen Komplex dienen.

Das räumlich umgesetzte Vorgabeprogamm wurde auf dieses »sachliche«, durch die Türme gebildete Gitter übertragen und den Dimensionen des Geländes angepaßt. Die festen Stützpunkte, die Türme, bringen also eine gewisse Ordnung in den ganzen Raum, während der »Baukastensatz« aus Fertigbetonteilen für den Zusammenhang und die Geschlossenheit der einzelnen, von innen heraus ausgebildeten Komponenten sorgt.

Das Konstruktionsprinzip von De Drie Hoven, das überall aus gleichen Trägern und Stützen besteht, ist im ganzen Bau ablesbar, obwohl die »Einfüllung« von Fall zu Fall anders ist. Das Grundkonzept einer solcher Konstruktion beruht darauf, daß eine Vielfalt von Füllungen als Spiegel differenzierter Nutzung möglich ist, ohne daß der optische und organisatorische Zusammenhang beeinträchtigt wird. Darüber hinaus können die durch neue Erkenntnisse er-

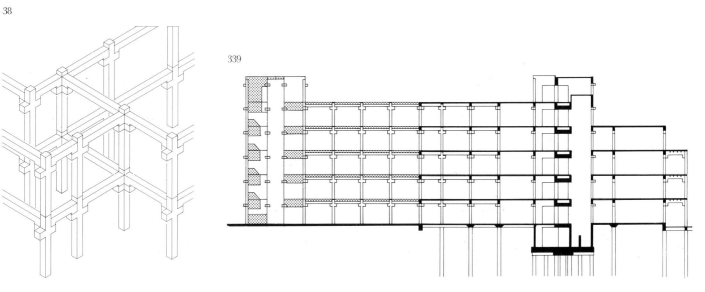

338

339

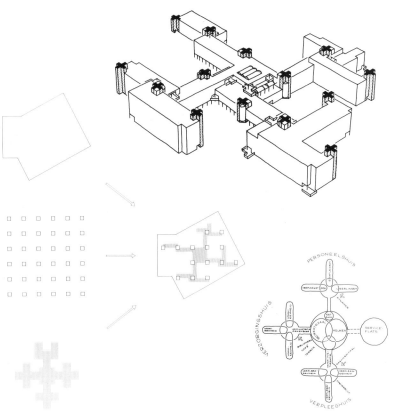

340

forderlich gewordenen Veränderungen innerhalb des nach wie vor tragenden Rahmenwerks, das selbst von Modifikationen an Wänden, Türen, Decken usw. kaum berührt wird, ohne Schwierigkeiten vorgenommen werden.
Ist es für den Architekten in gewissem Sinne schmerzhaft zu sehen, wie die Elemente, die er mit soviel Sorgfalt entworfen hat, schließlich verschwinden oder ohne Rücksprache auch andere bis zur Unkenntlichkeit verändert werden, so ist es doch eine Art Sieg, daß seine Idee, was das Gesamtkonzept anbelangt, erhalten bleibt. Man könnte die Konstruktion mit einem Baum vergleichen, der jedes Jahr seine Blätter verliert. Der Baum bleibt der gleiche, aber jeden Frühling bekommt er neue Blätter. Mit der Zeit ändert sich die Nutzung, und die Benutzer verlangen vom Bau, daß er sich ihren neuen Anforderungen richtig anpaßt. Dies ist manchmal mit einer Verringerung der Raumqualität verbunden, manchmal bedeutet es aber auch einen Schritt nach vorn, eine Verbesserung der ursprünglichen Situation.

341

342

Centraal Beheer Verwaltungsgebäude [342-353]

Die Idee, die zwei Wettbewerbsentwürfen für Rathäuser in Valkenswaard [343-344] bzw. in Amsterdam [345-346] zugrundelag und schließlich mit dem Centraal Beheer Verwaltungsgebäude verwirklicht wurde, war, einen Komplex zu entwerfen, der wie eine Siedlung konzipiert ist, mit vielen gleich großen, wie ein Archipel zusammengehörenden Raumeinheiten. Diese Raumeinheiten stellen die Hauptblöcke dar; sie sind verhältnismäßig klein und können verschiedene Programmteile (oder »Funktionen«) aufnehmen, weil ihre Dimension, Form und räumliche Gliederung für diesen Zweck gedacht sind. Sie sind also polyvalent.
Bedingte De Drie Hoven ein Programm mit äußerst unterschiedlichen Dimensionen und räumlichen Anforderungen – was notwendigerweise den Rückgriff auf eine einzige Ordnung bedeutete, die eine große Vielfalt ermöglichen würde – erwies sich im Falle dieses Verwaltungsgebäudes ein analoges Prinzip zu dem letztlich gewählten Grundprinzip der quadratischen Raumeinheit, so einfach es im elementaren Sinne auch sein mag, als geeignet, um allen räumlichen Anforderungen gerecht zu werden. Dank ihrer polyvalenten Form können jedoch die verschiedenen Raumeinheiten, wenn nötig, ihre Rollen tauschen, der Schlüssel zur Fähigkeit, Veränderungen aufnehmen.
Ein Bürogebäude zu entwerfen, mag im Prinzip einfach sein, doch gerade die erforderliche Anpassungsfähigkeit war bei diesem Auftrag das Entscheidende. Ständige Veränderungen in der Organisation erfordern eine häufige Anpassung an die Größe der jeweiligen Abteilungen. Der Bau muß all diese internen Kräfte aufnehmen und dabei selbst als Ganzes in allen Beziehungen und zu jeder Zeit weiter funktionieren können. Deshalb ist die ständige Anpassungsfähigkeit einfach eine Voraussetzung. Um das Gleichgewicht des Gesamtsystems, d. h. seine Funktionsfähigkeit aufrechtzuerhalten, müssen die Komponenten bei jeder neuen Situation neuen Zielen dienen können.
Als geordneter räumlicher Komplex entworfen, besteht der Bau aus einer Grundstruktur, die einen im wesentlichen festgelegten, permanenten Kern darstellt, und einer variablen, interpretierbaren Ergänzungszone.
Die Grundstruktur ist sozusagen der Träger des ganzen Komplexes; sie enthält das Versorgungssystem und fällt innerhalb des Komplexes mit den »Hauptverkehrsadern«

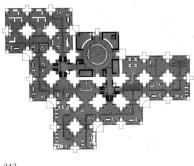

343

344

zusammen. Die Grundstruktur präsentiert sich auf zweierlei Weise: hauptsächlich als durchlaufende Struktur (Rückgrat) mit regelmäßigen Unterbrechungen in Form von kleinen Türmen am Rand des Komplexes (mit den Wirbeln vergleichbar). Die interpretierbaren Zonen dagegen wurden konzipiert, um alle voraussehbaren Funktionen zu erfüllen, die besondere Anforderungen an den Raum stellen und abweichende »Zusatzlösungen« erfordern. Grundstruktur und interpretierbare Zone in ihrer Gesamtheit erwarten also eine ergänzende Einfüllung, bleiben jedoch im wesentlichen gleich: das Gebäude als Ganzes erhält seine Identität durch den Komplex der verschiedenen Interpretationen.

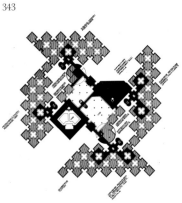

345

346

347

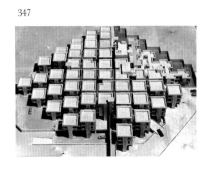

349

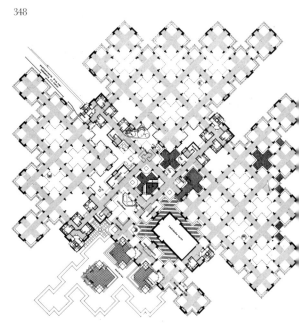

348

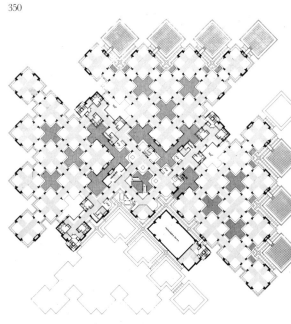

350

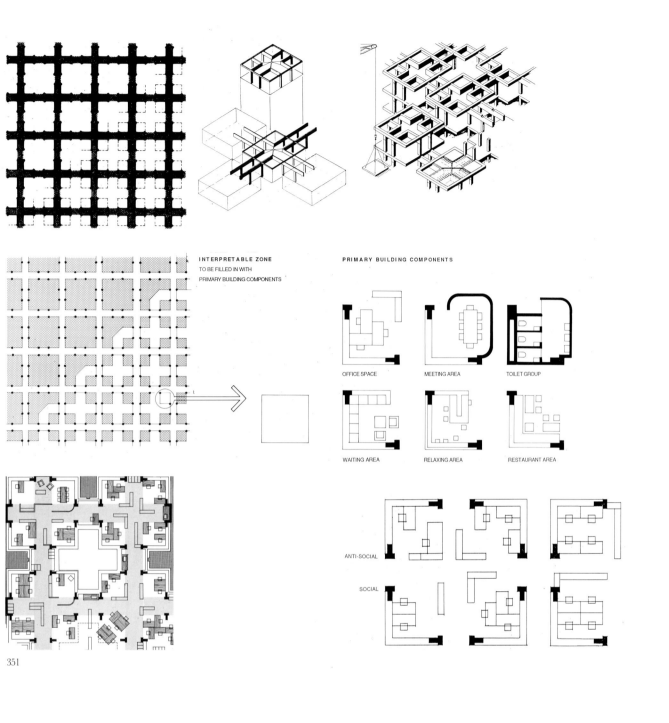

351

352

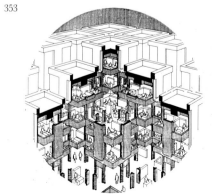

353

355

verselbständigen sich sozusagen, und ihre Beziehung zueinander ändert sich stets mit der Art, wie sie an den Ecken »zusammengefügt« sind. Ungeachtet der differenzierten Erscheinung des Äußeren führt die Gleichheit der Materialien und der Bauteile, sowie die Art, wie diese zusammengefügt sind, dazu, daß der Gesamtkomplex die gleiche architektonische Sprache spricht (obwohl die Holzverkleidung im Inneren ein zusätzliches Merkmal ist). Durch den Rückgriff auf die gleichen Hauptmaterialien innen und außen scheinen Inneres und Äußeres ineinanderzugreifen und verstärken den allgemeinen Eindruck von Zugänglichkeit. Eine wichtige Rolle bei dieser architektonischen Ordnung spielen die wiederkehrenden Säulen mit ihrer skandierenden, leicht ablesbaren Formensprache. In einer Gitterformation angeordnet, stehen sie im gleichen Abstand von-

Vredenburg Musikcenter, Utrecht [355-360]

Von außen sieht der ganze Komplex wie eine willkürliche Form aus und entspricht nicht genau der Vorstellung eines geschlossenen Baus. Der dem Entwurf zugrundeliegende Gedanke, durch die weitgehende Integration des Gebäudes in die Umgebung den Eindruck eines »Musiktempels« zu vermeiden – und das sich daraus ergebende Erschließungsprinzip – führten zu einer aus vielen Facetten zusammengesetzten peripheren Anordnung. Da diese aus den gleichen Materialien bestehen, stellen sie tatsächlich nichts anderes dar als die verschiedenen Facetten eines Ganzen. Mit anderen Worten: es wurde mehr auf die Lesbarkeit der Teile als auf den Zusammenhang des Ganzen geachtet, während das Ganze wiederum in diesen Teilen repräsentiert ist. Dies bedeutet, daß man es von verschiedenen Seiten betrachten kann. Die konstruktiven Elemente werden autonomer, sie

354

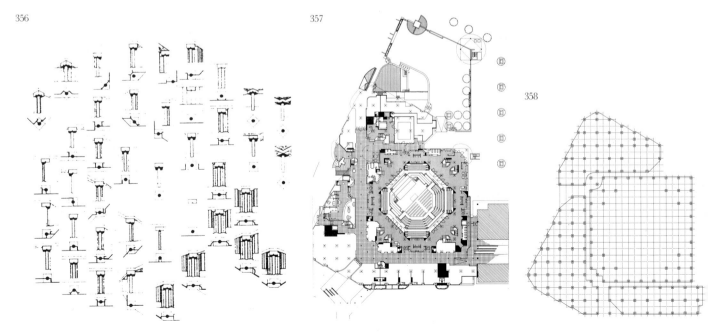

356 357 358

einander und stecken somit gleich große Bereiche im ganzen Gebäude ab. Sie stellen seine Kadenz dar und bestimmen den Rhythmus des Raums, wie Taktstriche in einer Partitur.
Die Anordnung der Säulen ist ein minimales Ordnungssystem, das ein überaus flexibles Einfüllen der verschiedenen Teile erlaubt und gleichzeitig eine regulierende Wirkung auf die vielfältigen Komponenten ausübt, die die Komplexität des Progamms in sich birgt.
Während das Säulensystem zur Einheitlichkeit des Ganzen beiträgt, regt es auch zum differenzierten Entwurf der verschiedenen Räumlichkeiten je nach Bedarf und Lage an. Dieses Prinzip unterscheidet sich im Grunde genommen nicht vom freien Grundriß, der zu Beginn des 20. Jahrhunderts entwickelt wurde, um die Möglichkeiten des aus Stützen und Decken bestehenden Betonskeletts [354] optimal zu nutzen. Zu den typischen Merkmalen der ersten Bauten mit freiem Grundriß gehören die demonstrativ gebogenen Wände und die im Raum freistehenden Säulen; heute dagegen dienen die Stützen gewöhnlich als Ansatzpunkt für die Wände. Bei einem Bau mit verhältnismäßig mehr Räumen oder umschlossenen Bereichen ist letztere Lösung offensichtlich die bessere.
Bei freistehenden Säulen sind die runden zweifellos vorzuziehen, sei es nur, weil sie sich in überfüllte Räume freundlicher und sanfter einfügen. Überall »im Weg« stehend, ohne jedoch ein Hindernis zu sein, behaupten sie sich mit voller Kraft, während die viereckigen Kapitelle, eine »Überbetonung« der konstruktionsbedingten Form, ihre Präsenz noch hervorheben. Die Hauptfunktion dieser in einer Reihe stehenden Kapitelle besteht darin, die Verbindung zu den Decken, die aus allen Richtungen und in verschiedenen Höhen auf sie stoßen, zu koordinieren. Darüber hinaus hält ihre besondere Breite die angrenzende Wand in gebührendem Abstand und trägt zur Entstehung eines relativ weitläufigen Raums um die einzelnen Säulen bei. In den Fassaden bestimmen die Stützen den Abstand zwischen den Wänden, der davon abhängt, wieviel Glas an einer spezifischen Stelle erforderlich ist. Die Öffnungen der Fassaden befinden sich im allgemeinen immer im »Stützenbereich« und kommen ganz selten als »Löcher« in der Wand vor. Die im sie umhüllenden Raum freistehenden Säulen sind ein Motiv, das in verschiedenen Variationen im ganzen Gebäude wiederkehrt und ein typisches, unverkennbares Bild entstehen läßt. Denn die Säule wurde entworfen, damit jede Stelle unterschiedliche Raumerlebnisse hervorrufen kann, während die einfache Stütze immer die gleiche bleibt, wo sie sich auch befindet. Je nach der sich ergebenden Offenheit oder Geschlossenheit erscheint sie in einem anderem Gewand, sozusagen für eine andere Rolle gekleidet. Die Säule prägt also die Erscheinungsform einer bestimmten Stelle, während ihr eigenes Bild wiederum durch diese Stelle bestimmt wird. Die Säulenkonstruktion kann man als ein System betrachten, das Freiheit erzeugt: eine »competence«, die einen Anreiz für die mit einer bestimmten Situation verbundene »performance« gibt, ein Instrument also, das auch ohne sich dauernd wiederholende Räume eine zusammenhängende Ordnung erzeugt.

359

360

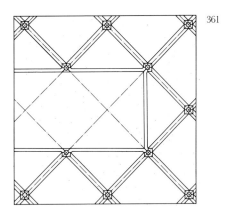

361

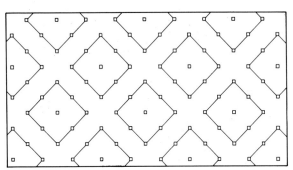

362

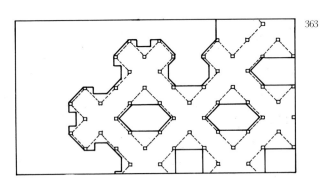

363

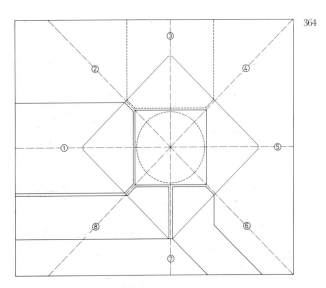

364

Ministerium für Sozialangelegenheiten, Den Haag
[361-179]

Statt einer Baumasse mit einer endlosen Folge von Büroebenen entstand ein in Segmente gegliedertes Gebäude; es wurde in mehr oder weniger selbständige Bauten unterteilt, die nebeneinander oder einander gegenüber stehen und entlang einer langgestreckten Mittelzone gruppiert sind.

Die Büroeinheiten bestehen aus einer oder mehreren aufeinanderfolgenden und übereinanderstehenden oktogonalen Inseln mit einer Fläche von 420 m^2, in welchen der Raum auf verschiedene Weise eingerichtet werden kann. Jede Raumeinheit kann im Durchschnitt 32 Mitarbeiter aufnehmen, verteilt auf eine, zwei oder drei Arbeitszonen. Obwohl das Gebäude hauptsächlich als Zellenbau konzipiert war, eignet es sich bei Bedarf auch für offenere Organisationsformen.

Der Bau scheint aus einer Konstellation miteinander verbundener Oktogone zu bestehen. So sieht es zumindest auf den ersten Blick innen und außen aus; auch die Unterteilung in Büroeinheiten entspricht dem gleichen Muster.

Vom konstruktiven Standpunkt aus handelt es sich um ein regelmäßiges Skelett, aus identischen, auf der Baustelle montierten Betonfertigteilen, deren Kombination gleiche, sich wiederholende Raumeinheiten ergibt.

Die diagonal verlaufenden Hauptbalken bilden eine durchgehende Leitungszone, die alle Decken durchzieht. Dieses Muster wurde gewählt, um quadratische Felder als Sekundärzone neben der Hauptbalkenzone zu schaffen; diese Zonen könnten stellenweise zwischen den durch Randbalken abgeschlossenen Deckenfeldern offen bleiben.

Durch den diagonalen Abschluß dieser Nebenzonen werden die oktogonalen Formen aus der Decke sozusagen als Ganzes herausgeschnitten, was die angestrebte rhythmische Gliederung hervorruft.

Dank dieser Konstruktion ist es möglich, die verschiedenen Teile des Programms entsprechend der erwünschten Organisation »auszufüllen«. Durch die regelmäßige, sachliche Anordnung der Stützen entsteht ein großer Spielraum für Einfüllungen und Anpassungen jeglicher Art, so daß das Gebäude auch künftigen Anforderungen gewachsen sein wird.

Die Konstruktion hat eine durchaus ordnende Funktion und wird die Ausfachungsfreiheit keineswegs mindern, sondern erhöhen. Sie ist der architektonische rote Faden, der den ganzen Komplex durchzieht, die verschiedenen Elemente lesbar macht und ordnet. Abgesehen von der Unterteilung und Gliederung des Raums bildet sie auch den Ausgangspunkt für die technischen Einrichtungen, die im ganzen Gebäude in integrierten Leitungsschächten untergebracht sind.

Die Hauptausrichtung der Büroeinheiten – d. h. die Richtung der das Haupttragwerk bildenden Hauptbalken – ist im Verhältnis zur Richtung des ganzen Gebäudes stets diagonal.

Die Haupthalle als räumliche Hauptader schneidet das Gebäude in der ganzen Länge; ihre Orientierung entspricht der Richtung der Zwischenträger, die zwar ein kleine-

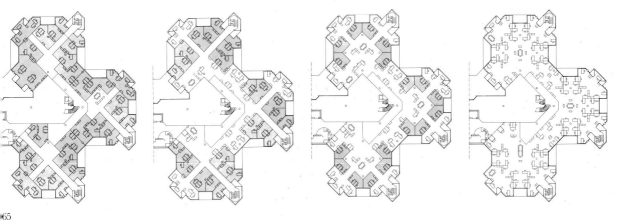

es Kaliber haben als die Hauptbalken, in räumlicher Hinsicht jedoch eine nicht weniger wichtige Rolle spielen.
Eine des interessantesten Aufgaben beim Entwerfen dieses Gebäudekomplexes war die Integration der beiden mit Bedacht ausgewählten Hauptausrichtungen. Es galt, die Haupt- und Zwischenträger so zu verbinden, daß letztere eine überzeugende durchlaufende Gliederung des Raums der Länge nach herbeiführen. Die aus acht unterschiedlichen Richtungen kommenden Balken ruhen auf viereckigen Kapitellen, die 1 m² große, in acht Zonen geteilte Platten bilden und im Prinzip die aus allen Richtungen kommenden Balken aufnehmen können. Die 20 Schnittpunkte, die notwendig waren, um allen räumlichen Anforderungen des Gebäudes Rechnung zu tragen, wurden einzeln und insgesamt als ein einziges plastisches Motiv entworfen. Die aus verschiedenen Richtungen aufeinanderstoßenden schweren Hauptbalken und die leichteren Zwischenträger wurden durch Profilierung der höheren Balken aufeinander abgestimmt; außerdem sind die Kapitelle nicht nach den Haupt-, sondern nach den Zwischenträgern (die in den Zwischenräumen zu Randbalken werden) ausgerichtet. Durch diese Anordnung wird die Richtung der Haupthalle ebenso stark hervorgehoben wie die der Hauptbalken. Die Schnittpunkte spiegeln das gesamte Konstruktionsprinzip wider; sie repräsentieren das konstruktive und gestalterische Konzept des Gesamtkomplexes und bilden durch die Vielfalt in ihrer Einheit die wichtigsten Elemente der gestalterischen Ordnung.
Wegen der wiederkehrenden Bauteile und der Möglichkeit, die verschiedenen Geschosse nach Bedarf partiell zu erweitern oder aufzustocken, waren zur Errichtung des Ganzen Betonfertigteile besonders geeignet. Ein Vorteil war auch, daß die Beschaffenheit der Oberfläche eine so hohe Qualität aufwies, daß die Betonteile keiner weiteren Behandlung bedurften. Die Tragkonstruktion setzt sich hauptsächlich aus vier Bauteilen zusammen: Stützen, Balken, Schächten und Decken. Die auf den Kapitellen ruhenden Balken wurden auf einer Seite mit einer vorspringen-

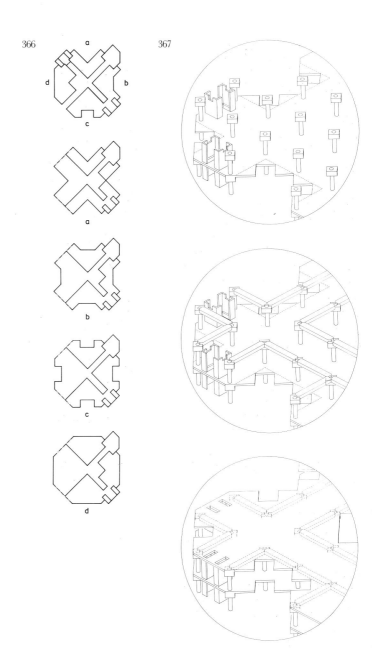

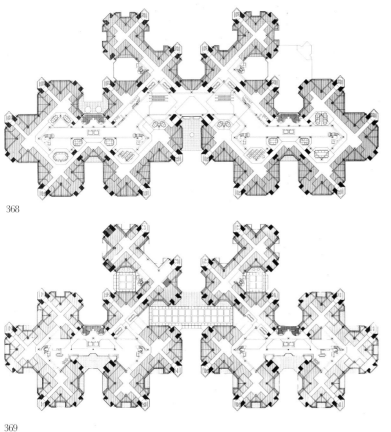

368

369

den Rippe versehen, die in einer späteren Phase als einfache Vorlage für die Deckenplatten diente. Die Vorfertigung de Balken sorgte für die erforderliche Genauigkeit. Die Konstruktion erhielt ihre Stabiliät durch die Leitungsschächte aus Ortbeton. Für die Decken wurden entweder vorfabrizierte oder vor Ort gegossene Betonplatten benutzt. Di Anordnung der Stützen in der Tiefgarage ist die gleiche wie in den Bürogeschossen. Durch die Fertigbauweise wurde die Kosten beträchtlich gesenkt, was die Errichtung eines so komplexen Baus mit einem begrenzten Etat wiederum er möglichte.

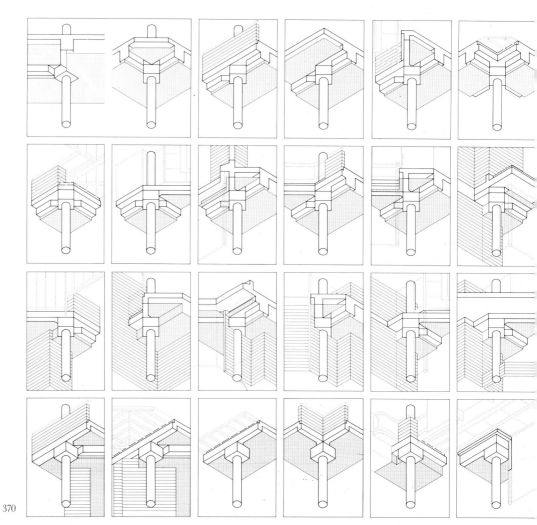

370

371

372

373

374 375

376

377

Die Apollo-Schulen, Amsterdam [380-388]

Beide Schulen sind im Zuge des gleichen, vom Erziehungsministerium festgelegten Ausbauprogramms entstanden; sie wurden nach dem gleichen Ordnungsprinzip entworfen und sind in vielen Punkten ähnlich. Sie weisen jedoch auch wesentliche Unterschiede auf; diese sind nicht nur auf die unterschiedliche Lage und die sich daraus ergebende andere Ausrichtung der Erkerfenster, sondern auch auf die unterschiedlichen Prinzipien zurückzuführen, die beiden Schulgemeinden zugrundeliegen. Dennoch wurden die jeweils entstandenen Probleme mit den gleichen architekto-

378

379

nischen Mitteln gelöst, so daß ein starker Zusammenhang zwischen beiden Gebäuden besteht. Hier findet man nicht nur ein gemeinsames architektonisches Vokabular, sondern auch eine gemeinsame Grammatik, da jede einzelne Lösung eine weitere Deklination des gemeinsamen Stammwortes darstellt.

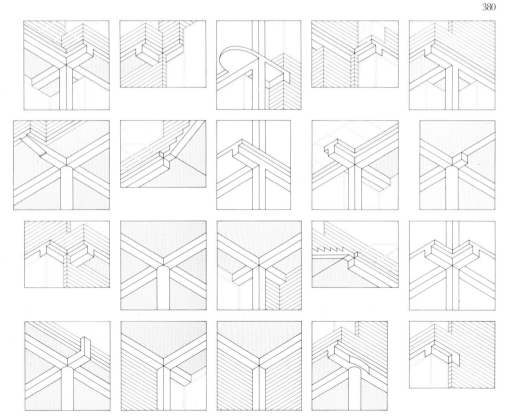
380

381

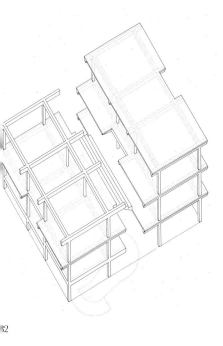

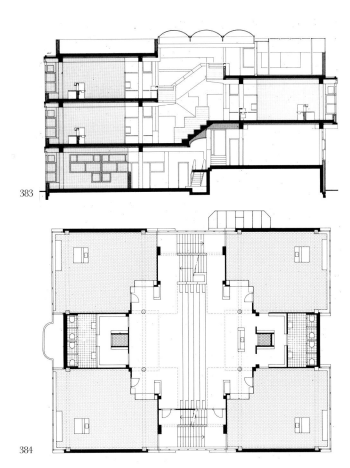

Das zugrundeliegende Konstruktionsprinzip umfaßt etwa 10 Punkte, die sich je nach ihrer Interpretationsmöglichkeit wie folgt einordnen lassen: innen-außen, Skelett oder konsequente Anwendung von Ziegeln, Simsen, Stahlelementen, Normalgröße oder Überdimensionierung, Quer- oder T-Träger. Alle Teile sind durch eine Art Verwandtschaft verbunden, die sich daraus ergab, daß schon im Entwurfsstadium auf die Auswirkung jedes einzelnen Punktes auf die anderen geachtet wurde, so daß jeder Schritt immer auf den ersten zurückweist.

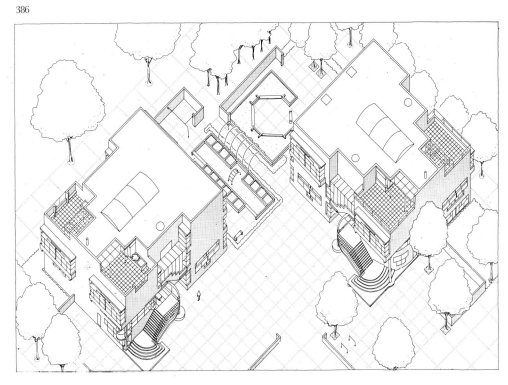

387

388

Die Einheitlichkeit der Mittel, die eine architektonische Ordnung kennzeichnet, könnte an die Einordnung in Baustile erinnern, denn auch der allgegenwärtige Klassizismus scheint den Kriterien zu entsprechen, die hier für die architektonische Ordnung aufgestellt wurden.

In einem Baustil hat jedes Element eine feste Aufgabe und läßt sich nach bestimmten Regeln mit anderen kombinieren. In dieser Hinsicht stellt der Baustil eine Art Formensprache dar, durch welche man nur ganz bestimmte Dinge ausdrücken kann, da die einzelnen Teile und Kombinationen einen festgelegten Sinn haben und wenig oder gar keinen Raum für eine Interpretation lassen. Darüber hinaus – und dies hat viel weiterreichende Folgen – bestimmen die technisch bedingten Grenzen des »Baukastens« dessen raumgestalterisches Potential. So kann man zum Beispiel nach den Grundsätzen des Klassizismus keine Auskragung, und folglich keine offenen Ecken ohne Stütze (wie bei den Bauten von Duiker und Rietveld) bauen, weil die Mittel dazu im Baukasten einfach nicht vorhanden sind.

In der Tat hat die Geschichte der Architektur mit den Baustilen überhaupt etwas zu tun, so vor allem deshalb, weil es diesen gelang, ihr Joch abzuschütteln. Der Architekt sieht seine »raison d'être« in den stetigen Bemühungen, sich von konventionellen Mustern zu lösen, was er auch tun muß, denn was er zu sagen hat, kann nicht mit den herkömmlichen Mitteln ausgedrückt werden.

Die architektonische Ordnung eines Projektes ist das Ergebnis einer tieferen Erkenntnis seiner gegenwärtigen und künftigen Nutzungen.

Die Ordnung nimmt also die zu erwartende »performance« vorweg. Daraus wird durch Induktion die »competence« (re)konstruiert.

Tatsächlich ist jede Bauaufgabe mit dem Anreiz verbunden, eine neue Ordnung zu entwickeln, d.h. eine Ordnung, die ihrer eigentlichen Natur entspringt. Stellt eine Ordnung einen bestimmten Mechanismus dar, so gilt sie meistens auch auschließlich für diesen. Verschiedene Zwecke werden in verschiedenen Beispielen hervorgehoben, doch das Kernproblem in bezug auf die Struktur liegt im Paradox einer Ordnung, die Freiheit bringt, dem ganzen Entwurf einen Horizont gibt.

39 Ein Mann legt Fische zum Trocknen aus, Senegal

6 Funktionalität, Flexibilität und polyvalente Form

In der funktionalistischen Architektur beruhte die Form auf dem Ausdruck der Leistungsfähigkeit (was nicht besagt, daß die ganze funktionalistische Architektur in gleicher Weise leistungsfähig war). In der »funktionellen Stadt« sowie im »funktionellen Bau« zeigten sich die Unterschiede besonders deutlich. Dies bedeutete eine äußerst präzise Beschreibung der Forderungen und Nutzungen, die mehr zur Zersplitterung als zur Integration beitrug, und wenn es etwas gab, was solche Konzepte nicht überstanden, so war es die Zeit.

Eigentlich ist es den guten Funktionalisten, die mit ihrem »Internationalen Stil« beschäftigt, ja sogar von ihm besessen waren, gelungen, die üblichen Fallen zu vermeiden, und die meisten ihrer luftigen, weißen, kubischen Bauten eignen sich tatsächlich für viele Zwecke. Doch besonders am sogenannten funktionellen Städtebau zeigt sich deutlich, wie sehr die Auseinandersetzung mit architektonischen Problemen durch die Zersplitterung der Funktionen statt durch deren Integration erschwert wurde. Die Tatsache, daß alle zu speziellen Lösungen schnell überholt sind, führt nicht nur zum Mangel an Funktionalität, sondern auch zu wirklicher Nutzlosigkeit. Man denke an die Parkhäuser mit ansteigenden Zufahrten, die überall entstehen. Sie sind zwar billig und leicht zu bauen, können jedoch für nichts anderes benutzt werden, wenn sich die Zeiten ändern, wenn zum Beispiel die Zahl der Autofahrer abnimmt.

Der Begriff Flexibilität wurde zum Schlagwort, zum Allheilmittel gegen die Mißstände in der Architektur. Solange die Bauentwürfe neutral blieben, eigneten sie sich, dachte man, für mehrere Nutzungen und konnten es, zumindest theoretisch, mit veränderten Zeiten oder Situationen aufnehmen. Dies zumindest wäre ein Vorteil, doch Neutralität heißt eigentlich Mangel an Identität, mit anderen Worten das Fehlen kennzeichnender Eigenschaften. Das Problem mit der Wandelbarkeit liegt also nicht so sehr in der Anpassung oder Modifikation solcher Merkmale, sondern in der Tatsache, daß sie erst einmal vorhanden sein müssen.

»Flexibilität bedeutet – insofern es keine Einzellösung gibt, die anderen vorzuziehen ist – das absolute Leugnen eines festen, klar umrissenen Standpunktes. Der flexible Plan geht davon aus, daß es die richtige Lösung nicht gibt, weil die zu lösende Aufgabe stets im Wandel begriffen, d. h. immer temporär ist. Flexibilität ist angeblich ein Bestandteil der Relativität, in Wirklichkeit aber hat sie nur mit Unsicherheit zu tun, mit der Angst, sich zu engagieren, also mit der Weigerung, die zwangsläufig mit jeglicher Handlung verbundene Verantwortung zu übernehmen. Obwohl man zugeben muß, daß sich eine flexible Anordnung einer veränderten Situation jeweils anpaßt, kann sie für keine Aufgabe die beste und einzige Lösung sein; sie kann zu jedem gegebenen Zeitpunkt eine Lösung liefern, jedoch nie die eigentliche. Flexibilität ist also nichts anderes als ein Satz nicht passender Lösungen.

Ein System, das in Hinblick auf künftige Veränderungen flexibel bleibt, würde gewiß die neutralste Lösung für spezifische Aufgaben liefern, die beste jedoch nie.

Das einzige konstruktive Herangehen an eine Situation, die sich ändern kann, ist eine Form, die von diesem Wandel ausgeht, als handle es sich um einen dauerhaften, d. h. im Prinzip feststehenden Faktor, eine polyvalente Form also. Mit anderen Worten: eine Form, die verschiedenen Zwecken dienen kann, ohne sich selbst zu wandeln, so daß ein Minimum an Flexibilität immer noch zu einer optimalen Lösung führen kann. In den heutigen Städten findet man eine Anzahl von Wohnungen, deren Konstruktion mit Produktionsmethoden verbunden ist, durch welche ungeheure Mengen von

Bauteilen geliefert werden können, die allerdings alle gleich sind. Da die Gleichheit der Wohneinheiten – Ergebnis jener Produktionsmethoden – mit der Gleichheit der Bewohner identifiziert wurde, sind wir an dem Punkt angelangt, an dem gleichartige Wohnungen in eintönigen, uniformen Wohnblöcken zusammengefaßt werden.

Der uniforme urbane Raum und der uniforme Grundriß beruhen auf der Trennung von Funktionen, und die bedingungslose Unterwerfung unter dieses Diktat der Funktionen hat dazu geführt, daß die Unterscheidung zwischen Wohnen und Arbeiten, Essen und Schlafen usw. als Ausgangspunkt für ein differenziertes Entwerfen von Räumen mit verschiedenen Nutzungen genommen wurde, mit der Begründung, daß unterschiedliche Tätigkeiten auch unterschiedliche Anforderungen an den Raum stellen, in dem sie stattfinden sollen. Dies wurde uns in den letzten fünfundzwanzig Jahren immer wieder gesagt, doch auch wenn Wohnen und Arbeiten, Essen und Schlafen zu Recht Tätigkeiten genannt werden können, heißt es immer noch nicht, daß sie spezifische Anforderungen an den Raum stellen – die Menschen sind es, die diese Anforderungen stellen, weil sie ein und dieselbe Funktion auf ihre Weise und nach ihrem eigenen Geschmack interpretieren möchten.

Geht in der funktionellen Stadt und im funktionellen Grundriß die Identität derer, die die Idee als erste konzipierten, spurlos verloren, ist dies nicht auf die Eintönigkeit der Wohneinheiten zurückzuführen, sondern auf das Wesen ihrer Eintönigkeit, nämlich die Tatsache, daß eine bestimmte Funktion ausschließlich in einem vorgeschriebenen und standardisierten Konzept akzeptiert wird. Die Häuser und Städte, die heutzutage gebaut werden, lassen keine grundsätzlichen Veränderungen zu.

Wenn wir den Menschen – über Generationen – vorschreiben, wo sie ihre Tische und Betten aufzustellen haben, erzeugen gerade wir diese Uniformität. Dieses kollektive Gerinnen der individuellen Handlungsfreiheit hat jedem Platz im Hause, jedem Ort in der Stadt eine bestimmte Funktion zugedacht, und ist dabei so uninspiriert vorgegangen, daß alle Variationen, die zu einer Identität verhelfen, vollkommen im Keim erstickt wurden. Was die alten Häuser am Kanal gerade so wohnlich macht, ist, daß man in jedem Zimmer arbeiten, sich ausruhen oder schlafen kann, daß jeder Raum die Phantasie der Bewohner anregt, ihn so zu benutzen, wie sie es möchten. Die Vielseitigkeit der Amsterdamer Altstadt ist keineswegs auf großzügigere oder differenziertere Grundprinzipien zurückzuführen (die Prinzipien, auf welchen die Bauten des 20. Jahrhunderts beruhen, sind sicherlich viel komplexer), sondern auf Raumfolgen, die sich zwar nicht sehr voneinander unterscheiden, jedoch dem einzelnen genug Interpretationsmöglichkeit bieten, weil sie polyvalenter sind.

Die kollektive Interpretation von individuellen Wohnmustern muß aufgegeben werden. Was wir brauchen, ist ein abwechslungsreicher Raum, in welchem die verschiedenen Funktionen zu Urformen sublimiert werden können, die die individuelle Interpretation des gemeinsamen Wohnmusters durch ihre Fähigkeit zur Aufnahme, zur Integration und Anregung jeglicher erwünschten Funktion und deren Modifikation ermögliche« (s. Veröffentlichungen, 1).

Dieses und alle anderen angeführten Beispiele sollten als eine Aufforderung betrachtet werden, Bauten und Städte so zu entwerfen, daß sie sich einer veränderten Situation anpassen können, ohne ihre Identität zu verlieren.

Wonach wir suchen, ist eine Denk- und Handlungsweise, die zu einem neuen »Mechanismus« führen kann (in der Linguistik würde man von einem Paradigma sprechen), der *weniger festgelegt, beweglicher, und somit besser ausgerüstet ist, um den Anforderungen, die die Gesellschaft des 20. Jahrhunderts in ihrer ganzen Komplexität dem Architekten stellt, Rechnung zu tragen. Es gilt, eine Architektur zu schaffen, die sich nicht auflöst und ihre Identität verliert, wenn der Benutzer sich entschließt, sie anders zu gebrauchen, als sie ursprünglich geplant war. Um es noch deutlicher auszudrücken: die Architektur müßte den Benutzer anregen, sie wo nur möglich zu beeinflußen, nicht einfach, um ihre Identität zu betonen, sondern vielmehr, um seine eigene hervorzuheben und zu behaupten.*

Der Strukturalismus hat gezeigt, wie wirksam dieser Prozeß in der Sprache ist, und ich komme immer wieder darauf zurück, weil er der Architektur eine Richtung weist. Obwohl die Architektur heute noch oft als ein Kommunikationssystem betrachtet wird, ist sie nicht bloß eine Sprache, auch wenn Analogien, wie die Begriffe »competence« und »performance«, sich nicht ausschließlich auf die Sprache beziehen, sondern auch auf den Gebrauch der Form anwendbar sind, und aus welchen die Form grundsätzlich abgeleitet werden könnte.

Daß Wirksamkeit – als einziges unumstrittenes Kriterium – absoluten Vorrang haben sollte, versteht sich von selbst, obwohl es auch äußerst wichtig erscheint, festzustellen, was der Begriff genau bedeutet. Gewiß gibt es Dinge und Formen, die kaum mehr als einem Zweck dienen; dies gilt zum Beispiel bei technischen Vorrichtungen, von denen einfach verlangt wird, daß sie funktionieren, ihre Arbeit erledigen, und nicht mehr. Doch neben dem Zweck, für welchen sie entworfen wurden und dem sie im allgemeinen höchsten ihren Namen verdanken, haben die meisten Dinge und Formen einen Mehrwert und ein Potential, die ihnen große Wirksamkeit verleihen. Diese gesteigerte Wirksamkeit, die wir polyvalente Form nennen und nah an »competence« heranreicht, möchte ich als Entwurfskriterium hervorheben.

Der folgende Auszug aus einem Text aus dem Jahre 1963 setzt sich mit diesen Grundprinzipien auseinander und dient auch als Einleitung für das nächste Kapitel.

»Reziprozität von Form und Programm«

»Das wesentliche Kennzeichen einer Stadt ist vielleicht der mit der Stadtlandschaft verbundene stetige Wandel, den wir als eine normale Alltagssituation empfinden. Die Stadt ist in einem kontinuierlichen Wandel begriffen, die Stadt hat sich nie an die Regeln des organischen Wachstums und der funktionellen Entwicklung gehalten, nach welchen versucht wurde, ihr eine Form zu geben. Jeden Tag, zu jeder Jahreszeit und über eine lange Zeit hinaus finden temporäre und andauernde, zufällige und wiederkehrende Veränderungen statt. Menschen ziehen von einem Haus in ein anderes um, und Bauten werden umgestaltet; daraus ergeben sich Verschie-

390

391

…ungen im Beziehungsgeflecht, die wiederum weitere Verschiebungen in der Intensität hervorrufen. So zieht jedes Eingreifen eine mehr oder weniger große Veränderung in der Bedeutung der anderen gebauten Formen nach sich.
Damit jeder Stadtbewohner und alles in der Stadt seine Identität stets beibehält, muß die Situation in sich selbst stets vollendet sein.
Der Wandlungsprozeß muß uns stets als permanente Situation erscheinen, deshalb muß die Wandelbarkeit selbst als konstanter Faktor, der zur Bedeutung der einzelnen Form beiträgt, absoluten Vorrang haben. Um Veränderungen widerstehen zu können, müssen gebaute Formen so beschaffen sein, daß sie mehrere Interpretationen zulassen, d. h. eine Vielfalt von Bedeutungen zugleich aufzunehmen und auszudrücken vermögen, ohne dabei ihre Identität zu verlieren.
Einheitlich geplante Wohnungen müssen also in der gleichen Zeitspanne, wie jeder Ort in der Stadt zu verschiedenen Zeitpunkten, in der Lage sein, wechselnden Bedeutungen gerecht zu werden.
Diese Analogie zeigt deutlich, daß Ort und Zeit aufgehoben und durch einen einzigen Ausgangspunkt ersetzt werden, das heißt, daß Bedeutungen ihre Behausung wechseln können.
Ebenso klar ist es, daß weder die Neutralität – das unvermeidliche Ergebnis der Flexibilität (für alle annehmbar, für niemanden genau das richtige), noch Spezifizität – die Folge von zu viel Ausdruck (genau das richtige, nur für wen?) die adäquate Lösung liefern können. Die Möglichkeit einer Lösung liegt nicht irgendwo zwischen beiden Extremen, dem Mangel an Engagement und einem übersteigerten Selbstbewußtstein, sondern außerhalb – nämlich in einem Standpunkt, zu dem jeder eine eigene Beziehung entwickeln kann, ein Standpunkt also, der für jeden Einzelnen eine unterschiedliche – und somit abweichende – Bedeutung zuläßt.
Um mehrere Bedeutungen zu haben, muß eine Form interpretierbar sein, d. h. sie muß verschiedene Rollen übernehmen können. Diese verschiedenen Rollen kann die Form jedoch nur übernehmen, wenn verschiedene Bedeutungen in ihrem Wesen mitenthalten sind, die dann viel mehr eine stillschweigende Herausforderung als eine ausdrückliche Anregung sind.
Eine Form, die die mit ihr verbundenen Bedeutungen verloren hat und nach wie vor pluralistisch ist, weil sich jegliche Bedeutung von ihr ableitet läßt, wird auf ihren Urzweck reduziert.
Wollen wir auf die vielen Gesichter antworten, die die Gesellschaft annimmt, so müssen wir die Form von den Fesseln erstarrter Bedeutungen befreien. Wir müssen stets nach archetypischen Formen suchen, die mit einer Vielzahl von Bedeutungen assoziert werden können und somit in der Lage sind, nicht nur ein Programm aufzunehmen, sondern es auch zu erzeugen. Form und Programm rufen einander auf« (s. Veröffentlichungen, 3).

7 Form und Benutzer: Der Raum der Form

In den vorhergehenden Abschnitten wurde der Begriff Struktur als ein »Rahmen« (für konstante Beziehungen) definiert, der interpretationsfähig ist und somit genügend Spielraum für verschiedene Situationen gewährt.

Bis jetzt haben wir uns hauptsächlich mit urbanen Formen beschäftigt, die simultan von verschiedenen Menschen interpretiert wurden, und folglich waren in kollektiven Situationen offenbar kollektive Assoziationen miteinbezogen. Wir haben uns vor allem mit der Beziehung zwischen Entwerfer und Struktur beschäftigt, wobei der Benutzer im Grunde eine untergeordnete Rolle spielte – mehr die eines Objekts als eines Subjekts – denn wir konnten zwar feststellen, daß eine Form als Struktur interpretiert wurde; dies erklärt aber nicht, was die Menschen dazu führte, in erster Linie so zu handeln.

Betrachtet man die Form im allgemeinen als eine Art Struktur, so wird die Beziehung zwischen Form und Benutzern nachvollziehbar, noch einmal, wenn die Benutzer Einzelindividuen sind, und so der Begriff Form nun vom Joch der Abstraktion befreit wird. Die Verlagerung der Aufmerksamkeit von dem, was die Form bedeuten kann, auf die Interessenten (die eine Beziehung zu ihr entwickeln), wirft indirekt die Frage der Relation zwischen dem Schöpfer der Form, deren Entwerfer und dem Benutzer auf. Gehen wir von der Interpretationsfähigkeit als Kennzeichen der Form aus, müssen wir uns fragen, was die Form – als Struktur – interpretierbar macht. Die Antwort muß heißen: die Anpassungsfähigkeit der Form, d. h. ihre »competence« (virtuelles Vermögen), die erlaubt, daß sie mit Assoziationen gefüllt wird, so daß eine Wechselbeziehung mit dem Benutzer entsteht.

Was uns also hier beschäftigt, ist der Raum der Form, ähnlich wie ein Musikinstrument dem Spieler jede Handlungsfreiheit läßt.

In früheren Beispielen, so etwa bei den Arenen, sind wir schon auf die Anpassungsfähigkeit im eigentlichen Sinne eingegangen, was wir jedoch jetzt »competence« nennen, nämlich die Fähigkeit zur Anpassung in bezug auf Bedeutungen – wirft ein anderes Licht auf alle Formen, die mit Architektur zu tun haben.

»...hier sprechen wir also nicht von einem Formbegriff, der eine formale und unveränderliche Beziehung zwischen Objekt und Betrachter voraussetzt und aufrechterhält.

Wir meinen nicht eine das Objekt umhüllende visuelle Erscheinung, sondern die Form als Anpassungsfähigkeit und potentieller Bedeutungsträger. Die Form kann eine Bedeutung erhalten, kann sie jedoch auch durch den Gebrauch, der von ihr gemacht wird, oder durch zusätzliche Werte verlieren; dies hängt von der Interaktion zwischen Benutzer und Form ab.

Woraus wir hinauswollen ist, zu zeigen, daß die Auswirkung der Form auf den Benutzer und umgekehrt des Benutzers auf die Form durch diese Fähigkeit, eine Bedeutung aufzunehmen und auszudrücken bestimmt werden. Denn die Kernfrage hier ist die Interaktion von Form und Benutzer, wie sie aufeinander wirken, wie sie voneinander Besitz ergreifen.

Entwerfen sollte heißen, Material so zu ordnen, daß sein Potential voll zum Tragen kommt. Alles, was bedächtig geformt wurde, sollte besser funktionieren, d. h. besser darauf eingestellt sein, die Erwartungen verschiedener Menschen in unterschiedlichen Situationen und zu verschiedenen Zeiten zu erfüllen.

Bei alledem, was wir uns vornehmen, müssen wir versuchen, nicht nur den Anforderungen der Funktion im strengsten Sinne gerecht zu werden, sondern auch darauf bedacht zu sein, daß dadurch mehr als ein Zweck erfüllt wird, so daß das Entworfene so viele Rollen wie möglich spielen kann, damit die einzelnen Benutzer das Beste davon haben. Jedem Benutzer wird dann die Möglichkeit eröffnet, auf seine Art und Weise darauf zu reagieren, es persönlich zu interpretieren, um es in seine vertraute Umgebung integrieren zu können.

Wie Wörter und Sätze hängen auch Formen von der Art ab, wie sie »gelesen« werden und welche Bilder sie für den »Leser« heraufbeschwören. Eine Form kann in verschiedenen Menschen und in unterschiedlichen Situationen ganz verschiedene Bilder aufkommen lassen, und somit eine andere Bedeutung erhalten; dieses Erlebnis ist der Schlüssel zu einem veränderten Formbewußtsein, das uns erlauben wird, Dinge zu schaffen, die für eine größere Zahl von Situationen geeignet sind. Die Fähigkeit, Bedeutungen aufzunehmen und sie wieder aufzugeben, ohne sich selbst wesentlich zu ändern, macht aus der Form einen potentiellen Bedeutungsträger...« (s. Veröffentlichungen, 4).

8 Raum gestalten – Raum lassen

Beim Entwerfen müssen wir so vorgehen, daß das Resultat nicht allzu eindeutig einem einzigen Zweck dient, sondern immer noch Interpretationen zuläßt und seine Identität durch den Gebrauch erhält. Was wir entwerfen, muß ein Angebot sein, das immer wieder bestimmte Reaktionen als Antwort auf bestimmte Situationen hervorzurufen vermag, es darf also nicht einfach neutral und flexibel – und folglich ungeeignet – sein, sondern muß jene breitere Leistungsfähigkeit besitzen, die wir als polyvalent bezeichnen.

Studentenheim Weesperstraat [392-394]

Die Wohnstraße im vierten Stock wird durch große Lichtblöcke aus Beton beleuchtet. Diese Blöcke befinden sich am Boden, damit das Licht weder die Bewohner stört noch den Blick durch die hohen Fenster versperrt. Ihre erste Funktion besteht darin, Licht zu spenden, doch durch ihre Form und Plazierung bieten sie Gelegenheit zu einer Vielfalt von weiteren Anwendungen.

»Was Form und Plazierung angeht, wurden diese Blöcke konzipiert, um verschiedene Rollen zu übernehmen, und sie dienen von Fall zu Fall wirklich als Bank, Arbeitsplatz und – bei schönem Wetter – als Picknick-Tisch. Sie wurden in einer so zentralen Lage aufgestellt, daß sie in allen möglichen Situationen fokussierend wirken. Sie sind wie Magne-

te, die die Dinge, die sich auf dem gemeinsamen Gehweg abspielen, anziehen: so stimulieren sie das Straßenleben, jenes bunte Gemisch aus Manifestationen individueller und kollektiver Interessen.

Nichts im voraus festzulegen, heißt, zumindest theoretisch, Gelegenheiten für spontane Improvisationen mit dem Raum zu bieten, und – dem Architekten – viel Freiraum zum Träumen zu lassen. Es ist jedoch zu befürchten, daß, solange die Umgebung nach feststehenden Bedeutungen und begleitenden Formsymbolen in der Bedeutung dessen gestaltet wird, was richtig oder falsch ist, die Bewohner selbst nicht in der Lage sein werden, aus eigenem Antrieb viel zu tun« (s. Veröffentlichungen, 4).

395

396

397

Montessori-Schule, Delft [395-417]

Bei der Montessori-Schule in Delft können die über den Türen zwischen den Klassenzimmern und der Halle angebrachten, besonders tiefen Glaskästen benutzt werden, um Pflanzen, Bücher, Modelle, Tonfiguren aufzustellen oder auch allerlei Dinge abzulegen. Diese offenen Vitrinen bilden also einen Rahmen, der je nach den Wünschen und Bedürfnissen der jeweiligen Gruppen auf eigene Weise gefüllt werden kann.

Der Mittelpunkt der Schulhalle ist das Backsteinpodium, das für offizielle Versammlungen wie spontane Treffen Verwendung findet. Zunächst könnte man sich vorstellen, daß das Raumpotential größer wäre, könnte dieser Block dann und wann entfernt werden; wie zu erwarten, war dieser Punkt ein Gegenstand langwieriger Diskussionen. Gerade diese Permanenz, diese Unbeweglichkeit und das »Im-Weg-Stehen« sind jedoch von entscheidender Bedeutung, denn gerade die unausweichliche Präsenz dieses Zentralpunktes wirkt besonders anregend. Der Block wird zu einem echten »Prüfstein« und trägt zur Gliederung des Raums bei, dessen Nutzungsmöglichkeiten er auch steigert.

In jeder Situation evoziert die erhöhte Plattform ein bestimmtes Bild, und da sie eine Fülle von Interpretationen zuläßt, kann sie viele unterschiedliche Rollen spielen, während die Schüler wiederum dazu animiert werden, sie auf mancherlei Weise zu benutzen: als Sitzgelegenheit oder als Materialunterlage beim Werken, Musizieren oder bei anderen in der Halle stattfindenden Aktivitäten. Bei Bedarf kann diese Plattform durch Holzteile, die sich im Inneren des Blocks befinden, nach allen Richtungen erweitert und in eine echte Bühne verwandelt werden. Diese Holzteile

398

399

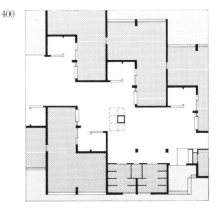
400

149

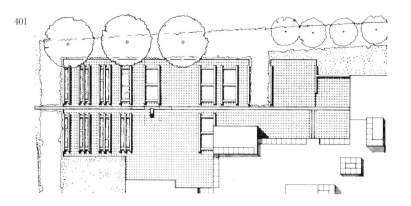

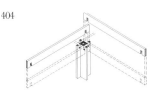

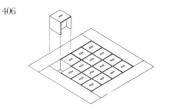

können die Kinder selbst, ohne Hilfe des Lehrers, zusammensetzen und wieder auseinandernehmen. Während der Mittagspause spielen die Kinder darauf und rundherum oder sitzen dort zusammen, um ihre Bilderbücher anzuschauen, obwohl es sonst im Raum genügend Platz gibt; für sie ist dieses Podium auf der glänzenden Bodenfläche wie eine Insel im Meer.

In der Halle des Kindergartens befindet sich eine quadratische, mit losen Holzblöcken gefüllte Vertiefung. Diese Blöcke können herausgenommen und als eigenständige Sitze um das Viereck angeordnet werden. Sie wurden als niedrige Hocker konzipiert, die die Kinder in der ganzen Halle leicht herumtragen oder zusammensetzen können, um Türme zu bauen oder Züge zu bilden. In vielerlei Hinsicht ist das Viereck das Gegenstück zum Backsteinpodium in der anderen Halle. Genauso wie der Block an einen Hügel denken läßt, auf welchen man steigt, um eine bessere Aussicht zu bekommen, vermittelt die viereckige Vertiefung ein Gefühl der Abgeschiedenheit, der Zuflucht, und erweckt die Assoziation eines Abstiegs in ein Tal oder eine Mulde. Ist die Plattform eine Insel im Meer, so ist die Vertiefung ein See, den die Kinder in ein Schwimmbecken verwandelten, indem sie ein Sprungbrett hinzufügten.

Der Raum hinter dem Schulgebäude ist in mehrere langgestreckte, durch niedrige Mauern voneinander getrennte Flächen gegliedert. Die Streifen zwischen den parallel verlaufenden Mauern sind in erster Linie zur Anlage von Gärten und Sandkästen gedacht, können aber durchaus auch anderen Zwecken dienen. Wie alle einzelnen Abteile darf man auch diesen eingemauerten Bereich als ein Rahmenwerk betrachten, das in verschiedenen Situationen ausgefüllt werden kann. Diese Anordnung bildet einen

150

409

410

411

412

414

413

festen Bezugsrahmen für individuelle und kollektive Initiativen.

Die niedrigen Trennmauern sind aus Lochsteinen, die selbst kleinere Öffnungen oder Abteile erzeugen, die auf allerlei Weise benutzt werden können, einige zum Beispiel als Blumenkästen um ein kleines Gartenbeet, andere wiederum, um einen Sandkasten, verwandeln sich in versenkte Behälter in einer Verkaufstheke für »Eis«. Man kann auch Stäbe in die Löcher stecken, um ein Zelt zu bauen ... kurz, das praktische Format der Löcher selbst bietet unbegrenzte Verwendungsmöglichkeiten.

415

416

417

418

Vredenburg-Platz, Utrecht [418-422]

Nach dem Entschluß, den Vredenburg-Platz in Utrecht für den dort schon immer abgehaltenen Markt umzugestalten, wurde vorgeschlagen, Bäume zu pflanzen.

Bäume eignen sich sehr für Marktplätze und beleben auch die Fläche an den Tagen, an denen kein Markt stattfindet. Da es schon eine Tiefgarage unter dem Platz gab, wurden erhöhte Ziegelkästen mit der für die Bäume nötigen Erde aufgestellt. Die Größe dieser Kästen und der Abstand zwischen ihnen wurden mit Rücksicht auf die Marktstände festgelegt, so daß die Bäume als Bezugspunkte bei der Anordnung der Stände dienten, die genügend Raum nach vorn und hinten erhielten.

Die Händler, die einen Platz in der Nähe der Kästen erhielten oder wählten, benutzen diese als zusätzliche Ausstellungsfläche, so daß sie oft recht exotisch aussehen und in gewisser Weise an die Tempel auf Bali erinnern.

Die Konstruktion der Baumkästen erwies sich als äußerst praktisch für die Installation der für den Markt und die Straßenbeleuchtung erforderlichen elektrischen Einrichtungen. Die Kästen wurden so geplant, daß sie an den Tagen, an denen kein Markt stattfindet, schattige Sitzplätze bilden; sie entsprechen also dem Mehrzweck-Prinzip, das

419

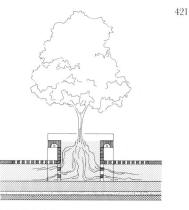

421

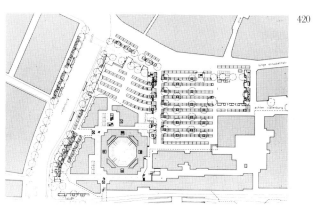

420

422

152

bei der Gestaltung des urbanen Raums stets berücksichtigt werden sollte.

Die angeführten Beispiele bezogen sich auf Komponenten, die vorübergehend in bestimmten »Gebrauchssituationen« eine Funktion haben, danach in ihren ursprünglichen Zustand zurückkehren, um weitere Verwandlungen zu erfahren, wenn eine veränderte Situation es erfordert. Die Beziehung zwischen diesen Elementen und ihren Benutzern ist temporär, ebenso wie ihre Inbesitznahme, und bleibt insofern zufällig. Bei einem Umfeld, das Pflege erfordert, könnte man einen Schritt weiter gehen und eine Anzahl Komponenten in unfertigem Zustand belassen, damit die Benutzer die Möglichkeit haben, sie ihren Neigungen und Bedürfnissen entsprechend auszugestalten.

Diagoon-Häuser, Delft [423-445]

Die acht Skeletthäuser, die als Prototyp in Delft entstanden, wurden im Prinzip als unfertige Bauten konzipiert. Der bis zu einem gewissen Grad nicht festgelegte Grundriß sollte den Bewohnern die Möglichkeit bieten, selbst zu entscheiden, wie sie den ihnen zur Verfügung stehenden Wohnraum unterteilen, wo sie schlafen, essen usw. wollen. Ändern sich die Verhältnisse in der Familie, kann man die Wohnung der neuen Situation anpassen und sogar erweitern. Der eigentliche Entwurf sollte als ein vorläufiges Rahmenwerk betrachtet werden, das noch auszufüllen ist. Das Skelett ist ein Halbprodukt, das jeder nach seinen eigenen Bedürfnissen und Wünschen vervollständigen kann.

Das Haus besteht im Grunde aus zwei festen Kernen mit Halbgeschoß-Wohneinheiten, die sich für eine Vielfalt von Funktionen eignen: Wohnen, Schlafen, Arbeiten, Spielen, sich Entspannen, Essen usw. In jeder Wohneinheit, d. h. in jedem Halbgeschoß kann ein Teil abgetrennt werden, um einen Raum zu bilden, wobei der übrige Bereich als Innengalerie um die ganze Wohnhalle läuft (Luftraum). Diese »Galerien«, die nach dem Geschmack der Familienmitglieder eingerichtet werden können, bilden den gemeinschaftlichen Wohnbereich. Es gibt keine strenge Trennung zwischen Wohn- und Schlafbereich (mit dem Zwang, »nach oben« zu gehen). Jedes Familienmitglied hat seinen Hausteil – den großen gemeinschaftlichen Wohnraum« (s. Veröffentlichungen, 4).

»Architekten sollten nicht einfach demonstrieren, was möglich ist, sie sollten auch und vor allem auf die Möglichkeiten hinweisen, die dem Entwurf innewohnen und für jeden erreichbar sind. Es ist äußerst wichtig, zu erkennen, daß man von der Art, wie die einzelnen Benutzer auf die im Entwurf enthaltenen Anregungen antworten, sehr viel lernen kann. Wohnungen werden immer noch nach den Vorstellungen entworfen, die lokale

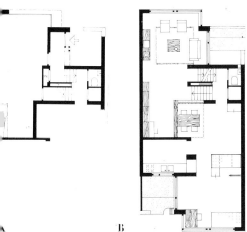

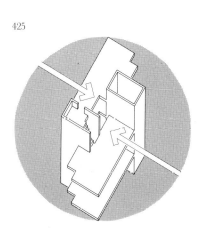

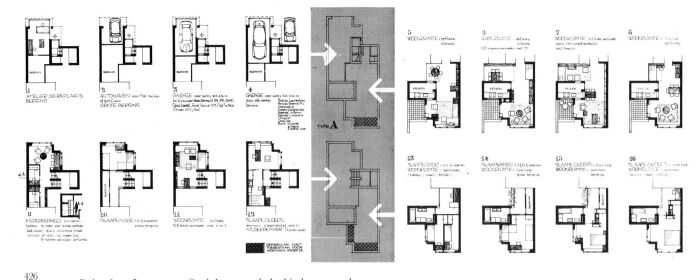

426

Behörden, Investoren, Soziologen und Architekten von den Wünschen der Benutzer haben. Und ihre Vorstellungen können nicht anders als stereotyp ausfallen: mögen solche Lösungen auch annähernd adäquat sein, ganz zufriedenstellend sind sie jedoch nie, sind sie doch die kollektive Interpretation der spezifischen Wünsche einer Vielzahl durch einige Einzelne. Was wissen wir wirklich von den Wünsche des Einzelnen und wie sollten wir dies herausfinden? Das Studium des menschlichen Verhaltens, wie sorgfältig und gründlich es sein mag, wird nie das dicke Gewebe der Konditionierung durchzudringen, die zu diesem Verhalten geführt hat und den echten persönlichen Willen aufhebt. Da wir nie erfahren werden, was der Einzelne sich wirklich wünscht, wird niemand je in der Lage sein, für andere die vollkommene Wohnung zu erfinden. Als die Menschen noch ihre eigenen Häuser bauten, waren sie auch nicht freier, da jede Gesellschaft ihrer Definition nach nichts anderes als ein Grundmuster ist, dem ihre Mitglieder unterworfen sind. Jeder ist verurteilt, so zu sein, wie er von anderen gesehen werden will – dies ist der Preis, den der Einzelne der Gesellschaft zahlen muß, in der er lebt; insofern ist er der Urheber der kollektiven Verhaltensmuster, wird aber zugleich von ihnen beherrscht. Auch

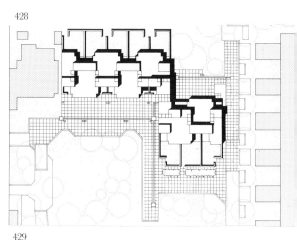

428

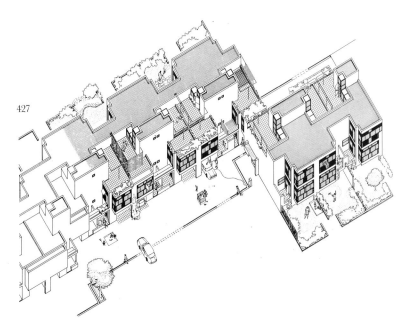

427

429

»Wenn Menschen ihre eigenen Häuser bauen, können sie sich nicht davon befreien, doch jeder müßte zumindest die Freiheit haben, eine persönliche Interpretation des Kollektivmusters abzugeben« (s. Veröffentlichungen, 4).

Wieviel man mit dem Nachbar zu tun hat, hängt weitgehend vom Typ der Abgrenzung zwischen den Gärten ab. Der Zaun bewirkt die größte Isolierung voneinander. Andererseits bedeutet das Fehlen jeglicher Abgrenzungen, daß man ständig von den Nachbarn gesehen wird und einander nie ausweichen kann. Einfach den Ansatz zu einer Abgrenzung zum Nachbargrundstück zu liefern, als eine Einladung, die jeder eingehen kann, wie er es wünscht, gibt genügend Anregung und legitimiert Entscheidungen, die jeder gern treffen würde, sich jedoch scheut, selbst in die Wege zu leiten.

»Eine niedrige Basis aus Lochsteinen liefert das Fundament für eine Ziegelmauer, kann aber auch als Sockel für einen Holzzaun dienen« (s. Veröffentlichungen, 4).

Die erhöhte Terrasse im rückwärtigen Bereich ließ verschiedene Interpretationen zu. Erstens konnten die während der Errichtung des Hauses auf ein absolutes Minimum reduzierten Treppen durch Alternativlösungen für den Zugang zum Garten ersetzt werden.

Zweitens gibt es unter der kleinen Terrasse einen freien Raum, der bewußt offen gelassen wurde, obwohl Architekten ihn meist schließen, um Unordnung zu vermeiden, ohne die Vorteile eines zusätzlichen, geschützten kleinen Platzes zu erkennen. Schließlich ist diese kleine, auf drei Seiten von Mauern umgebene Terrasse für eine seitliche Erweiterung des Wohnzimmers besonders geeignet.

Angrenzende, einander gegenüberliegende Dachterrassen werden in diesem Fall durch eine Metallstabkonstruktion getrennt, die eine rudimentäre Abgrenzung beider Bereiche bildet. Geländer oder Stäbe sind eine Aufforderung, Dinge daran zu hängen oder zu befestigen, insbesondere leichte, abnehmbare Stoffe wie Leinen oder Schilfmatten. Hier wiederum finden wir den Sockel aus Lochsteinen, in

430

431

432

433

434

435

436

437

438

welchen man auch Pflanzen stellen kann« (s. Veröffentlichungen, 4).

Die Herausforderung, die diese unfertigen Dachterrassen bedeutete, führte zu einer großen Vielfalt von Lösungen – ein Bewohner benutzte sie sogar, um einen ganzen Wintergarten zu bauen (was schließlich ein Satteldach ergab). Diese ausgefallene Idee war selbst dem Architekten nicht eingefallen. Die Konstruktion wurde nach einigen Jahren beseitigt, um Platz für einen Dachausbau zu schaffen, wobei hier das Wichtigste weniger der Einfallsreichtum der Konstruktion als die Tatsache war, daß Umbauten dieser Art und dieses Ausmaßes ohne weiteres durchführbar sind.

439

40

441

42

43

Vorne, neben dem Eingang, wurde ein kleiner »Vorhof« durch einen vertikalen Betonbalkens architektonisch angedeutet. Da der Balken selbst den darüber befindlichen Balkon trägt, und der Raum hinter diesem Balkon offen ist, konnte keine echte, geschützte Veranda entstehen, obwohl sie durch Einsetzen eines Glasdaches ganz einfach hätte entstehen können. Je nach Bedarf oder Wunsch könnte der Raum auch vollkommen geschlossen werden, um als Abstellplatz für Fahrräder oder eine (allerdings sehr kleine) Erweiterung der Diele zu dienen.

Vom darüber befindlichen Wohnraum aus gesehen grenzt der Betonbalken einen Raum ab, der im Prinzip in einen äußeren Wohnbereich verwandelt werden könnte, durch das »Fenster« zugänglich, das bewußt so plaziert und proportioniert ist, daß es entweder als großes Fenster oder als kleine Tür interpretiert werden kann. Ursprünglich waren keine Garagen geplant, obwohl sie bei diesem Typ von Haus nicht unüblich gewesen wären. Doch der Abstellplatz auf Straßenebene könnte als solche benutzt werden, und es ließen sich dort sogar echte Garagentüren anbringen; dieser Bereich könnte aber auch als zusätzlicher Raum – Büro, Arbeitszimmer oder Werkstatt – benutzt werden, wenn erforderlich, mit direktem Zugang von außen. Viele Leute lassen ohnehin ihren Wagen auf der Straße stehen und legen mehr Wert auf den Luxus eines zusätzlichen Raums als auf die Aussicht, das Leben ihres Autos um ein paar Jahre zu verlängern.

»Fenster lassen sich wie ein Rahmenwerk entwerfen, das nach Wunsch entweder mit Glas oder mit geschlossenen Paneelen gefüllt werden kann. Das Rahmenwerk selbst ist eine Konstante und bildet sozusagen den Kontext (oder Ordnung), innerhalb dessen die Freiheit des Einzelnen und aller zusammen als Bestandteil des Ganzen zu betrachten sind. Das Rahmenwerk wurde konzipiert, um nach bestimmten Regeln alle erdenklichen Einfüllungen zu ermöglichen, deren Summe wiederum immer ein zusammenhängendes Ganzes bildet« (s. Veröffentlichungen, 4).

444

»Man könnte aus alledem schließen, daß wir nur leere Kassetten zu entwerfen brauchen, die so neutral und ausdruckslos wie möglich sind, damit die Bewohner ungehindert ihre speziellen Wünsche verwirklichen können. Wie paradox dies auch erscheinen mag, ist es höchst fraglich, ob ein solcher Grad an Freiheit nicht zu einer Art Lähmung führen könnte, ist es doch äußerst schwierig, bei so vielen Alternativen die für den jeweiligen Interessenten beste Wahl zu treffen. Es ist wie bei jenen Speisekarten, deren übergroße Auswahl den Appetit eher zügelt als anregt. Werden zu viele Möglichkeiten geboten, wird es schwierig, eine Wahl zu treffen, geschweige denn die richtige; zu viel kann genau so übel sein wie zu wenig.

Die Voraussetzung bei jeder Wahl ist nicht nur, daß die Zahl der gebotenen Möglichkeiten überblickbar (und daher begrenzt) ist, sondern auch, daß der Wählende sich die jeweiligen Alternativen aus Erfahrung vorstellen kann; mit anderen Worten: sie müssen Assoziationen hervorrufen, damit er sie mit Situationen in Gedanken vergleichen kann, die er schon bewußt erlebt hat oder die aus seinem Unterbewußtsein auftauchen. Werden die vom neuen Reiz evozierten Bilder mit schon erlebten verglichen, so kann ihr Potential erfaßt werden und somit eine Erweiterung des vertrauten Umfeldes und damit auch der Persönlichkeit bewirken. Erfordert also der Auswahlmechanismus das Wiedererkennen oder die Identifizierung gespeicherter, erlebter Bilder, ist es äußerst wichtig, daß das Angebotene möglich viele Assoziationen hervorruft. Je mehr Assoziationen entstehen, um so mehr Menschen werden angesprochen – um so größer sind die Chancen, daß sie für den Benutzer in einer gegebenen Situation relevant sind. Anstatt neutral zu sein, sollte also jede Form ein Maximum an Möglichkeiten enthalten, die in ihrer Vielfalt stets neue Assoziationen hervorrufen können, ohne eine besondere Richtung aufzuerlegen. Der Mensch braucht eine Anregung, um sein Umfeld den eigenen Bedürfnissen anzupassen und es in Besitz zu nehmen. Deshalb muß er Stimuli erhalten, die jene Interpretationen und Nutzungen fördern, die diesem Zweck am besten dienen.

Diese »Stimuli« müssen so entworfen sein, daß sie bei jedem Menschen Bilder hervorrufen, die, in seine Erlebniswelt hineinprojiziert, assoziativ zu individuellen Lösungen anregen, d. h. zu Lösungen, die seiner eigenen Situation zu einem gegebenen Zeitpunkt am meisten entsprechen.

Diese Ausführungen und die sie erhärtenden Beispiele laufen darauf hinaus, zu zeigen, daß der Mensch in seiner Abhängigkeit von sich selbst und anderen mit allen Einschränkungen, die damit verbunden sind, ohne Hilfe von außen nicht in der Lage ist, sich von den Bedeutungsschemata und den ihnen zugrunde liegenden, einengenden Wert- und Wertungssystemen zu befreien. Die Freiheit kann für viele ein großes Potential enthalten, um den Motor in Gang zu bringen, bedarf es jedoch einer Initialzündung.

Denken wir zum Beispiel an einen dunklen Raum oder eine Nische – die meisten werden darin einen abgeschiedenen, sicheren Ort erblicken; dieser Raum wird jedoch für jeden, je nach den Umständen, eine andere Bedeutung haben; er kann ihn als abgeschiedene Ecke zur Entspannung, zum ungestörten Arbeiten, zum Schlafen, als Dunkelkammer oder einfach als Speise- oder Abstellkammer benutzen.

Sollte ein Haus all diese verschiedenen Assoziationen hervorrufen und ihnen gerecht werden, so muß es auch irgendwo eine abgeschiedene Ecke haben; in gleicher Weise rufen Kammern, Turmzimmer, Dachböden, Keller und Erkerfenster unter einem Dachvorsprung andere Arten von Assoziationen hervor. Je größer die Vielfalt des Angebots, um so leichter kann das Haus die unterschiedlichsten Wünsche der Bewohner erfüllen.

445

»Die Eintönigkeit und Dürftigkeit der meisten heutigen Wohnbauten sind in dieser Hinsicht frappierend und stehen in traurigem Gegensatz zu dem, was ein altes Haus zu bieten hat, möglicherweise entgegen den Bauvorschriften. Man denke nur an die unendlichen Umbau- und Umgestaltungsmöglichkeiten, die alte Häuser für alle enthalten. Auch wenn sie, wie in einem Neubau, auf einem stereotypen Schema beruhen, haben sie dennoch mehr zu bieten, da sie eine größere Zahl an neuen Assoziationen hervorrufen, was den Bewohnern erlaubt, sich den Raum zu eigen zu machen« (s. Veröffentlichungen, 4).

9 Stimuli

Der auf ein Maximum an Stimulanz ausgerichtete Entwurf erfordert vom Architekten eine ganz neue Einstellung. Verlangt wird eine Verlagerung seiner Optik. Der Architekt muß seine Aufmerksamkeit vom Bauprogramm, das gewöhnlich nur eine kollektive Interpretation widerspiegelt, abwenden, um sie auf die vielseitige Situation – individuell oder kollektiv – zu lenken, wie sie im Alltag des Bauens entsteht. Um diese mannigfaltige Ansammlung von Daten an die Oberfläche zu bringen, verfügt er über ein einziges Mittel: die Imagination. Er muß sie voll einsetzen, um sich mit den Benutzern identifizieren und somit verstehen zu können, wie sein Entwurf von ihnen rezipiert wird, und was sie von ihm erwarten. Diese besondere Vorstellungskraft, die man als einen unerläßlichen Bestandteil des architektonischen Könnens betrachten darf, und insofern wie jede andere Fähigkeit erlernt werden muß, ist der einzige Weg, zum Kern der Sache vorzustoßen: dem Programm hinter dem (Bau)programm.

Auf welche Weise alle Fakten zu verarbeiten sind, die zu einem Entwurf führen sollten, der bei den Benutzern Assoziationen erweckt, ist eine andere Sache; doch die konkreteren Aspekte dieses Prozesses, die sich auf die »Anatomie« eines Baus beziehen, können dazu beitragen, die stimulierenden Eigenschaften der im vorangegangenen Kapitel erwähnten architektonischen Beispiele direkt oder indirekt zu erklären.

Gewiß, wenn wir absichtlich etwas unfertig lassen, weil wir vom Benutzer erwarten, daß er es besser zu Ende bringt als wir selbst, muß die Grundform in technischer und praktischer Hinsicht für diesen Zweck geeignet sein.

Anatomisch gesprochen, müssen alle unfertigen Teile nicht nur anpassungs- und erweiterungsfähig, sondern auch bis zu einem gewissen Grad so geplant sein, daß sie verschiedene Lösungen zulassen und, darüber hinaus, sozusagen nach Vollendung verlangen. Teile, die keine geschlossene Einheit bilden, sondern mit anderen Komponenten zu verbinden sind, sollten so geformt sein, daß sie zusammengefügt oder kombiniert werden können, mit anderen Worten, daß sie den Benutzer dazu anregen, es zu tun. Im eigentlichen Sinne muß das halbfertige Produkt einen Anreiz geben; dies ist jedoch nur dann zu erreichen, wenn es von vornherein so konzipiert wurde.

Hier spielen die einfachsten Erkenntnisse, etwa, daß es leichter ist, einer geraden Fläche etwas hinzufügen als einer schiefen oder gewölbten Ebene, eine wesentliche Rolle, insbesondere, wenn man bedenkt, daß kein Architekt bei der Hand sein wird, wenn der Entschluß getroffen werden muß.

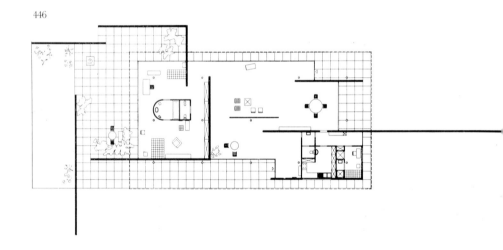

446

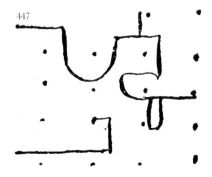

447

448

Stützen

Zur Errichtung der Mauern oder Trennwände sind rechteckige Stützen nicht unbedingt ein besserer Ausgangspunkt, aber sie sind sicherlich leichter zu handhaben als runde; daran sollte man denken, insbesondere, wenn die Stützen eine bestimmende Rolle bei der Gliederung des Raums spielen. Dies ist auch meistens der Fall, wenn man vom frühen »freien Grundriß« absieht, bei dem freistehende Stützen den Raum unabhängig von den Trennwänden definieren. Die Stützen im Central Beheer-Gebäude sowie in De Drie Hoven wurden so profiliert, daß sie sich zur Verbindung angrenzender Mauern oder niedriger Trennwände besonders eignen, während ihre Proportionen für solche Zwecke gleichermaßen günstig sind. Beim Musikcentrum (das man als eine Folge von weitläufigen, ineinanderfließenden Räumen mit verhältnismäßig wenigen Trennwänden betrachten kann) sind die Stützen rund [448, 449]. In einem solchen Raum, wo viele Leute zusammenkommen, sind runde, freistehende Säulen bei vollem Haus besonders angebracht, da sie unauffällig sind und auch nicht im Weg stehen. Bei den Apollo-Schulen wurden viereckige Stützen verwendet, wo Wände aneinanderstoßen, während die vier freistehenden Säulen in der Halle rund sind [450]. Sie stehen ziemlich allein für sich mitten im Geschehen, und können als Schnittpunkte der Raumkonstruktion gelesen werden.

Nicht nur die Form, sondern auch die Dimensionierung der verschiedenen Teile und natürlich die Dimension des Raums dazwischen bestimmen ihr Aufnahmevermögen, das wiederum die Einrichtung beeinflußt. Daher ist es oft besser, eine Stütze etwas breiter zu entwerfen, als es die Konstruktion erfordert, wenn dadurch mehr Befestigungsfläche entsteht, was die Zahl der Anwendungsmöglichkeiten steigert.

449

450

451 Diagoon-Häuser

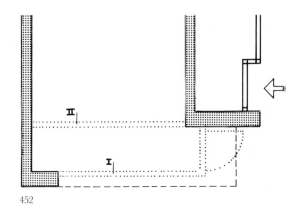

452

Wandpfeiler

Neben den Stützen können vor allem Pfeiler, die in jedem Bau unter verschiedenen Formen vorhanden sind, vielen Zwecken dienen, je nachdem, wo sie stehen, und welchen Raum sie frei lassen: nehmen wir zum Beispiel die Kaminvorsprünge, die in so vielen alten Häusern die Wände unterbrechen, und die man bei der Einrichtung der Zimmer berücksichtigen muß; der Wandpfeiler definiert nämlich den Raum, denn er grenzt dessen Möglichkeiten ein (wird ein Bett noch in der Nische passen oder ist es zu groß?).
Bei den Skeletthäusern, die so weit wie möglich konzipiert wurden, um Erweiterungen und Umbauten zu erlauben, wurden die Pfeiler beiderseits der eventuell als Garagen gedachten Bereiche in Beziehung zueinander so angeordnet, daß sich viele Lösungen für Fenster oder Garagentüren verwirklichen lassen. Hier wurde eine weniger selbstverständliche Lösung zur Erweiterung der vorhandenen Möglichkeiten gewählt. Solche »Ausgangssituationen« stellen eine Aufgabe, die der Benutzer seinen Bedürfnissen entsprechend am besten selbst lösen kann.
Wer einen Blick für solche Dinge hat, kann überall bei Häusern Erweiterungen oder Anbauten entdecken, die die Bewohner im Laufe der Zeit selbst – vermutlich ohne Genehmigung der Behörden oder der Hausbesitzer und gewöhnlich mit großem Erfolg – ausgeführt haben.
Solche Veränderungen wurden wahrscheinlich an Stellen vorgenommen, die sich gerade dazu anbieten, wie Balkone, die buchstäblich danach riefen, überdacht zu werden, oder Loggien, die man ganz leicht schließen konnte.

453 Seniorenheim De Drie Hoven

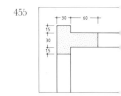

455

454

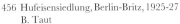
457 Hufeisensiedlung, Berlin-Britz, 1925-27
B. Taut

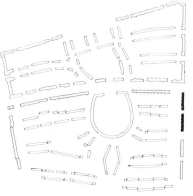

456 Hufeisensiedlung, Berlin-Britz, 1925-27
B. Taut

458

460

Wohnhäuser in Berlin, 1925-27, B. Taut [456-460]

Daß die Merkmale, die diese An- oder Umbauten fördern, vom Architekten bewußt geplant wurden, ist unwahrscheinlich, obwohl dies bei Bruno Tauts Wohnkomplex in Berlin zutreffen könnte, denn er sieht wirklich so aus, als sei er entworfen worden, um alle Veränderungen unter-

459

zubringen, die die Bewohner seit seiner Errichtung vorgenommen haben.

Zu Beginn der anonymen Massenbehausung war Bruno Taut ohne Zweifel einer der ersten Architekten, der sich eindeutig auf die Seite der Bewohner stellte. Erst viel später, als wir uns der bedrückenden Auswirkungen der endlosen Reihen gleicher Wohnbauten bewußt geworden waren, wurden Vorschläge unterbreitet, die darauf abzielten, architektonisch etwas gegen diese geisttötende Anonymität zu unternehmen.

461

462

Lochsteine

Solche Anstöße geben ohne Zweifel die Lochsteine aus Beton, die ein grundsätzliches und zugleich extremes Beispiel für die Wechselwirkung von Form und Gebrauch darstellen. Die Löcher warten buchstäblich darauf, ausgefüllt zu werden, zumindest, wenn sie nur von einer Seite durchbrochen sind (sonst werden sie zu Fenstern).

Überall, wo Lochsteine eingesetzt wurden, wie bei den Wohngalerien im Seniorenheim De Drie Hoven, in der Haarlemer Houttuinen-Wohnanlage in Amsterdam oder in der Siedlung in Kassel, fanden sie bald Verwendung, meist als Blumentröge. Gewiß hätten die Bewohner, die selbst Topfpflanzen oder Blumenkästen wollten, ohne Schwierigkeiten andere Lösungen gefunden; da diese Blöcke jedoch allein unfertig aussehen und danach verlangen, für irgend etwas verwendet zu werden, geben sie den Anstoß, etwas damit anzufangen.

Seniorenheim De Drie Hoven

463

Montessori-Schule, Delft

464

164

465

Geht man vom Prinzip der Wechselseitigkeit von Form und Gebrauch aus, findet eine Akzentverschiebung statt, die für Benutzer und Bewohner eine größere Freiheit bedeutet; dies soll jedoch nicht heißen, daß der Architekt den Anweisungen der Benutzer in Hinsicht darauf, was er zu tun und lassen hat, folgen muß.

Plädieren wir indirekt für ein Mitspracherecht der Benutzer bei der Gestaltung der Umgebung, so zielen wir nicht primär darauf ab, mehr Individualität zu fördern, sondern eher das Gleichgewicht zwischen dem, was wir für sie tun, und dem was wir ihnen überlassen sollten, wiederherzustellen.

Anreize zu geben, die bei den Bewohnern Assoziationen hervorrufen, die wiederum mit bestimmten Situationen verbundene Veränderungen zur Folge haben, setzt – ungeachtet der Verlagerung des Schwerpunktes – voraus, daß der Entwurf besonders gut durchdacht ist und auf einem detaillierten und subtileren Anforderungsprogramm beruht.

Es gilt, das innewohnende Potential so weit wie möglich zu steigern, mit anderen Worten: mehr in weniger hineingeben, oder weniger zu machen, woraus mehr gewonnen werden kann. Für jede Situation gilt : Stimulus + Assoziation = Interpretation. Der Stimulus selbst ist eine Art Konstante, die mit Hilfe verschiedener Assoziationen eine Vielfalt von Interpretationen erzeugt. Ersetzen wir »competence« durch »Anreiz« und »performance« durch »Interpretation«, kommen wir auf die schon erwähnte linguistische Analogie zurück.

Wie die Haltung des Architekten in bezug auf eine kollektive Struktur interpretativ ist – d. h. der des Benutzers entspricht – so besteht seine Aufgabe gegenüber dem Benutzer seiner Architektur darin, daß er einen durch sie interpretierbaren Entwurf liefert. Der Architekt muß sich klar darüber sein, wie weit er gehen darf, und wo er nicht aufzwingen darf; er muß den Raum gestalten und Raum lassen, im richtigen Verhältnis und im richtigen Gleichgewicht.

10 Form als Instrument

»Je größer der Einfluß, den wir auf die Dinge in unserer Umgebung ausüben können, um so enger fühlen wir uns mit ihnen verbunden, und um so größer ist unsere Bereitschaft, ihnen unsere Aufmerksamkeit zu schenken, sie zu pflegen und zu lieben.

Eine Beziehung kann man nur zu Dingen entwickeln, mit welchen man sich identifizieren kann, Dinge, in die man soviel von der eigenen Persönlichkeit projiziert, so viel Liebe und Fürsorge investiert, daß sie zu einem Teil unseres Selbst werden, in unserer eigenen Welt integriert. Diese Pflege und Zuwendung erwecken den Eindruck, als würde das Objekt uns brauchen; nicht nur können wir weitgehend entscheiden, was damit geschieht, sondern das Objekt selbst spielt in unserem Leben eine Rolle; diese Art Beziehung könnte man auch als einen Prozeß gegenseitiger Inbesitznahme betrachten. Je stärker unsere Beziehung zur Form und zum Inhalt unserer Umwelt, um so mehr wird diese von uns vereinnahmt, und umsomehr wiederum nimmt sie uns in Besitz.

Angesichts dieser gegenseitigen Inbesitznahme von Menschen und Dingen muß man gerechterweise sagen, daß die von uns Architekten ausgehenden Anreize eine Aufforderung an die Bewohner sind, ihre Wohnung zu vollenden und ihr Farbe zu geben, während die Menschen wiederum die Dinge auffordern, ihre eigene Existenz zu vervollkommnen, auszufüllen, ihr Farbe zu verleihen.

So bestätigen sich Benutzer und Form gegenseitig und stehen zueinander in einer Wechselbeziehung, die der Interaktion von Einzelnem und Gemeinschaft ähnelt. Benutzer projizieren ihr Selbst in die Form, ebenso wie Menschen ihr wahres Gesicht in ihrem Auftreten und in ihren Beziehungen zu den anderen zeigen und somit zu dem werden, was sie wirklich sind. Die zweckgebundene Form funktioniert wie ein Apparat, und da, wo Form und Programm sich gegenseitig aufrufen, wird der Apparat selbst zum Instrument. Ein gut funktionierender Apparat führt die Arbeit aus, für die er programmiert wurde, die man von ihm erwartet – nicht weniger, aber auch nicht mehr. Ein Druck auf die richtigen Knöpfe erzeugt die erwarteten Ergebnisse, die gleichen für alle, und immer wieder die gleichen.

Ein (Musik)instrument beinhaltet im Prinzip so viele Möglichkeiten, wie ihm innewohnen – ein Instrument muß gespielt werden. Innerhalb dieser Grenzen bleibt es dem Spieler überlassen, ihm soviel zu entlocken, wie seine eigene Kunstfertigkeit erlaubt. Instrument und Spieler offenbaren einander also ihre Fähigkeit, sich einander zu ergänzen und auszufüllen. Die Form als Instrument bietet jedem die Möglichkeit, das auszuführen, was ihm am meisten am Herzen liegt, und erlaubt ihm vor allem, dies auf seine eigene Weise zu tun.« Als Resumee läßt sich folgender Text anführen, der zum ersten Mal 1966 unter dem Titel »Identity« in Forum 7-1967 veröffentlicht wurde.

»Beim Entwurf eines Gebäudes muß der Architekt stets daran denken, daß die Benutzer die Freiheit haben müssen, selbst zu entscheiden, wie sie jeden Teil, jeden Raum gebrauchen wollen. Ihre persönliche Interpretation ist unendlich wichtiger als das stereotype Festhalten am Bauprogramm. Die Kombination der Funktionen, die insgesamt das Programm bilden, ist auf ein einheitliches Wohnmuster ausgerichtet – einen mehr oder weniger für jeden geeigneten gemeinsamen Nenner, und führt zwangsläufig dazu, daß jeder in das von uns erwartete Schema hineingezwängt wird, nach welchem wir zu handeln, essen, schlafen, unser Haus zu betreten haben – kurz gesagt, ein Bild, das auf jeden von uns nur vage zutrifft, und deshalb gänzlich ungeeignet ist.

Mit anderen Worten: es ist nicht schwierig, eine klare Architektur zu entwerfen, wenn die Anforderungen, denen sie Rechnung tragen soll, nur vage genug sind!

Schließlich sind es gerade die Unterschiede, die sich aus dem Bedürfnis des Einzelnen ergeben, eine bestimmte Funktion je nach Ort und Umständen auf eigene Weise zu interpretieren, die jedem einzelnen seine Identität verleihen; und da es unmöglich ist – und auch immer war – für alle zugeschnittene Maßarbeit zu liefern, müssen wir beim Entwerfen ein ausreichendes Potential an Interpretationsmöglichkeiten schaffen.

Allerdings genügt es nicht, Raum für die persönliche Interpretation zu lassen, anders ausgedrückt: mit dem Entwerfen in einem früheren Stadium aufzuhören; dies würde zwar zur einer größeren Flexibilität führen, doch Flexibilität trägt nicht unbedingt zum besseren Funktionieren der Dinge bei (denn sie kann nie die beste Lösung für eine bestimmte Situation liefern). Solange den Interessenten keine breitere Palette von Möglichkeiten geboten wird, wird das stereotype Muster nicht verschwinden; diese Palette kann jedoch nur entstehen, wenn wir zuerst die Dinge in unserer Umgebung so gestalten, daß sie verschiedene Rollen spielen können, d. h. unterschiedliche Farben annehmen können, ohne dabei ihre Identität zu verlieren.

Nur wenn diese Punkte beim Entwerfen Vorrang haben, nämlich als wichtige Programmpunkte mitberücksichtigt werden, können wir vom Einzelnen eine eigene Interpretation erwarten. Die verschiedenen Rollen, die eine Herausforderung sein sollten, werden nicht ausdrücklich dargelegt, sondern angedeutet.

Innerhalb des die Form bestimmenden Rahmens hat nun der Benutzer die Freiheit, das Muster zu wählen, das für ihn am besten geeignet ist, sozusagen sein eigenes Menu zusammenzustellen; er kann sich treu bleiben, seine Identität steigern. Jeder Raum, jede Komponente müssen dem Programm insgesamt, also allen erwartenden Programmen genügen. Wird die Form so bestimmt, daß sie sich der größtmöglichen Zahl von Nutzungen anpassen kann, läßt sich aus dem Ganzen viel mehr herausholen, ohne daß der ursprünglichen Bestimmung des Projektes Abbruch getan wird. Die »Ausbeute« kann durch die im Entwurf latent vorhandenen Möglichkeiten gesteigert werden« (s. Veröffentlichungen, 3a).

466 Parc des Buttes Chaumont, Paris

Die einladende Form

Wenn man die zahlreichen Architekturbücher durchblättert, die heutzutage veröffentlicht werden, und all die glänzenden Fotos sieht, die ohne Ausnahme beim schönsten Wetter aufgenommen wurden, fragt man sich, was in den Köpfen der Architekten vor sich geht, wie sie eigentlich die Welt sehen: manchmal neige ich zu der Annahme, sie üben nicht den gleichen Beruf aus wie ich! Denn wie könnte die Architektur etwas anderes sein als die Beschäftigung mit Situationen des alltäglichen Lebens, wie wir sie alle kennen; es ist wie mit der Kleidung, die einem Menschen nicht nur stehen soll, sondern auch passen muß. Ist es heute Mode, sich um äußere Erscheinungen zu kümmern, wie geschickt sie durch den Bezug auf höhere Dinge auch verbrämt sein mag, ist Architektur zu einer Plastik niedrigerer Art degradiert. Was man auch tut, wo und wie man den Raum strukturiert, hat dies einen bestimmten Einfluß auf die Situation der Menschen. Denn Architektur, alles Gebaute, spielt unweigerlich eine gewisse Rolle im Leben der Benutzer, und es ist die Hauptaufgabe des Architekten, ob es ihm behagt oder nicht, dafür zu sorgen, daß alles, was er macht, all diesen Situationen Rechnung trägt. Die Frage ist nicht nur, ob das, was wir entwerfen, praktisch oder unpraktisch ist, sondern auch, ob es auf die normalen zwischenmenschlichen Beziehungen Rücksicht nimmt und die Gleichheit der Menschen bestätigt. Die Frage, ob die Architektur eine soziale Funktion hat, ist irrelevant, denn es gibt keine sozial neutralen Lösungen, jeder Eingriff in die Umgebung der Menschen hat soziale Folgen, unabhängig von den Absichten des Architekten. Wir dürfen also nicht einfach das entwerfen, was uns gefällt, denn alles, was wir tun, bleibt nicht ohne Konsequenzen für die Menschen und ihre sozialen Beziehungen.

Es gibt nicht allzuviel, was der Architekt tun kann, so daß es um so wichtiger ist, daß er darauf achtet, die wenigen sich bietenden Gelegenheiten nicht zu versäumen. Ist er der Meinung, er könne durch seine Arbeit die Welt nicht verbessern, so sollte er zumindest dafür sorgen, sie nicht zu verschlechtern. Die Baukunst besteht weder darin, nur schöne Dinge hervorzubringen, noch einzig nützliche – sie muß beides zugleich tun, wie der Schneider, der Kleider herstellt, die gut aussehen und auch passen. Und, wenn möglich, Kleider, die jeder tragen kann, nicht nur der Kaiser.

Alles, was wir entwerfen, muß für jede auftretende Situation passen; es muß nicht nur eine Unterkunft bieten, sondern auch stimulieren; solche grundsätzliche, aktivierende Lösungen nennen wir »einladende Form«, eine menschenfreundliche Form.

1 Der bewohnbare Raum zwischen den Dingen

Sahen wir im vorangegangenen Teil (B) dieser Studie im entworfenen Objekt mehr ein Instrument als einen Apparat, so strebten wir im Grunde schon danach, seine Leistungsfähigkeit zu erhöhen. In diesem Teil werden wir zunächst an Beispielen zeigen, wie die Form unter veränderten Umständen unterschiedliche Rollen spielen kann, indem sie nicht nur die nötigen Voraussetzungen dazu schafft, sondern auch einen differenzierten Gebrauch fördert; anschließend werden wir versuchen, diese Idee zu einem allgemeinen Prinzip zu erweitern. Was wir nämlich brauchen, ist eine Erweiterung der in unseren Entwürfen enthaltenen Möglichkeiten, damit sie nützlicher, leichter anwendbar werden, ihrem Zweck besser entsprechen, oder mehreren Zwecken dienen können.

Ist etwas auf eine bestimmte Aufgabe ausgerichtet, erfüllt es alle Punkte des Programms, geht aber nicht über das Erwartete hinaus. Dies ist die Art von Funktionalismus, die die Funktionalisten befürworteten, es ist aber auch in bezug auf Nützlichkeit das mindeste, was von der Architektur verlangt werden kann. Um bei der Vielfalt der auftretenden Situationen mehr als dieses Minimum zu erreichen, scheint mir eine größere »Anpassungsfähigkeit« von Form und Raum unerläßlich, wie bei einem Musikinstrument, dem der Spieler die gewünschten Töne entlockt. Es gilt also, die Anpassungsfähigkeit zu steigern, damit der Raum den jeweiligen Situationen besser Rechnung trägt. Beginnt man, danach zu suchen, so findet man sogar an ganz unerwarteten Stellen Beispiele von Anwendungen, an die der Architekt (wenn es überhaupt einen gab) sicherlich nie dachte.

In allen Situationen machen die Menschen, so gut sie können, Gebrauch von ihrer Umgebung, und oft bietet ihr Umfeld unbeabsichtigt ungeahnte Möglichkeiten, die sie sozusagen »nebenbei« wahrnehmen.

»Unregelmäßigkeiten«, wie etwa Niveauunterschiede, gibt es überall, und statt sie mit allen Mitteln minimieren zu wollen, sollten wir lieber versuchen, sie so sorgfältig auszubilden, daß sie maximal ausgenutzt werden können. Brüstungen, Geländer, Pfeiler und Traufrinnen dienen der Gliederung und steigern die Befestigungsmöglichkeiten. Sie können als Grund-

467

lemente einer Grammatik der Architektur verwendet werden. Da sie in verschiedenen Formen und Größen vorhanden sind, geben sie stets Anstöße zum Gebrauch im Alltag.

Am einfachsten nimmt der Mensch sein unmittelbares Umfeld in Besitz durch das Sitzen (linguistisch betrachtet besteht eine Verbindung zwischen den Begriffen »sich setzen« und »Siedlung«). Eine Sitzgelegenheit bietet die Möglichkeit zur temporären Inbesitznahme und schafft darüber hinaus eine günstige Voraussetzung, um Kontakte mit anderen zu knüpfen. Die gewöhnliche Couch oder der gewöhnliche Stuhl wären nicht nur denkbar ungeeignet, sondern hätten ihre Rolle als Stimulanz vollkommen verfehlt, wenn sie sich für eine so zwanglose Handlung unbrauchbar erwiesen.

Gegenstände, die sich so darstellen, als würden sie ausschließlich einem bestimmten Zweck dienen – zum Beispiel zum Sitzen – sind für andere Zwecke völlig ungeeignet. Beim Entwerfen führt übertriebene Funktionalität zu Steifheit und Mangel an Flexibilität, d. h. dem Benutzer wird zu wenig Freiheit gelassen, die Funktion so zu interpretieren, wie es ihm gefällt, als sei von vornherein beschlossen worden, was vom ihm zu erwarten ist, was er zu tun oder zu unterlassen habe. Der Benutzer unterliegt also der Form und dem damit zusammenhängenden »Abkommen«; er kann das Objekt nur dann benutzen, es temporär in Anspruch nehmen, wenn das, was er damit zu tun beabsichtigt, dem Diktat der Form entspricht.

Was das Diktat einer Couch besagt, kann man als die Summe dessen betrachten, was die an ihrer Entstehung Beteiligten: Möbelhersteller, Käufer, Weltanschauung, Gesellschaft, Kultur, beitrugen. Der Begriff »Bank« erweckt eine Reihe von Assoziationen, die so mächtig sind, daß der Benutzer wenig Chancen hat, dahinter noch etwas anderes sehen zu können, um herauszusuchen, was er gerade braucht – statt einer Bank einen Tisch oder einfach einen Platz, um ein Tablett abzustellen. Bei einer zufälligen Begegnung braucht es nicht mehr zu sein, als eine Gelegenheit, einen Fuß daraufzustellen, eine kleine Geste, die für den anderen ein Zeichen sein kann, daß ein persönlicher Kontakt nicht ungenehm wäre. War die Antwort auf diesen ersten, bis dahin unverbindlichen, Versuch nicht abweisend, können beide Parteien allmählich eine präziser definierte Stellung beziehen, immer im Einklang mit dem von jedem erwünschten Grad an Verbindlichkeit« (s. Veröffentlichungen, 4).

Erhöhter Bürgersteig, Buenos Aires [468]

»Wenn sie günstig liegt, wie zum Beispiel an einer Ecke, wird die Stelle, wo der Bürgersteig so hoch ist, daß man darauf sitzen oder sich daran anlehnen kann – etwa in stark ansteigenden Straßen – zu einem beliebten Treff- und Aufenthaltspunkt. Dort finden junge Fußballspieler das richtige Publikum; dort stellt sich der Straßenverkäufer auf, der die Aufmerksamkeit der Passanten auf sich lenken möchte, denn wie auffällig diese Stelle auch ist, bietet sie immer noch einen bestimmten, natürlichen Schutz für die ausgelegte Ware« (s. Veröffentlichungen, 4).

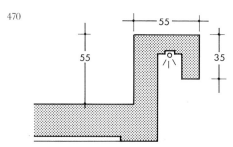

Studentenheim Weesperstraat [470-472]

»Eine lange, breite Brüstung soll auf den ersten Blick ziemlich unaufdringlich aussehen, einfach dazu einladen, sich eine Weile auszuruhen, sich daran anzulehnen oder darauf zu sitzen, sei es für einen kurzen Augenblick oder eine längere Unterhaltung. Manchmal dient sie auch als Eßplatz, wenn das Restaurant überfüllt ist; einmal wurde sogar ein üppiges Weihnachtsbüffet dort aufgebaut.«[4]

Damit Kontakte spontan entstehen, ist eine bestimmte Zwanglosigkeit und Unverbindlichkeit nötig. Das sichere Gefühl, daß man den Kontakt abbrechen und sich zurückziehen kann, sobald man es wünscht, ermutigt, weiter zu machen. Die Kontaktaufnahme ähnelt dem Verführungsprozeß, bei welchem beide Partner gegenseitig aufeinander zugehen, aber wissen, daß der Rückzug jederzeit möglich ist.

Hier wiederum spielen die Assoziationen, die von den Bildern ausgehen, die wir alle in unserem Bewußtsein – dem Kollektivbewußtsein – speichern, eine entscheidende Rolle. Man denke an ein Liebespaar, das man sich leicht auf einer Bank vorstellen kann, mit allen zusammenhängenden Assoziationen, wie Ehe und all dem, was sich zwangsläufig daraus ergibt.

La Capelle, Frankreich [473]

»Viel braucht es nicht, damit Dinge, die im täglichen Leben eine Rolle spielen, zu einer Art Struktur werden. So ist das einfache Geländer, an das sich ältere Leute anlehnen, wenn sie eine steile Straße hinauf- oder hinuntergehen, für jedes Kind eine Aufforderung, seine Gelenkigkeit zu zeigen. Es dient als Klettergerüst, und im Sommer wird es mit Sicherheit benutzt, um Hütten und Verstecke zu bauen. Ein solches Geländer würden Hausfrauen in Holland mit Sicherheit benützen, um ihre Teppiche zu klopfen. Ein schlichtes Eisengeländer kann man für alle möglichen Situationen des Alltags buchstäblich »zur Hand« nehmen; außerdem verwandelt es die Straße in einen Spielplatz.
Die wirklich zu diesem Zweck entworfenen Spielplätze, in der ganzen Stadt verstreut, sind heute noch unerläßliche Zufluchtsorte für die Kinder. Wie Prothesen, erinnern sie jedoch auf peinliche Weise daran, wie schlimm die Stadt, die selbst ein Spielplatz für ihre Bürger und Kinder sein sollte, in dieser Hinsicht amputiert wurde« (s. Veröffentlichungen, 4).

474 475

Gerichtshof, Chandigarh, 1951-55, Le Corbusier
[474-477]

Die Sonnenblenden, die man oft an Le Corbusiers späteren Bauten findet, bestehen aus einem festen, aus horizontalen und vertikalen Flächen zusammengesetzten Betongittern; abgesehen davon, daß sie vor der Sonne schützt, dient die wabenartige Struktur mit ihren tiefen Nischen auch anderen, weniger offensichtlichen Zwecken. Was Le Corbusier selbst an dieser Struktur faszinierte, war ohne Zweifel in erster Linie ihre Plastizität, und es würde mich gar nicht wundern, wenn er nie daran dachte, daß sie neben dieser ausdrucksvollen Plastizität und der schon erwähnten abschirmenden Funktion auch wegen einer Reihe anderer Gründe nützlich ist und dem Gesamtbau eine zusätzliche Qualität verleiht.

Bei den angeführten Beispielen entstand die Qualität mehr oder weniger als Folge zufälliger Faktoren, jedenfalls war sie nicht das Ergebnis einer vorsätzlichen Planung; es müßte jedoch möglich sein, solche Eigenschaften ausdrücklich in der Vorgabe zu verankern. Diesem zusätzlichen Qualitätsmerkmal zu genügen, braucht nicht teurer zu sein, es kann sich von selbst ergeben, sobald man es darauf anlegt. Es geht einfach darum, aus dem gleichen Material mehr zu machen, es anders zu organisieren, schon Vorhandenes mehr zur Geltung zu bringen – es ist eine Frage von Prioritäten.

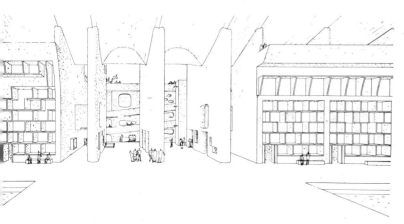 

476 477

478

Vredenburg Musikcenter [478-482]

Das Foyer eines Theaters kann nie genug Sitzgelegenheiten bieten. Nur ein verhältnismäßig kleiner Teil des Publikums findet in der Pause einen »echten« Sitz; je größer also die Zahl der Sitzgelegenheiten, um so besser.

Deshalb wurden, wo immer möglich, gemauerte Sockel gebaut; sie sind sicherlich weniger bequem als gepolsterte Bänke, jedoch genau so dienlich. Ein anderes Problem ist die Schwierigkeit, in den Pausen einen Abstellplatz für Tassen, Gläser und Flaschen zu finden. Diese Frage läßt sich lösen, wenn man jede zur Verfügung stehende ebene Fläche

479

480

benützt. Es würde sicherlich zu weit führen, Flächen einzurichten, die nur diesem Zweck dienen; um dieses sekundäre, jedoch immer wieder auftretende Problem zu lösen, genügt es, den oberen Abschluß der Brüstungen, Balustraden, Trennwände usw. breit genug zu gestalten, zum Beispiel durch Anbringung eines Holzbretts. Im oberen Teil der Arkade mit den Läden ist die Balustrade aus Metall in regelmäßigen Abständen nach außen gebogen, um Platz für eine kleine Bank zu schaffen, von der aus man in beiden Richtungen auf die andere Seite der darunterliegenden Arkade schauen kann. Der – vielleicht zu würdevoll wirkende – erhöhte Rücken war ein Zugeständnis an die Baubehörde, da die Vorschriften für die Brüstungshöhe strikt befolgt werden mußten. Der natürlichere und etwas eleganter wirkende Vorentwurf war abgelehnt worden. Jetzt werden die Sitze entfernt, angeblich weil sie zu viele »Vagabunden« anziehen, die sich an diesem geschützten Ort einrichten, vor allem nachts; sie hinterlassen viel Unrat, und die Passanten fühlen sich belästigt. Dieses Problem gibt es in Großstädten auf der ganzen Welt, und es ist ein bitteres Paradoxon, daß eine publikumsfreundliche Geste auch das Auftauchen weniger erfreulicher Gäste zur Folge hat. Wenn man die Tür öffnet, muß man jeden hereinlassen. Die Tendenz, Dinge so unpersönlich und unangreifbar wie möglich zu gestalten, hat nichts überraschendes an sich, die Konsequenzen dieser Haltung sind jedoch oft absurd.

483

Die holländische Eisenbahn hat sich verpflichtet, die öffentlichen Bereiche wohlgestaltet und sauber zu halten. Die jungen Leute, die in Scharen im Rotterdamer Hauptbahnhof herumlungern, wurden vor kurzem mit einer »Abschreckungspolitik«, u. a. in der Form von in die steinernen Sitzflächen eingesetzten, spitzen Stahlstäben, konfrontiert. Diese ziemlich gräßliche Maßnahme ist ein Teil der von der holländischen Eisenbahn selbst eingeleiteten Kampagne gegen Verwahrlosung.
(Bouw 11, 1987)

481

482

484

485

De Evenaar, Schule [483-490]

Die zum Eingang der neuen Volksschule »De Evenaar« in Amsterdam führende Treppe wurde besonders gegliedert, um den Zugang von der Straßenebene aus zu erleichtern. Da sich beide Treppenläufe nebeneinander befinden, lag es nah, die Geländerteile miteinander zu verbinden, was zum Entschluß führte, die Brüstungselemente im abgerundeten Treppenabsatz so auszubilden, daß zwei kleine Sitzplätze entstehen. Sicherlich ist hier die Form (wie die Eckplätze in der Galerie des Musikcenters) ziemlich auffallend und keineswegs zufällig, doch in beiden Fällen ergibt sie sich logisch aus der Situation. Hier weist sie deutlich auf ihre Funktion hin, im Gegensatz zu den gebogenen, gelochten Stahlplatten des oberen Treppenabsatzes, wo die Kinder die implizierten Sitzmöglichkeiten doch bald entdeckten.

486

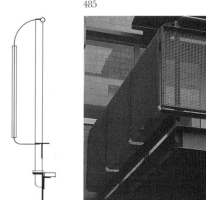

488

487

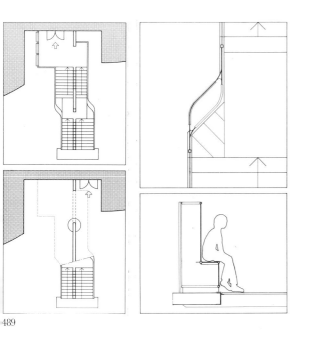

489

490

Apollo-Schulen, Amsterdam [491-493]

»In einem Klassenzimmer bieten Fensterbänke, Regale und Gesimse den Schülern die Möglichkeit, nicht nur ihre zerbrechlichen, sondern auch zahlreiche andere Bastelarbeiten auszustellen. Gerade bei solchen Gelegenheiten nehmen Kinder den Raum in Besitz und fühlen sich darin heimisch. Deshalb bringen wir Gesimse usw. überall, wo es nur möglich ist« (s. Veröffentlichungen, 10).

»Heutzutage haben Säulen weder einen klar definierten Sockel noch das in den klassischen Säulenordnungen zu fin-

491

dende Kapitell. Sie verschwinden einfach im Boden. Manchmal bietet jedoch ein erweiterter Säulenteil unmittelbar über dem Boden interessante Vorzüge. Im Eingangsbereich eines Kindergartens werden die Kinder von ihren Eltern abgeholt; nur für diese Bänke aufzustellen, wäre etwas zu aufwendig, und sie blieben möglicherweise unbenutzt.

Um so wichtiger erscheint aber die durch diese Scheiben gebildete, zwanglose Sitzgelegenheit, die sicherlich sehr begrüßt wird, wenn sich herausstellt, daß die Eltern länger warten müssen als ursprünglich angenommen. Während der Pause lassen die Kinder ihre Mäntel und Taschen dort, was sicherlich ein besserer Platz ist als irgendeine Ecke auf dem Boden. Und last but not least, diese Säule ist für die Kinder ein idealer Platz, um Verstecken zu spielen« (s. Veröffentlichungen, 10).

Petersplatz, Rom, ab 1656, G. H. Bernini [494-495]

»Jede der unzähligen Säulen der Kolonnade von Berninis Piazza San Pietro in Rom hat einen quadratischen Sockel, der so breit ist, daß eine Person bequem darauf sitzen kann, während die Säulen selbst so dick sind, daß sie den Sitzenden Schutz gewähren. Diese unzähligen, abgeschiedenen »Sitzgelegenheiten«, die das Oval säumen, sind ein willkommener Aufenthalt, auch wenn der Rest des Platzes leer ist. Wie viele heute auf der ganzen Welt entstehende Säulen bieten jenen, die später damit leben werden, eine ähnliche Qualität?« (s. Veröffentlichungen, 6).

494 St. Peter, 1754, G. P. Panini

496

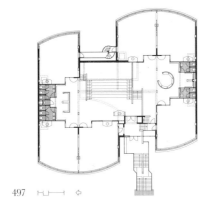

497

498

De Evenaar, Schule [496-498]

Gemauerte Brüstungen als Abschluß von Treppen haben meist eine schräge, dem Handlauf entsprechende Neigung. In vielen Fällen ist dies tatsächlich die beste Lösung, die auch auf das Vorhandensein der Treppe logisch hinweist. Liegt diese Brüstung jedoch so, daß sie einen guten Überblick verschafft, wie bei der De Evenaar-Schule, neigt man dazu, sich mit den Ellbogen darauf zu stützen oder sich sogar darauf zu setzen. Da, wo sich etwas abspielt, möchte man innehalten und zuschauen, und das ist schon Grund genug, zu versuchen, die Architektur zur Vermehrung der Sitzgelegenheiten beitragen zu lassen. Deshalb war es in diesem Fall eine gute Idee, die übliche schräg verlaufende Brüstung durch eine abgetreppte Mauer mit einem horizontalen Abschluß zu ersetzen, der breit genug ist, um als Stütze für die Ellbogen oder als Sitzfläche zu dienen. Handelt es sich, wie hier, um eine Ziegelmauer, ist die Abtreppung viel leichter zu erzeugen. So erinnert die Ausführung – unbeabsichtigterweise – an Berlage und Loos.

Apollo-Schulen [499, 501-503]

»Am Eingang der Schule pflegen sich die Schüler auf jede Art von Stufe oder Sockel zu setzen, insbesondere, wenn eine einladende Säule Schutz bietet und zum Anlehnen anregt. Diese Erkenntnis inspiriert die Form. Hier wiederum sehen wir, daß die Form von selbst entsteht, und daß es weniger eine Frage der Invention als des genauen Hinhörens ist, was die Menschen und die Dinge sein möchten.«[10]

Bestimmte Bereiche, dies wissen wir im voraus, werden besonders gern in Anspruch genommen; insofern ist es wichtig, das Vorfeld des Schulgebäudes so einladend wie möglich zu gestalten, und jede Komponente zu aktivieren; dies gilt zum Beispiel für den Eingangsbereich des Kindergartens, der sich unter der zur eigentlichen Schule führenden Treppe befindet. Solche Stellen werden leicht zu dunklen, übelriechenden Ecken, wo man nur Abfälle und streunende Katzen, jedoch keine Menschen findet. Dies kann vermieden werden, wenn der Treppenlauf von einer erhöhten Plattform ansteigt, was zur Aufwertung der Zone unter der Treppe führt. Dies ist die anschaulichste Art, den Raum zwischen den Dingen bewohnbarer zu machen.

Wir müssen darauf achten, daß keine verlorenen oder nutzlosen Löcher oder Ecken entstehen, die vollkommen zwecklos und insofern »unbewohnbar« sind. Der Architekt darf im Umgang mit dem Material keinen Raum verschenken, sondern er muß im Gegenteil Raum hinzufügen, und zwar nicht nur an auffallenden Stellen, sondern auch an solchen, die im allgemeinen nicht beachtet werden, d. h. zwischen den Dingen. Das vorausgegangene Beispiel hat gezeigt, wie man durch Berücksichtigung des Raums dazwischen die Funktionalität eines architektonischen Entwurfs steigern kann.

Man muß zugeben, daß besonders qualitätsvolle Beispiele dieser Art in unserer Umgebung oft zu finden sind, obwohl der

500 Montessori-Schule, Delft

Architekt sie nicht bewußt plante; dennoch müssen wir nach wie vor versuchen, im allgemeinen die Objekte weniger kompakt und zweidimensional zu gestalten und mehr in bezug auf Zonen zu denken. Freistehende Mauern können, wenn sie nicht bis zur Decke reichen und dick genug sind, als Abstellfläche dienen. Ein besonders auffallendes Merkmal an italienischen Kirchen ist die um den größten Teil der Mauer laufende, kniehohe vorkragende steinerne Plinthe, auf welcher man immer jemanden sitzen oder liegen sieht. Und die alten Autos hatten Trittbretter, die das Ein- und Aussteigen erleichterten und bei Picknicks hervorragende Sitze abgaben.

Die Erweiterung des brauchbaren Raums durch zusätzliche horizontale Ebenen ist gewissermaßen der Lohn dafür, dieses latente Erfordernis sichtbar gemacht zu haben. Besteht dieser Mehrwert hauptsächlich in der Steigerung der Sitz- oder Abstellmöglichkeiten, mag zunächst der Vorzug ziemlich begrenzt erscheinen. Wichtig ist jedoch das Streben des Entwerfers oder Architekten (allgemein und im Einzelfall), diesen Mehrwert wo immer nur möglich zu schaffen, da solche Zusätze den Benutzern nur zugute kommen können.

Eine solche Intensivierung des Materials sollte dem Architekten zur zweiten Natur werden, ist es doch mehr eine Frage der Handschrift als ein Zusatz, weniger die Frage, was man entwirft, als wie. Dem Inhalt sollten wir etwas hinzufügen, dem Entwurf dagegen so wenig wie möglich (überflüssige Projektionen und Umständlichkeit sind eine ständig vorhandene Gefahr).

Eine Voraussetzung zur Gestaltung einer einladenden Form ist die Einfühlung, etwa wie Gastfreundschaft darauf beruht, den Wünschen seiner Gäste zuvorzukommen. Die »Anpassungsfähigkeit« zu steigern, führt zu einer größeren Eignung für das, was von der Form erwartet wird, zu einer Form, die auf die Bedürfnisse der Menschen in verschiedenen Situationen mehr Rücksicht nimmt und infolgedessen mehr zu bieten hat.

Der bewohnbare Raum zwischen den Dingen entspricht einer Verlagerung des Blicks von der offiziellen auf die informelle Ebene, wo sich der Alltag abspielt, auf die Grenzgebiete zwischen den etablierten Bedeutungen der ausdrücklichen Funktion.

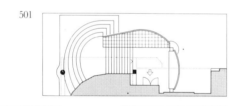

501

502

503

504 Picknick am Strand, Florida, 1941

505 »Les dames du bois de Boulogne, 1915

506 Cité Industrielle, 1901-04, T. Garnier

507 Betondorp, Amsterdam 1922, D. Greiner

2 Raum und Gliederung

Richtige Dimensionen

Ein entscheidender Punkt beim Entwerfen eines Raums besteht darin, sich zu vergegenwärtigen, zu welchem Zweck er bestimmt ist und welche Größe er deshalb haben sollte. Die erste Schlußfolgerung, die sich daraus ergibt, lautet: je größer der Raum, um so mehr Möglichkeiten bietet er. Dies heißt: alles müßte so groß sein wie möglich. Natürlich stimmt das nicht. In einer zu großen Küche sind die Arbeitswege viel länger als nötig. Es ist einfach eine Frage der Zweckmäßigkeit, es geht darum, alles Nötige in erreichbarer Nähe zu haben. Andere Aktivitäten und Nutzungen erfordern andere räumliche Dimensionen. Ein Raum, der groß genug ist, um darin Tischtennis zu spielen, ist zum Beispiel für eine kleine Gruppe von Menschen, die um einen Tisch sitzen und sich unterhalten, nicht unbedingt geeignet. Um einen Raum die richtigen Dimensionen zu geben, muß man immer ein Gefühl für die erforderliche Entfernung und Nähe zwischen den Menschen entwickeln. Das richtige Gleichgewicht von Abstand und Nähe ist ein wichtiger Punkt bei der Anordnung von Sitzgelegenheiten, insbesondere um einen Tisch: sie sollten nicht zu weit voneinander sein, um einen intensiven Kontakt nicht zu unterbinden, wenn dieser nötig ist, aber auch nicht zu nah, damit die Gesprächspartner sich nicht bedrängt fühlen, was eine lähmende Wirkung haben kann. In einem überfüllten Aufzug, in dem man meist neben Fremden steht, werden Sie immer feststellen können, daß die Unterhaltung gestelzt wird und bald ganz aufhört.

508

Wohnanlage HaarlemerHouttuinen [508-510]

Die kleinen, von einer niedrigen Backsteinmauer umgebenen Vorgärten auf dem Bürgersteig sind nicht größer als die Wohnbalkone der oberen Stockwerke. Sie hätten zwar kaum kleiner sein können, aber es ist keineswegs gesagt, daß sie besser gewesen wären, wenn größer angelegt. Sie bieten genug Raum für eine kleinere Gesellschaft, und die Bedürfnisse der verschiedenen Familien scheinen in dieser Beziehungen ziemlich gleich zu sein. Es reicht, wenn genug Platz ist, um ein paar Stühle und einen Tisch aufzustellen, der rund, quadratisch oder länglich sein kann, jedoch selten von der Stan-

509

510

511

dardgröße abweicht. (All dies läßt sich ebenso leicht feststellen, wie die Tatsache, daß die Durchnittsbreite der Gehsteige unzureichend ist). Die Balkone der Wohnungen in den oberen Geschoßen sind verhältnismäßig groß, im Gegensatz zur üblichen Lösung, bei welcher die Bewohner der Parterre-Wohnungen mit Vorgärten mehr Platz haben als jene in den oberen Stockwerken. Die Hälfte der Fläche dieser Wohnbalkone ist überdacht, teilweise durch ein Glasdach, teilweise, weil sie zurückgesetzt sind. Ein weiterer Vorteil dabei ist, daß es genug Platz für eine Tür zur Küche gibt, was zur Integration des Innen- und des Außenbereiches beiträgt. Die Trennmauer zwischen den angrenzenden Balkonen wurde im vorderen Teil auf eine Brüstungshöhe von 60 cm herabgesetzt, so daß die Nachbarn leicht miteinander in Kontakt kommen können, wenn sie es wünschen.

Vincent van Gogh, »Die Kartoffelesser«, 1865 [512]

Anstatt die von den Wohnbehörden aufgestellten Mindestmaße als Norm für die Maße eines Raums zu nehmen, könnte man den von einer um einen Tisch sitzenden Personengruppe beanspruchten Raum als eine Art Maßeinheit betrachten. Dieses Motiv wurde nicht selten von Malern dargestellt, die mit ihrem geschärften Blick für die Komposition gern eine solche Einheit als räumlichen Ausgangspunkt wählten. Meist grenzt eine über dem Tisch hängende Lampe das Zentrum des Geschehens genau ab. Unter ihrem Licht formen die Menschen und ihre Attribute den Raum, so daß sie schließlich miteinander verschmelzen. Dieses »Abendmahl der Armen« zeigt, wie Menschen und Raum einander ergänzen, und ist ein besonders instruktives architektonisches Lehrbild.

Ein für seinen Zweck zu großes Zimmer ist ebenso ungeeignet wie ein zu kleiner Raum, denn er kann zwar groß genug sein, um genug zu enthalten, was jedoch nicht bedeutet, daß er so beschaffen ist, daß man sich gut darin fühlt, wie etwa in passenden Kleidern, die nicht zu eng sitzen oder zu groß sind und die Bewegungen hemmen. Je größer die Dimensionen, um so schwerer läßt sich das Beste daraus machen.

Sind nicht Stadtplaner und Architekten ständig bemüht, manchmal unter politischem Druck, immer mehr Raum für getrennte Fahrradwege, Trambahngleise und andere Bereiche für den Verkehr zu bestimmen, was dazu führt, daß die Häuser immer mehr auseinandergerissen werden, als handle es sich um Kinderkleider, die ausgelassen werden müssen?

Überall, wo Raum für den Verkehr vergeudet wird, sind die Gebäude isoliert, da sie zu weit auseinanderstehen. Dadurch

512 Vicent vam Gogh, Die Kartoffelesser, 1885

513 Seniorenheim De Drie Hoven

kann sich der urbane Raum von der Höhe der Gebäude und ihrem Abstand her nicht organisch entwickeln und eine gewisse Intimität und Geborgenheit entstehen lassen. Diese Atmosphäre gibt es allerdings im Zentrum einiger alter Städte, wo der Verkehr nicht allbeherrschend ist. Solange es keine Möglichkeit für eine bessere Verständigung zwischen beiden Straßenseiten gibt (kann man bei diesem Verkehrslärm seine eigenen Worte überhaupt noch verstehen?), müssen wir aufhören, überhaupt an einen vernünftig funktionierenden öffentlichen Raum zu denken.

gibt es auch ein Radio oder einen Fernseher. An der Rückwand wurden so viele Regale wie möglich angebracht, in denen persönliche Sachen aufbewahrt werden können, für die es keinen Platz in den Zimmern gibt. Durch ihre Größe und Einrichtung erwecken diese Räume den Eindruck eines Wohnraums, der gerade groß genug ist für die Zahl der Benutzer. Wären sie viel größer gewesen, wären sie weniger funktionell« (s. Veröffentlichungen, 7).

514 Place Clemenceau, Vence, Frankreich   515 Rockefeller Plaza, New York

Die richtigen Proportionen eines Raumes hängen eng mit dessen Nutzung zusammen, und da die architektonischen und räumlichen Verhältnisse eines Platzes bestimmte Nutzungen fördern und andere ausschalteten, haben Architekten, ob sie es möchten oder nicht, einen unermeßlichen Einfluß auf das, was sich in einem Raum abspielen kann und wird. Schon die gewählte Größe genügt, um zu bestimmen, wofür ein Raum geeignet bzw. ungeeignet ist.

Plätze wie die auf den Seiten 65, 99 und 144 beschriebenen Arenen, die Rockefeller Plaza, die öffentlichen Plätze in Venedig sowie Innenräume wie die Bibliotheque Nationale in Paris haben eine Größe, die auf ihren Gebrauch in einer Vielzahl von Situationen abgestimmt sind, die, bei alle Unterschiedlichkeit, einander insofern ähneln, als sie auf eine gemeinsame Aktivität hinauslaufen. Gewiß sind die Schlittschuhläufer auf der Rockefeller Plaza wie die Leser in der Bibliothèque Nationale mit sich beschäftigt, doch die Schlittschuhläufer haben ein gemeinsames Publikum und von den Lesern geht eine den ganzen Raum erfüllende Atmosphäre der Konzentration aus.

516 Bibliothèque Nationale, Paris   517 Amphitheater in Arles, Frankreich

Dies gilt sowohl für große als auch kleine Räume; die Dimensionen müssen auf das Geschehen abgestimmt sein (oder umgekehrt, was hier geschieht, muß den Dimensionen entsprechen). Wir müssen darauf achten, daß die Dimensionen des Raums, ob groß oder klein, für die Funktionen geeignet sind, die sie erfüllen sollten.

De Drie Hoven, Seniorenheim [513]

»Statt der auf Krankenstationen üblicherweise am Fenster eingerichteten Sitzecke teilen sich je zwei Zimmer eine durch Verbreiterung des Ganges gebildete Sitzkoje. Niedrige Mauern aus Ziegeln, die die festen Sitze umschließen, schirmen vor den Vorbeigehenden ab, ermöglichen jedoch den Patienten zu sehen, was um sie herum vor sich geht. Diese Anordnung fördert den zwanglosen Kontakt zwischen Personal (auch wenn dieses stark beschäftigt ist) und Heimbewohnern. Von dort aus schauen die Sitzenden seitwärts in den Gang, während die Fenster der hinteren Zimmer geöffnet werden können, was auch einen gewissen Kontakt ermöglicht.

In diesen Nischen, die durch die Schranken der strengen Quadratmeter-Regelung geschmuggelt wurden, haben vier, höchstens sechs Personen Platz. Hier können die Patienten Besucher empfangen, eine Mahlzeit einnehmen, und oft

Schaffe den Platz

Obwohl die Architekten sich immer mit dem »Platz« beschäftigt haben, hat Aldo van Eyck als erster diesen Begriff auf eine Weise formuliert, die man nicht ignorieren kann. Unter den vielen Texten van Eycks, die sich mit den Begriffen »Platz« und »Raum« befassen, werden hier zwei bekannte Aussagen zitiert:

»Was Raum und Zeit auch bedeuten mögen, Platz und Gelegenheit bedeuten mehr. Denn der Raum in der Vorstellung des Menschen ist der Platz, und die Zeit in der Vorstellung des Menschen ist die Gelegenheit.«

»Macht aus allem einen Platz, eine Gruppe von Plätzen aus jedem Haus und jeder Stadt, denn ein Haus ist eine winzige Stadt, eine Stadt ein riesiges Haus.« Aldo van Eyck, 1962.

Montessori-Schule, Delft [518-520]

»Werden die Kinder in einem Kindergarten sich selbst überlassen, bilden sich kleine Gruppen, viel kleiner als erwartet; so kommt es, daß diese kleinen Burg-Erbauer, diese Vater und Mutter spielenden Kinder sich in kleinen Räumen wohler fühler als in größeren. Wenn man dies bedenkt, so erscheint es als eine gute Idee, mehrere kleine Sandkästen statt eines großen zu haben (sieht man in einem Kindergarten, wie Kinder in einer größeren Gruppe miteinander spielen, so kann man sicher sein, daß ein Lehrer dahinter steckt, der die gemeinsame Aktivität lenkt).

Der Sandkasten in der Montessori-Schule in Delft ist in mehrere kleine Abteile unterteilt, die gerade die richtige Größe für Sandburgen haben. Kinder im »Sandburg-Alter« spielen gewöhnlich allein, zu zweit oder zu dritt: Kleinkinder spielen selten in einer Gruppe, selten zu fünft oder mehr.

In großen Sandkästen können die ganz kleinen die Konzentration und das Gefühl der Intimität der anderen leicht stören, weil es keine abgegrenzten Bezirke gibt. So erfüllen diese kleinen Sandkästen durchaus ihre Funktion, ja erhöhen sie sogar. Die richtige Größe ist die Summe der auf den erwarteten Gebrauch abgestimmten Dimensionen, während umgekehrt eine bestimmte Größe die Nutzung anregt, für die sie gedacht ist« (s. Veröffentlichunge, 7).

Der ganze Sandkasten, in einer Weise unterteilt, die seiner Nutzung am besten dient, ist ein elementares Beispiel des Gliederungsprinzips.

Gliederung

Der Raum sollte immer so gegliedert sein, daß dadurch Plätze entstehen, Raumeinheiten, deren angemessene Dimensionen und richtiger Grad an Abgeschlossenheit den Bedürfnissen der Benutzer entsprechen.

521 Alle vier Figuren haben den gleichen Rauminhalt

Die Gliederung eines Raums ist ein entscheidender Faktor: von ihr hängt es weitgehend ab, ob der Raum für eine einzige große Gruppe oder für eine Anzahl einzelner, kleiner Gruppe geeignet ist.

Je mehr der Raum gegliedert ist, um so kleiner fällt die Raumeinheit aus, und je mehr Brennpunkte es gibt, um so individualisierter ist die Gesamtwirkung, d. h. verschiedene Aktivitäten können gleichzeitig stattfinden.

Die Verherrlichung der Gliederung in kleine Raumeinheiten wird oft als Geringschätzung großmaßstäblicher Formen betrachtet. Dies ist jedoch ein Mißverständnis. Ein großer, deutlich gegliederter Raum hält nicht unbedingt eine große Gruppe davon ab, ihn zu benutzen, ebensowenig wie umgekehrt ein großer, ungegliederter Raum die Voraussetzung für die Ausführung verschiedener, sich gleichzeitig abspielender Tätigkeiten schafft.

Es ist durchaus möglich, einen Raum so zu gliedern, daß er sich für einen zentralisierten und einen dezentralisierten Gebrauch zugleich eignet; in diesem Fall kann man sich für das großzügige, beziehungsweise das kleinteilige Konzept entscheiden, je nach dem, wie man den Raum zu interpretieren wünscht.

Allerdings sprechen wir nur vom Prinzip; natürlich bestimmt die Natur der Gliederung, wie etwa ihre »Wellenlänge« und Qualität, d. h. die Art, wie das Prinzip in die Praxis umgesetzt wird, das Potential des Raums.

»Wir müssen die Dinge gliedern, um sie kleiner zu machen, d. h. nicht größer als notwendig und leichter zu handhaben. Da die Gliederung die Anwendbarkeit steigert, dehnt sich zugleich der Raum. Was wir machen, muß also kleiner, und zu gleicher Zeit größer werden: klein genug, um gebraucht werden zu können, und groß genug, um ein Maximum an Verwendungsmöglichkeiten zu bieten. So führt die Gliederung zur »Steigerung der Leistungsfähigkeit«, also zu einer größeren Ausbeute des vorhandenen Materials. Dank seiner größeren Intensität wird weniger Material gebraucht.

Alle Dinge müssen die richtigen Dimensionen haben; die richtigen Dimensionen sind jene, die sie so brauchbar wie möglich machen. Wollen wir aufhören, Dinge in falscher Größe zu entwerfen, werden wir bald erkennen, daß fast alles etwas kleiner sein muß. Dinge sollen nur groß sein, wenn sie aus einer Massierung kleiner Einheiten bestehen, denn Überdimensionierung führt bald zu Distanz und Beziehungslosigkeit: Architekten, die darauf beharren, in einem zu großen, prunkvollen, leeren Maßstab zu entwerfen, sind zu Großerzeugern von Distanz und Entfremdung geworden. Die auf der Vielfalt beruhende Größe setzt eine größere Komplexität voraus, und diese Komplexität steigert die Interpretationsmöglichkeit dank der Mannigfaltigkeit der Beziehungen und der Interaktion der einzelnen Komponenten, die das Ganze bilden« (s. Veröffentlichungen, 4).

Centraal Beheer Verwaltungsgebäude [522]

Raumgliederung war das Prinzip, das dem Entwurf von Centraal Beheer-Verwaltungsgebäude zugrunde lag. Es wurde davon ausgegangen, daß Arbeit und Erholung weder individuell noch kollektiv, sondern in kleinen Gruppen stattfindet. Die Untersuchung der Lage zeigte, daß alle Komponenten des Programms als 3 x 3 m große Räume oder Plätze interpretiert werden können, die eine multiplizierbare Grundeinheit bilden. Da in der Praxis nicht alles so mathematisch genau abläuft, wurde genügend Spielraum mit einkalkuliert, um eine Ausbreitung in die Verkehrsbereiche zu ermöglichen. Daß der Komplex nicht nur weittragenden inneren Veränderungen gerecht werden kann, sondern auch den Eindruck erweckt, er sei für ganz andere Zwecke entworfen worden, ist auf die Gliederung zurückzuführen. Wenn dort zum Beispiel eine Kunstausstellung stattfindet (was oft vorkommt), läßt sich das Umfeld ohne Schwierigkeit in einen galerie-ähnlichen Raum verwandeln.

Dennoch hat sich hier die Traumvorstellung eines gebauten Raums, der jeder erdenklichen Nutzung genügt, nicht ganz erfüllt, obwohl sie in greifbare Nähe gerückt zu sein scheint.

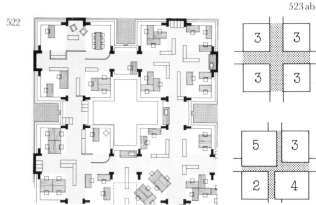

522

523 ab

524

525

526

527

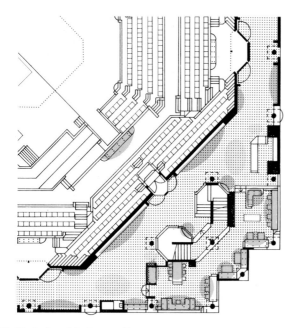

528 Vredenburg Musikcenter, Foyer

Das Geheimnis der Gliederung in eine Vielfalt von Plätzen besteht gerade darin, daß dieser Traum sich nie ganz verwirklichen läßt. Denn die Größe der Raumeinheiten, die wir Plätze nennen, hängt vom Raumbedarf der sozialen Interaktionsmuster ab. Insofern kann das Gebäude nur für jene Zwecke als Grundstruktur dienen, die ihnen mehr oder weniger entsprechen. Die Verwendungsmöglichkeit eines Baus wird durch die Dichte seiner Struktur und die sich daraus ergebende Gliederung bestimmt. Funktioniert er reibungslos als Bürogebäude, so bildet er zum Beipiel ein recht unbefriedigendes Umfeld für eine Party mit dem ganzen Personal; deshalb ist es nicht verwunderlich, daß solche Gesellschaften in der größeren Halle des angrenzenden Gebäudes stattfinden. Die Halle ist ein Bestandteil des Gesamtkomplexes und insofern leicht zugänglich.

Man könnte einen Grundriß nach seiner Fähigkeit messen, Plätze zu schaffen, und dadurch einen Eindruck davon bekommen, inwieweit er sich für verschiedene, mehr oder weniger voneinander getrennte Aktivitäten eignet. Der Grundriß der traditionellen Wohnung in Holland besteht aus zwei ineinandergehenden, durch Einbauschränke mit Schiebetüren voneinander getrennten Räumen. Im Laufe der Jahre entfernten viele Benutzer diese Hindernisse, um einen einzigen großen Raum zu erhalten. Sie fanden jedoch, daß der neue, größere Raum nicht nur viel schwieriger zu gestalten und einzurichten sei, sondern daß sie mit dem hinzugewonnenen Platz nicht viel anfangen konnten. Der ursprüngliche gegliederte Raum hatte mehr Anstöße zur Schaffung von Plätzen und einen differenzierteren Raum geboten. Die Gliederung kann also mehr Raum schaffen, während das Platzvermögen« mit den Bedürfnissen der Bewohner steigt.

Wohnungsumgestaltung

Eine kleinmaßstäbliche und keineswegs spektakuläre Umwandlung eines herkömmlichen Hauses wurde vorgenommen, im Hinblick auf einen differenzierteren Gebrauch des Erdgeschosses, damit mehr Aktivitäten unabhängig voneinander stattfinden können. Der ursprüngliche Grundriß entsprach dem konventionellen Muster: Küche, Eß- und Wohnzimmer; nach der erforderlichen Umgestaltung enthielt das Erdgeschoß mindestens drei weitere Arbeitsplätze und ein zusätzlicher Tisch mit Stühlen fand in der Küche Platz. Um die Zahl der Plätze zu steigern, wurden die vernachlässigten Ecken miteinbezogen, was den gemeinschaftlichen Wohnbereich allgemein vergrößerte.

Unter »Platzvermögen« versteht man eine Grundrißfläche, die nicht gebraucht wird, um von einem Platz zum anderen zu gelangen. Ein wesentliches Kriterium für die Qualität eines Grundrisses ist die optimale Nutzung der Fläche, eine Raumgliederung, die ein striktes Minimum an Verkehrsfläche, dafür aber ein Maximum an Platzvermögen entstehen läßt. Um das Platzvermögen eines Grundrisses zu testen, braucht man nur festzustellen, welche Bereiche als Verkehrszonen wesentlich sind und aller Wahrscheinlichkeit nach als solche benutzt werden, und welche übriggebliebene Bereiche folglich den Mindestanforderungen des »Platzes« genügen. Dann kann man prüfen, ob die Größe der Plätze und der Grad ihrer Offenheit oder Geschlossenheit dem geplanten Gebrauch genügen.
Durch die ständige Prüfung des Grundrisses mit Hilfe solcher Platzdiagramme wird die Steigerung des Platzvermögens des entworfenen Raums zur zweiten Natur.

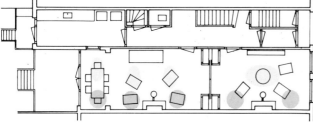

529a Amsterdamer Wohnhaus, vor dem Umbau

529b Amsterdamer Wohnhaus, nach dem Umbau

530 Privathaus V. Horta

531 Guiliano da Sangalo

532 Baldassare Peruzzi

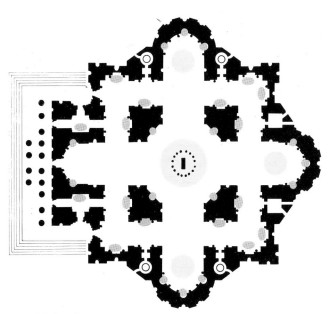

533 Michelangelo

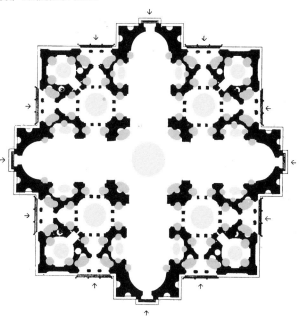

534 Bramante

Der Petersplatz, Rom, ab 1452 [531-534]

Betrachtet man einen der ersten, Baldassare Peruzzi* zugeschriebenen Entwürfe, die vor Michelangelos Ausführungsplan entstanden sind, staunt man über die Komplexität und den Erfindungsreichtum der Gliederung, obwohl der Plan kaum mehr als ein Diagramm ist. Wir sehen eine Reihe von Flächen, die ein erstaunlich reiches Muster erzeugen, ohne daß die großzügigen Linien des Ganzen verloren gehen. Es scheint, als hätte man es mit einem ganz anderen Maßstab zu tun als bei Michelangelos Entwurf.

Der Teil, den man zunächst als den Hauptteil bezeichnen könnte, unterscheidet sich in der Gliederung und den Proportionen kaum von den angrenzenden. Insofern kann man nicht mehr von Haupt- und Nebenraum sprechen. Kein einziger Teil dominiert die anderen.

Was das Prinzip anbelangt, ist Michelangelos ausgeführter Entwurf zwar im wesentlichen gleich, doch die Maße wur-

* Dieser Entwurf wurde vermutlich in Zusammenarbeit mit Bramante ausgeführt. Wie man in verschiedenen Quellen nachlesen kann, wurden die Pläne von St. Peter so vielen Architekten zugeschrieben, daß es unmöglich ist, genau zu sagen, wer welchen ausarbeitete. Quellen: L. Benevolo, *Storia della Città*; Norberg-Schulz, *Meaning in Western architecture*; Pevsner, *An Outline of European architecture*; Van Ravesteyn, »De dorbraak naar de St. Pieter te Rome«, *Forum* 1952.

den geändert und andere Proportionen entstanden, so daß der zentrale Raum alles beherrscht. Die anderen Räume spielen eine untergeordnete Rolle, und ihre Umschließung wurde dergestalt reduziert, daß kaum jemand auf die Idee käme, sie unabhängig vom Zentralraum benutzen zu wollen. Dieser Hauptraum scheint die übrigen in sich aufzunehmen, und dieser Effekt würde sich vermutlich bei der

Betrachtung des Schnitts noch steigern, wenn man die Höhe von Michelangelos Entwurf mit einem imaginären vergliche, der das gleiche Verhältnis der Höhe zur Breite aufwiese, wie Perruzis Plan.

Hier kann man erkennen, was eine Modifikation in der Gliederung eines Raums bewirkt, wie das Wechselspiel einiger neuen Maße ihn so verändert, daß er sein Umschließungsvermögen in bezug auf einzelne kleinere Gruppen verliert.

Dieses Umschließungsvermögen – oder »Platzqualität« – hängt davon ab, bis zu welchem Grad ein Raum durch seine Form und Proportionen auf kleinere oder größere Gruppen einladend wirkt. Dies scheint auf dem genauen Gleichgewicht zwischen Geschlossenheit und Offenheit, zwischen Geborgenheit und weitem Ausblick zu beruhen, das dafür sorgt, daß genügend Plätze entstehen, die den Menschen das Gefühl vermitteln, eine Gruppe zu bilden, auch wenn sie sich dessen bewußt sind, daß sie sich alle in einem großen, übergreifenden Raum befinden.

»Vergleichen wir verschiedene Pläne der Peterskirche, wie jene, die Bramante, Peruzzi, da Sangallo und Michelangelo zugeschrieben werden, so sehen wir, daß sie sich im Prinzip zwar wenig voneinander unterscheiden, jedoch wesentliche Unterschiede in der Gliederung wie in dem Maß aufweisen, in welchem der Zentralraum die anderen dominiert.

Die Unterschiede zwischen diesen Plänen sind subtil, doch für die »Gebrauchsmöglichkeiten« wesentlich. So sind in Bramantes »offiziellem« Plan die Proportionen des Zentralraums im Verhältnis zu den übrigen Räumen etwas anders als bei Peruzzis Entwurf, wodurch der Zentralraum bei Bramante bedeutender wirkt. Darüber hinaus fehlen die für den Entwurf Peruzzis so typischen vier Räume zwischen den Türmen und dem Zentralraum, die selbst wie kleine Kirchen, Miniaturversionen des Ganzen, anmuten. Stattdessen bilden sie sozusagen die Eingangshalle und haben insofern mehr den Charakter eines Durchgangsbereichs. Auch die vier halbkreisförmigen Vorhallen am Ende des Zentralraums sind verschwunden (sie tauchen übrigens in einem anderen Plan auf, der Bramante zugeschrieben wird). Im ganzen gesehen bedeutet es keinen großen Verlust an Umschließungsvermögen für einzelne Gruppen. Die außergewöhnliche Qualität von Peruzzis Entwurf beruht also hauptsächlich auf der Einfügung einer anderen räumlichen Welt zwischen den Türmen und dem Hauptraum. Darüber hinaus sind die Proportionen so aufeinander abgestimmt, daß das Verhältnis zwischen selbstständigen und zueinander in Beziehung stehenden Teilen absolut ausgewogen ist« (s. Veröffentlichungen, 6).

Vredenburg Musikcenter [535–539]

Ein Musikzentrum, wo viele Menschen zusammenkommen, ist ein überaus günstiger Ort für Begegnungen und zur Pflege von Kontakten. Das Gebäude sollte räumlich so organisiert sein, daß es zumindest viele Gelegenheiten zur Entwicklung sozialer Kontakte bietet. (Die wichtigste Voraussetzung dafür ist die richtige Gliederung, d. h. die Wahl der Proportionen, die für das Beziehungsmuster der Benutzer im ganzen Komplex am geeignetsten erscheint). Die Dimensionen müssen also der Größe der Gruppen entsprechen, die sich an verschiedenen Orten und in unterschiedlichen Situationen bilden. Jeder muß frei sein zu wählen, ob er sich einer Gruppe anschließen oder allein bleiben will,

535

536

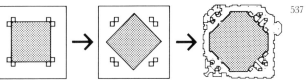

537

538

539

ein ungeteilter Raum gebraucht, der eine große Zahl von Leuten zu gleicher Zeit aufnehmen soll. Die Sitze bauen sich in logenartigen Abteilungen auf, durch viele Treppen und Flügel getrennt, die der Form eines Amphitheaters folgen. An vielen Stellen gibt es Ausgänge, die die Besucher

ob er es vorzieht, im Blickfeld zu sein oder lieber im Hintergrund zu bleiben, mit bestimmten Leuten zu sprechen und andere zu meiden.

Während sich die Aufmerksamkeit des Publikums im Auditorium auf das Hauptgeschehen konzentriert, das vor *einer* Gruppe stattfindet, löst sich vor und nach der Vorstellung diese Gesamtmasse in kleinere Gruppen auf. In räumlicher Hinsicht heißt es, daß, anders als im Auditorium, eine große Zahl miteinander verbundener, doch gleichzeitig getrennter Plätze erforderlich ist. Daß sehr viele Leute zur gleichen Zeit das Gebäude benutzen, erfordert einen einzigen großen ungeteilten Raum. Nur im Auditorium selbst wird

ganz natürlich zu den in allen Ebenen befindlichen Foyers führen.

Es gibt zahlreiche Theken, die über die Stockwerke verteilt sind, so daß man in den Pausen relativ schnell bedient wird; neben den Treppen im Auditorium sind die verschiedenen Ebenen in den Foyers durch paarweise angeordnete, in den Ecken des Hauptbaukörpers symmetrisch gelegenen Treppen verbunden. Statt wenige große Treppen zu planen, entschieden wir uns für mehrere kleinere, die so breit sind, daß zwei bis drei sich unterhaltende Leute sie benutzen können, ohne ihr Gespräch unterbrechen zu müssen. Beim Entwurf des Foyerbereiches, der das große Auditorium wie eine dünne Haut umschließt, wurden die von den jeweiligen Plätzen gebotenen Möglichkeiten, wie etwa der Blick nach außen auf den Platz oder nach innen auf die Arkaden oder auch, umgekehrt, die gänzliche Abgeschlossenheit weidlich berücksichtigt.

In der Frühphase des Entwurfs schien es, als würde der das Auditorium umgebende Raum einfach als konventionelle Umschließung angelegt werden. Doch im weiteren Verlauf des Entwurfsprozesses verwandelte er sich allmählich in eine Folge von Raumeinheiten mit verschiedenen Eigenschaften, bei welchen Tageslicht mit künstlichem Licht, hohe Decken mit niedrigen und einmal mit einer konkaven abwechseln, wo man Nischen mit Wandteppichen und breiteren Bereichen begegnet, die alle zur Entstehung vieler unterschiedlicher Plätze beitragen. Selbst wenn man durch den schmalsten Gang von einem Punkt zum andern geht, überquert man eine Zone, die viel mehr ist als ein reiner Durchgangsbereich. In den Foyers gibt es Sitzgelegenheiten: unkonventionelle, wie niedrige Mauern, und richtige Holzbänke mit kleinen Tischen, aber auch gemütliche Nischen mit Kissen. Dort, wo das Foyer breiter wird, gibt es große, runde Tische mit Stühlen. An manchen Stellen wurde die Vielfalt der Gestaltung stellenweise durch die Verkleidung der Holzteile mit weichen Materialien (Tapeten von Joost van Roojen, die der kleinsten Ecke Intensität verleihen) hervorgehoben.

Die Auswahl der Plätze durch das ganze Gebäude reicht von nach innen gekehrten Ecken, wo man sich von der Menge zurückziehen kann, über Stellen, die einen Blick auf das ganze Geschehen gewähren, bis hin zu Bereichen, von wo aus man in das Auditorium oder die Stadt blickt. Auf diese Weise steigert die Gliederung die räumliche Wahrnehmung. Darüber hinaus trägt der abwechslungsreiche Entwurf der überwiegend kleinen Raumeinheiten zum Aufnahmevermögen des Ganzen bei, da in einer undifferenziert gestalteten Halle die Menschen dazu neigen, sich eher nach außen als nach ihnen zu bewegen (s. Veröffentlichungen, 5).

Der Begriff Maßstab, der einfach verwendet wird, um die Größe zu bezeichnen, hängt auch davon ab, ob ein entworfener Raum oder Bau als zu groß oder zu klein empfunden wird, d. h. ob er größer oder kleiner ist als gewohnt. Die Eigenschaftswörter »groß-« und »kleinmaßstäblich« sagen nichts über die eigentlichen Dimensionen aus; einige Dinge sind sehr groß, andere wiederum sehr klein, weil sie es sein müssen, was nicht unbedingt heißt, sie seien »zu groß« oder »zu klein«.

Die Gliederung ist wichtig, wir sollten uns also nicht mehr durch den Begriff »Maßstab« ablenken lassen.

Nehmen wir einen Überseedampfer – handelt es sich um eine groß- oder kleinmaßstäbliche Konstruktion? Sicherlich handelt es sich um ein sehr großes Schiff (wenn auch nur ein Pünktchen im Ozean), das in keiner Straße Platz hätte, doch besteht er aus einer großen Zahl kleiner Kabinen, Gängen und Treppen, die viel kleiner sind als ihr Gegenstück auf dem festen Land.

Mit »Gliederung« meinen wir gewöhnlich jenes rhythmische oder eher metrische Definieren von Wänden und Fassaden, das eine gewisse Plastizität erzeugt. Dies ist nicht ohne Grund ein wiederkehrendes Thema in der Geschichte der Architektur, denn Plastizität hat sich seit eh und je als ein besonders wirksames Mittel zum Ausdruck der äußeren Merkmale eines Gebäudes und eines bestimmten architektonischen Stils erwiesen. Wie der Takt in der Musik das Stück in Segmente ordnet und ihm seine Klarheit verleiht, macht das metrische Element in der Achitektur Abstände und Größen verständlich. Die Größe eines Objekts läßt sich viel schwerer erraten, wenn es flach und ungegliedert als wenn es in Einheiten unterteilt ist, deren Dimensionen uns vertraut sind, so daß wir das Ganze als die Summe seiner Teile erfassen können. Deshalb kann etwas Riesengroßes durch graphische Gliederung auf Proportionen reduziert werden, die nachvollziehbar sind, so daß es nicht mehr so riesig, sondern greifbarer mit anderen Worten weniger wie ein massiver Monolith erscheint als zuvor. Die Gliederung kann also die Lesbarkeit steigern und somit zur Wahrnehmung des Raums wesentlich beitragen. Dies ist jedoch nur unter einer Bedingung möglich: wenn nämlich das, was wir auf graphischer Ebene wahrnehmen, de-

540

541

542 Liberty-Statue in Paris, bevor sie nach New York transportiert wurde, 1883

543 Liberty-Statue, Stahlkonstruktion G. Eiffel, Bildhauer Bartholdi

durch das Gesamtbild angedeuteten Organisation des Raums entspricht. Deutet das Äußere eines Gebäudes auf eine Unterteilung in mehrere kleinere Raumeinheiten hin, die, wie so oft der Fall, in keiner Beziehung zur Anordnung des Inneren stehen, hat diese Gliederung keinen anderen Zweck als die Dekoration der Fassade und bringt damit ein sinnlos plastisches Element hinein. So sind die historischen Fassaden alter Häuser, die zusammengezogen und in Bürogebäude oder Hotels verwandelt wurden, nichts mehr als reiner Dekor. Nur wenn graphische oder plastische Elemente in der Fassade den Unterteilungen des Innenraums wirklich entsprechen, kann man die Anordnung des Raums und die Art seiner Gestaltung erraten.

In der Architektur müssen alle Mittel darauf abzielen, den umschlossenen Raum zu formen und konsequent so zu kräftigen, daß er ein äußerst vielfältiges und reiches Sozialmuster aufnehmen kann.

544 Markusplatz, Venedig

545 Markusplatz, Venedig

3 Ausblick I

Wie müssen uns stets bemühen, ein Gleichgewicht zwischen Ausblick und Abgeschlossenheit herzustellen, den Raum so zu strukturieren, daß jeder in allen Situationen die Möglichkeit hat, sich zu zeigen oder sich zurückzuziehen, wenn er es wünscht. Der Abschnitt über die Gliederung befaßt sich zwangsläufig mehr mit dem Konzept der Aufteilung als dem der Kombination, mehr mit dem der Trennung als dem der Vereinigung. Doch die Offenheit der verschiedenen Plätze ist ebenso wesentlich wie ihre Abgeschlossenheit; beide ergänzen sich, so daß Abgeschlossenheit und Offenheit einander bedingen; sie stehen sozusagen in einer dialektischen Beziehung zueinander. Inwieweit und auf welche Weise Plätze getrennt oder gegeneinander offen sind, liegt in der Hand des Entwerfers, so kann der Architekt den in einer bestimmten Situation erwünschten Kontakt dadurch regulieren, daß eine bestimmte Abgeschirmtheit gewährt ist, wenn erforderlich, ohne andererseits den Blick auf »den anderen« allzusehr einzuschränken.

Unterschiedliche Ebenen erweitern die Skala der Möglichkeiten; allerdings schauen »die oben« auf die Darunterstehenden herab; die Stellungen sind also ungleich, und wir müssen darauf achten, daß sich die »Unteren« dem Blick der »Oberen« entziehen können.

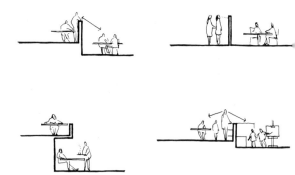

547

546

548

Montessori-Schule, Delft [546-549]

Die Doppelebene in den Klassenzimmern beruht auf dem Gedanken, die Kinder im unteren Teil des Raums sollten malen oder modellieren können, ohne die Schüler zu stören, die im oberen Teil mit schwierigeren Aufgaben beschäftigt sind, die mehr Konzentration erfordern, während der Lehrer die ganze Klasse überblicken kann, wenn er aufsteht.

Obwohl der Lehrer die »Arbeitenden« besser im Auge behalten könnte, wenn sie unten wären, wurde anders entschieden, um bei diesen nicht den Eindruck zu erwecken, sie seien »hinuntergeschickt« worden. In diesem Fall gab es auch noch andere Gründe für die Einteilung; so sollte die Abteilung der »Selbstdarstellung« auf gleicher Ebene mit dem Flur und in dessen unmittelbarer Nähe sein, und die »normale« Klasse Licht direkt durch das auf die Straße gehende Fenster erhalten.

Studentenheim Weesperstraat [550-552]

Offensichtlich bestimmt das Blickfeld die eigentliche Trennung zwischen den Bereichen, die den visuellen Kontakt fördern, und den mehr abgeschirmten; deshalb ist der Umgang mit der Höhe, insbesondere in erhöhten Teilbereichen, von außerordentlicher Bedeutung. Der weitläufige Treppenabsatz ist nur um so viel höher als die darunterliegende Mensa (er wird gewöhnlich als Disco benutzt), daß die Studenten, die auf der unteren Brüstung sitzen, sich auf gleicher Ebene mit jenen befinden, die dort vorbeigehen, was zwanglose Kontakte erleichtert.

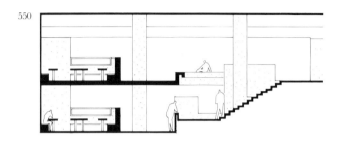

550

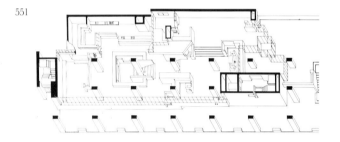

551

552

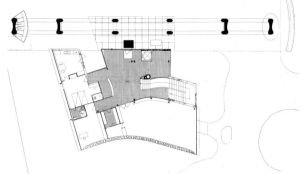

Pavillon Suisse, Paris, 1932, Le Corbusier [553-558]

Der galerieähnliche Treppenabsatz nach den sechs ersten Stufen – durch welchen die eigentliche Treppe zurückgesetzt wird – erzeugt einen Bereich, von welchem aus man über der Wand in den gemeinsamen Aufenthaltsraum schauen und somit auch gesehen werden kann. Wer die Treppe hinauf- oder hinuntergeht, hat einen guten Überblick, während die im Raum Anwesenden dem Blick jener, die die Eingangshalle betreten, nicht direkt ausgesetzt sind.

Balkone

Oft laufen Balkone über die ganze Breite der Fassade, was im Hinblick auf Kosten und konstruktive Zweckmäßigkeit keine schlechte Idee ist. Solche Balkone haben jedoch den Nachteil, daß sie nicht sehr breit sein können, weil sie den darunterliegenden Geschossen viel Licht wegnehmen. Obwohl die Wohnungen durch solche Balkone eine beträchtliche Zahl zusätzlicher Quadratmeter erhalten, können die Benutzer mit diesem langen, schmalen Raum recht wenig anfangen. Hätte der Balkon eine andere Form – zum Beispiel fast die eines Quadrats – könnten die Bewohner einen Tisch aufstellen und im Freien essen. Quadratische Balkone bieten auch mehr Sichtschutz, weil sie tiefer und leichter abzuschirmen sind. Außerdem stößt ein Teil des Wohnraums direkt an die Fassade, was einen besonders hellen Bereich ergibt, von wo aus man auch direkt auf die Straße schauen kann, ohne zuerst auf den Balkon hinaustreten zu müssen.

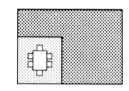

Pavillon de l'Esprit Nouveau, Paris, 1925
Le Corbusier [560-564]

Gab es je einen Architekten mit einem scharfen Auge für diese Art grundsätzlicher Raumeinteilung, so war es Le Corbusier. Auf der ganzen Welt findet man Zeugnisse davon, wie er, sozusagen durch eine andere Brille schauend, alte Klischees auseinandernahm und sie in neue »Raummechanismen« umwandelte.

Vergessen wir nicht, daß in seinem Entwurf für die »ville radieuse«, der allerdings inzwischen wegen des fehlenden urbanen Raums zu Recht angegriffen wurde, alle Wohnungen Loggien, große zweistöckige Außenräume, aufweisen. Eine solche balkonähnliche Loggia wurde im »pavillon de l'esprit nouveau« gezeigt, der 1925 anläßlich der internationalen Ausstellung für dekorative Kunst in Paris errichtet und heute in Bologna wiederaufgebaut wurde. Als Le Corbusier jedoch große Wohnprojekte wie die »unité« in Marseille entwarf, war er aus finanziellen Gründen gezwungen, auf die schmalen, konventionellen Balkone zurückzugreifen; dennoch sind diese gut durchdacht und größer als heute üblich.

564

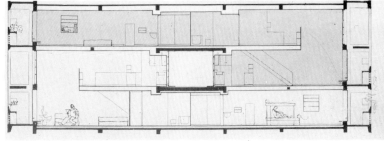

565 Unité d'habitation, Marseille, 1945, Le Corbusier

566 Pavillon de l'Esprit Nouveau, Rekonstruktion in Bologna

201

567

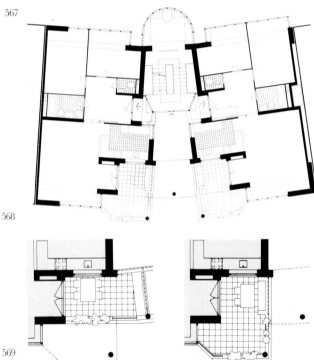

568

569

Wohnanlage Documenta Urbana [567-570]

Bei diesem Projekt wurde das Thema der Treppen als »vertikale Straßen« mit dem Prinzip der Balkone als äußerer Räume kombiniert. In jedem Geschoß springen die (sehr großen) angrenzenden Balkone wechselweise nach vorne und seitlich vor, so daß der vertikale Raum durch keinen darüberliegenden überhängenden Balkon begrenzt wird. Diese Balkone bestehen also aus zwei Teilen, einem abgeschirmten, der an eine Loggia erinnert, und einem offeneren, terrassen-ähnlich. Der geschlossenere Teil ist auf einer Seite durch undurchsichtige Glasziegel abgeschirmt. So können die Bewohner im Freien sitzen, ohne den Blicken der Nachbarn ausgesetzt zu sein und sich verpflichtet zu fühlen, von ihnen Notiz zu nehmen, oder, wenn sie es wünschen, einen mehr »nach außen gerichteten« Platz im Blickfeld der anderen Balkone aussuchen. Damit können sie wählen, ob sie allein sein, oder ein Schwätzchen mit dem Nachbar anfangen wollen, sei es nur, um Zucker zu borgen oder ein paar Worte über das Wetter zu sagen.

570

Durch den Rückgriff auf Grundprinzipien der Raumgliederung kann man viele Stufen von Abgeschirmtheit und Offenheit erreichen. Diese müssen nämlich sorgfältig dosiert werden, um räumliche Bedingungen zu schaffen, die differenzierte zwischenmenschliche Beziehungen ermöglichen, vom einfachen Ignorieren der Menschen, die einen umgeben, bis hin zum Wunsch, Kontakte mit ihnen zu knüpfen. Selbstverständlich muß auch der Individualität aller Mitbewohner soweit wie möglich Rechnung getragen werden und wir müssen dafür sorgen, daß das gebaute Umfeld weder Kontakte aufzwingt, noch sie gänzlich unterbindet. Der Architekt baut nicht nur Mauern, sondern auch Öffnungen, die Aussichten bieten. Beide – Mauern und Öffnungen – sind entscheidend.

571 Berlin Siemensstadt, 1929-31, H. Häring

572 Berlin Siemensstadt, 1929-31, H. Häring

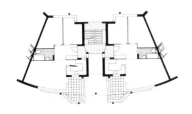

573

LiMa-Wohnanlage, Berlin [573-579]

Die Themen, die wir in Kassel entwickelt hatten, wurden in der Lindenstraße in Berlin übernommen; in dieser Stadt sind Balkone besonders beliebt; dort hat auch Hugo Häring seine hübschen, geräumigen Balkone entworfen. Beim Berliner Projekt war die Zahl der Wohnungen größer als in Kassel, und die Anforderungen dieser spezifischen Situation führten zu eine Vielfalt von Lösungen, die die Vorzüge der Lage voll ausnützten.

574

575

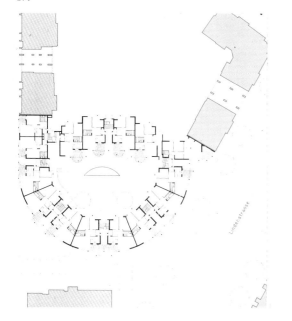

203

576

577

578

579

580

Thau Schule, Barcelona, 1972-73
Martorell, Bohigas & Mackay [580-583]

»Die Haupttreppe dieses mehrgeschossigen Schulgebäudes läuft an der ganzen Fassade entlang und erschließt die Stockwerke an verschiedenen Punkten, so daß die Eingänge sich nicht in vertikaler Folge übereinander befinden. Durch diese Anordnung ist der Raum über der Treppe im unteren Teil am höchsten. Da sich die Geschosse alle auf die Treppe öffnen, hat jedes einen unbegrenzten Ausblick durch die Glasfassade – auch auf die hinauf- oder hinuntergehenden Schüler. Die Anlage der einzelnen Geschosse ist klar zu überblicken und ein stetiger Kontakt besteht zwischen den Benutzer dieser Treppe und jenen, die sich dort eine Weile sitzend oder angelehnt aufhalten. Statt der üblichen vertikalen Anordnung der Raumeinheiten ist hier ein einheitliches Ganzes entstanden, in der die Treppe die Stockwerke miteinander verbindet; dies zeigt, wie das, was die Schüler aus verschiedenen Klassen verbindet, auch räumlich unterstützt werden kann. So wird hier das Kommen und Gehen zu einer täglichen Aktivität, in der jeder eine Chance hat, einen Freund aus einer anderen Klasse zu treffen« (s. Veröffentlichungen, 9).

581

582

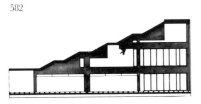

583

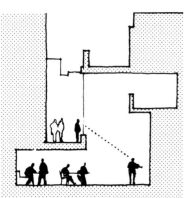

Vredenburg Musikcenter [584-586]

Das eigentliche Herz des Gebäudes ist das Foyer der Künstler. Hier bereiten sich Musiker und Techniker für die Aufführung vor und treffen sich danach, nicht selten bis spät in die Nacht. Dieser Bereich, der fast ununterbrochen benützt wird, befindet sich neben der Garderobe, dem Magazin und anderen Betriebsräumen. Er ist von außen einsehbar, so daß die Passanten eine Vorstellung vom dem bekommen, was hinter der Bühne im Untergeschoß des Musikcenters geschieht, während die Künstler wiederum nur hinaufzuschauen brauchen, um in Blickkontakt mit der Außenwelt zu sein.

Dies könnte man als einen Versuch betrachten, eine Brücke zwischen dem alltäglichen Leben auf der Straße und einem Raum zu schlagen, der gewöhnlich in Hintergrund mitten unter anderen Serviceräumen versteckt ist.

Es geht darum, die Aufmerksamkeit der Leute, die im Gebäude arbeiten, auf die Besucher zu lenken, und umgekehrt. Eine ähnliche Situation findet man im Verwaltungsgebäude des Centraal Beheer, wo man in den Geschirrspülraum blicken kann, während die Spüler, die keine besonders attraktive Arbeit verrichten, nicht das Gefühl haben, ausgeschlossen zu sein (s. Veröffentlichungen, 8a).

Seniorenheim De Overloop [587-588]

Wie De Drie Hoven, das andere Seniorenheim, hat De Overloop einen Zentralbereich, der an einen Dorfplatz erinnert und in welchem alle Einkaufsmöglichkeiten konzentriert sind. Dort können die Heimbewohner auch ihre Mahlzeiten einnehmen oder im Laufe des Tages Tee oder Kaffee trinken: kurz, hier spielt sich alles ab, und hier wird auch die Möglichkeit geboten, der Isolation in der Einzelwohnung zu entfliehen.

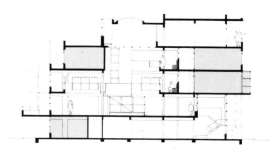

Wir sind von der Vorstellung ausgegangen, daß alle »Innenstraßen« mit Wohnungen im Zentralbereich zusammenlaufen sollten, damit die Bewohner keine langen Wege zurücklegen müssen, um dorthin zu gelangen. Da kein Stockwerk ausgeschlossen werden durfte, mußte darüber hinaus der Zentralbereich vertikal bis ganz oben weitergeführt werden. In dem auf diese Weise entstandenen großen Luftraum sind die Aufzüge mit Hochfenstern untergebracht, durch die man sehen kann, wie die Bewohner die Haupthalle betreten oder verlassen. Neben den Aufzügen, die als vertikale Beförderungsmittel am meisten benützt werden, gibt es aber auch Treppen.

Diese Gruppen befinden sich in jedem Stockwerk an verschiedenen Stellen; bei ihrer Plazierung wurde eher auf Abwechslung als auf die Wiederholung der Richtung und die Sichtbarkeit im Raum geachtet. Dadurch unterscheiden sie sich von den anderen Treppen, die am Ende jedes Flügels liegen und dem üblichen Treppenhaus-Prinzip folgen.

Parc Güell, Barcelona, 1900-14, A. Gaudí,
J. M. Jujol [589-591]

Gaudís mäanderartige Sitzbrüstung, die die Hauptterrasse im Parc Güell in Barcelona umgibt, bildet eine Schlangenlinie; so ändert sich der Ausblick je nach der Stelle, an der man sitzt. Ist die Brüstung nach innen gekrümmt, sitzt man mit seinem Gegenüber in einem Halbkreis; ist sie nach außen gebogen, hat man einen Blick auf den großen Zentralbereich und vermeint, »außen« zu sein, obwohl eine schlangenartige Brüstung diesen Bereich umschließt. Der Vorteil dieser Wendepunkte, d. h. der Bögen, die den Übergang von Konkavem zu Konvexem bilden, ist durchaus ambivalent. Die durchgehende S-förmige Bank ergibt eine gestufte Folge von nach außen bzw. nach innen gekehrten Plätzen mit entsprechender Rückenlehne; als Ganzes gesehen hat sie eine breite Skala von Eigenschaften und eignet sich ebenso für ein Familien-Picknick wie für einen Augenblick einsamer Entspannung, etwa um zu beobachten, was sich auf der Terrasse abspielt, oder auf jemanden zu warten. Diese Bank besteht aus einem ununterbrochenen, faszinierenden Band mit bunten Mustern aus Keramikscherben (wahrscheinlich nicht nur von Gaudí selbst, sondern auch von seinem Schüler Jujol entworfen), einer modernen Collage avant la lettre. Unabhängig von der Farbe seiner Kleider wird jeder, der hier sitzt, ganz natürlich in das größere Ganze integriert und ist eine Weile Teil der prächtigen Komposition.

Soziologie des Sitzens

Es gibt viele Situationen, in denen man anderen Menschen gegenüber oder mit dem Rücken zu ihnen sitzt; dies ist etwas, was der Designer beim Entwurf von Verkehrsmitteln – Zügen, Straßenbahnen, und Bussen – berücksichtigen sollte. Die Nähe von Menschen, die einander meist fremd sind, kann zu erzwungenen Kontakten, aber auch zu anregenden Begegnungen führen, die sehr kurz oder auch von längerer Dauer sein können. In solchen Situationen erinnert die Plazierung der Sitze durchaus an die Anordnung eines Gebäudes durch den Architekten. In früheren Zeiten waren die Bänke in Straßenbahnen beiderseits eines breiten Mittelgangs angeordnet, so daß die Fahrgäste mit dem Rücken zum Fenster saßen und in die Mitte blickten. Nicht selten jedoch war dieser Gang mit stehenden Fahrgästen überfüllt, die den Sitzenden die Sicht völlig versperrten. Der Hauptgrund für diese Anordnung, die man heute noch in der New Yorker oder Tokioter U-Bahn findet, bestand sicherlich darin, mehr Fahrgäste in den Wagen unterbringen zu können. Ein anderer Vorteil ist, daß sowohl Stehende wie Sitzende zusammenrücken können, um Platz für andere zu machen; der für jeden Fahrgast vorgesehene Platz ist nicht festgelegt, sondern schwankt mit dem Bedarf.

In Zügen sitzen die Reisenden gewöhnlich im Großraumwagen zu dritt einander gegenüber oder paarweise Rücken an Rücken. In den üblichen D-Zügen und ihren getrennten

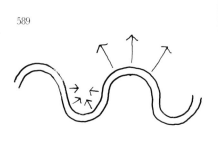

Abteilen, die mit ihrer auf den engen Gang sich öffnenden Glastür wie kleine Zimmer aussehen, kann man sich die Mitreisenden in Ruhe aussuchen, denn diese bemerkenswerte Anordnung bedeutet auch, daß man mehrere Stunden in ziemlich engem Kontakt mit fremden Menschen verbringen muß. Hat man einen Platz gefunden, sieht man wenig von dem, was im übrigen Zug geschieht, bis auf die Reisende, die das Abteil betreten oder verlassen, wenn der Zug hält, oder den Gang auf der Suche nach einem Platz durchschreiten.

Hat man sich im Abteil niedergelassen, so kann man auf die Mitreisenden blicken, die über den schmalen Gang einem gegenüber sitzen, oder aus dem Fenster schauen, oder auch auf die Reisenden im Gang, in einem Zug der einzige Raum, in dem man stehen kann.

In den modernen Zügen und Bussen, wie in den Flugzeugen, sind die Sitze hintereinander angeordnet und schauen nach vorne wie in einem traditionellen Klassenzimmer.

594

595

Studentenheim
Weesperstraat

596

Obwohl man ziemlich nah neben den anderen Passagieren sitzt, wird man wahrscheinlich keinen Kontakt mit ihnen haben, außer vielleicht mit seinem unmittelbaren Nachbarn. Die zunehmende Beliebtheit, der sich diese Art von Sitzanordnung erfreut und die den Kontakt praktisch nicht fördert, spiegelt unmißverständlich den auch in anderen Situationen spürbaren Trend zum Individualismus wider. Das gleiche kann man auf Bahnsteigen oder an anderen öffentlichen Plätzen mit Wartenden beobachten: die altmodischen Bänke wurden fast alle durch einzelne, in »Caféhaus-Abstand« voneinander montierten Sitze ersetzt. Diese neue Form des in einer Reihe nebeneinander – jedoch getrennten – Sitzens wurde erfunden, um Belästigungen durch den Nachbarn zu unterbinden und auch, um Menschen davon abzuhalten, sich auf die Bänke zu legen. Es hat aber zur Folge, daß zwei Menschen nicht mehr nebeneinander sitzen oder zusammenrücken können, um Platz für andere zu machen; der Abstand zwischen den Sitzen wird im voraus festgelegt und deren Gebrauch ist nicht mehr flexibel.

Plätze, die viele Menschen über kurze Zeit belegen, wie in Cafés, Buffets und in Betriebskantinen, sind mit einer großen Zahl gleicher Tische oder Theken eingerichtet, die mit der Überlegung entworfen wurden, Platz zu sparen. So sitzt man also in Gruppen zu sechs oder acht, deren Größe vom Format des Tisches abhängt. Doch auch hier würde mehr Abwechslung – wie in normalen Restaurants, wo Tische für unterschiedlich große Gruppen vorhanden sein müssen – dem Muster der zwischenmenschlichen Beziehungen besser Rechnung tragen.

Viele würden einen kleinen Tisch vorziehen, andere wiederum einen größeren: einen kleinen für zwei, drei oder vier, wenn sie sich in Gesellschaft von Freunden befinden, und einen größeren für sechs oder acht Leute, wenn sie mehr Anonymität wünschen (damit sie zumindest nicht das Gefühl haben, sich vorzustellen oder um Genehmigung bitten zu müssen, sich »hinzusetzen« zu dürfen). Außerdem sollte es auch Plätze geben, wo man allein für sich sitzen kann, ohne ein schlechtes Gewissen zu haben, wenn man seine Zeitung lesen oder schweigsam bleiben will. Ein Tisch am Fenster ist für diesen Zweck besonders geeignet; auch wenn die Aussicht nicht viel bietet, kann man leicht von den übrigen Gästen abgewandt sitzen und damit den Wunsch allein zu sein, klar bekunden. Für Leute, die ohne Begleitung sind, jedoch in Kontakt mit anderen kommen möchten, wäre ein sehr langer Tisch eine gute Lösung. Die Kontakte, die hier entstehen, sind beliebig, weil die Zusammensetzung der Gruppe in einem solchen Fall nicht durch die Länge des Tisches bestimmt ist.

Natürlich kann auch die Form des Tisches das soziale Beziehungsmuster stark beeinflussen. Man denke nur an die Gleichheit, die ein runder Tisch im Gegensatz zum länglichen bietet.

Apollo-Schulen [597-602]

Heute werden Schulen immer noch nach dem alten Schema gebaut, mit einer Reihe von Klassenzimmern entlang eines Ganges, in dem sich die üblichen Kleiderhaken befinden, und gelegentlichen »Arbeitsecken«. Oft gibt es schulexterne Gründe für diese Anordnung, und die Klassenzimmer selbst können gut konzipiert sein und entsprechend gut funktionieren. Doch so angeordnet, werden sie zu separaten Einheiten, und ein vernünftiger Kontakt kann höchstens mit den unmittelbaren Nachbarn entstehen. Die Schüler der verschiedenen Klassen sehen einander im Gang, wenn die Unterrichtsstunde beginnt oder zu Ende ist, und wenn sie Glück haben, gibt es noch eine Halle, wo sie sich treffen können. Wären die Klassenzimmer um eine gemeinsame Fläche gruppiert, würden die Schüler automatisch dahin strömen, und es gäbe mehr Gelegenheiten zu spontanen Kontakten zwischen den verschiedenen Jahrgängen. Häufigere Kontakte zwischen Lehrern und Schülern aus allen Klassen würden auch zu gemeinsamen Unternehmen anregen. Beide Apollo-Grundschulen haben eine wie ein Amphitheater gegliederte Halle mit Zwischengeschoß, was den visuellen Kontakt beträchtlich intensiviert. Spontan entwickeln sich Spielgruppen, die ihr Publikum unter den Kindern finden, die auf den zur oberen Ebene führenden Stufen sitzen und die Spieler zu einer Art Vorstellung animieren.

Der Entwurf eines Zentralbereiches mit Zwischengeschoß war nicht nur ein Rückgriff auf den Amphitheatergedanken, er ermöglichte auch die Entstehung eines Bezugspunktes für die sechs Klassenzimmer, die in zwei Dreiergruppen in gegenseitiger Sichtweite angeordnet sind. Diese optische Verbindung bringt die Klassen mehr zusammen, als wenn sie sich in übereinanderliegenden, streng getrennten Geschossen befänden.

Die Halle funktioniert wie ein großes gemeinsames Klassenzimmer, in dem die Lehrer ihren eigenen Platz haben (mit einer abgeschirmten Ecke auf der »Galerie« für den Schulleiter). Die Lage der offenen, einladenden Lehrerecke – die Schüler können jederzeit dorthin gehen – verleiht der Halle den Charakter eines großen Aufenthaltsraums. Durch das Oberlicht bleibt die Helligkeit maximal, auch wenn die Türen der Klassenzimmer geschlossen sind. Die Treppen im obersten Geschoß wurden im Hinblick auf maximale Durchsichtigkeit konzipiert, um den Blick nicht zu versperren und dem von oben einfallenden Tageslicht zu erlauben, in alle Winkel zu dringen.

Was ein Architekt tun oder absichtlich unterlassen, wie er sich mit den Begriffen »offen« und »geschlossen« auseinandersetzen mag, immer beeinflußt er – bewußt oder unbewußt – die einfachen Formen sozialer Beziehungen. Auch wenn diese nur bedingt von der Umgebung abhängen, ist es Grund genug, zu versuchen, den Raum so zu gestalten, daß jeder dem anderen auf gleicher Ebene begegnen kann.

Wer dieses Vermögen der Architektur übersieht, schränkt die Freiheit der Bewohner ein. Allerdings ist die Abneigung vieler Architekten gegen soziologische und psychologische Überlegungen im gewissen Sinn verständlich. Denn überall erkennen wir um uns die Fehler einer vergangenen Periode mit ihren sozialen Utopien, wie »Räumen für soziale Interaktion« und anderen

597
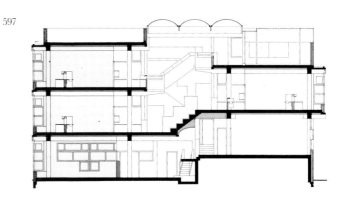

598
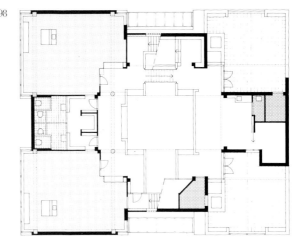

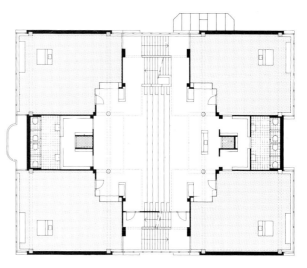

romantischen, nutzlosen (oder zumindest nie angewandten) Vorstellungen von Architekten, die der Meinung waren, sie könnten das Verhalten der Menschen einfach voraussehen. Die meisten Architekten haben eine Vorliebe für theoretische Vereinfachungen. Die Anpassung an psychologisch und sozial unabwendbare Faktoren ist nie die Hauptsorge der Architektur gewesen. Sorgfältig berechnete Dimensionen, richtige Gliederung und ein Gleichgewicht zwischen Offenheit und Geschlossenheit sind die Ausgangspunkte zur Verwirklichung des »bewohnbaren Raums zwischen den Dingen«. Es gibt keine soziale Baukunst; dies heißt jedoch nicht, daß wir es uns immer leisten können, die Bedeutung zwischenmenschlicher Beziehungen und die Reaktion der Menschen in verschiedenen Situationen zu ignorieren.

Die einfache Entscheidung, ob eine Tür nach außen oder nach innen aufgehen soll, ist schon mit einer Verantwortung verbunden, denn von der Richtung, in welcher sich eine Tür öffnet, wird abhängen, ob beim Betreten des Raums alles mit einem Blick erfaßt werden kann, oder ob die Leute, die sich darin befinden, die Zeit haben, sich auf den Besucher vorzubereiten.

Bis jetzt haben wir zwar nur über Details gesprochen; doch in jedem Gebäude gibt es so viele Details, daß sie insgesamt genau so wichtig sein dürften wie die großartige Geste der Architektur als Ganzes. Für uns ist ein Gebäude die Summe all dieser kleinen Gesten, die wie die tausend Muskeln im Körper eines Ballettänzers ein einheitliches Ganzes schaffen. Denn gerade diese Gesamtsumme der Entscheidungen – vorausgesetzt, sie wurden mit gebührender Sorgfalt und Überlegung getroffen – kann zu einer wirklich einladenden Architektur führen.

599

600

601

602

4 Ausblick II

Die Außenwelt hineinbringen

»In der Beschreibung der Ursprünge der Architektur wird das Prinzip des Obdachs besonders hervorgehoben, das mit der Entwicklung der Stadt im Wandel der Geschichte allmählich eine gegliedertere Form – von der Hütte bis zum Haus annahm. Nicht weniger wichtig ist für uns die Geschichte des Ausblicks. Darunter verstehen wir neben dem Blick auf die Mitmenschen den Blick auf die Außenwelt. Denn wie räumliche Verhältnisse die zwischenmenschlichen Beziehungen beeinflussen, bestimmen sie auch unsere Beziehung zur Umgebung. Doch statt »innen« und »außen« so zu betrachten, als stünden sie in krassem Gegensatz zueinander, wissen wir heute, im 20. Jahrhundert, daß es sich um relative Begriffe handelt, die vom Standpunkt des Betrachters und dessen Blickrichtung abhängen.

Daß der Charakter der Architektur des 20. Jahrhunderts viel offener ist als je zuvor, ist kein Zufall. Einerseits verfügen wir über die Mittel, die es uns erlauben, dies zu erreichen, andererseits ist der Wunsch an Offenheit viel größer geworden. Wir haben alle Fenster aufgemacht und so die Außenwelt hereingebeten. Daß Holland einen bemerkenswerten Beitrag zur modernen Architektur geleistet hat, als es sich im Zuge des neuen Bewußtseins des 20. Jahrhunderts in einem quasi natürlichen Prozeß entwickelte, ist in Anbetracht der typischen Offenheit der holländischen Gesellschaft keineswegs verwunderlich. Daß man in die holländischen Wohnzimmer hineinschauen und an dem, was dort geschieht, beinahe teilnehmen kann, ist eine Tradition, die den fremden Besucher stets in Erstaunen versetzt und zeigt, daß die Holländer weniger Angst vor der Außenwelt haben, als die Bewohner vieler anderer Länder, wo Privathäuser und Wohnungen abgeriegelt werden.

Der außergewöhliche Aufwand an verglasten Flächen in unseren Bauten, durch das milde Klima und vielleicht auch durch unser Gefühl der gegenseitigen Abhängigkeit ermöglicht, spiegelt die Extrovertiertheit der Interessen, die Aufgeschlossenheit gegenüber der Meinung anderer.

Nimmt sich Holland wie ein Land der Aufgeschlossenheit und der Bescheidenheit aus, so ist dies der formale und räumliche Niederschlag unserer Beziehung zueinander, unseres gegenseitigen Verhaltens, und unserer Bemühung, innen und außen ein relativ harmonisches Sozialklima im Großen wie im Kleinen aufrechtzuerhalten (s. Veröffentlichungen, 7).

603

Fabrikgebäude Van Nelle, Rotterdam 1927-29,
M. Brinkman, C. Van der Vlugt [603-609]

»Eines der anschaulichsten Beispiele des Niewe Bouwen (wie man in Holland das Neue Bauen bezeichnete) und sicherlich das größte in diesem Land ist die Van Nelle-Fabrik in Rotterdam. Ihre ungeheuren Dimensionen sind nie drückend, und das Gebäude zeigt nicht nur, was im Inneren geschieht, sondern wurde entworfen, um den dortigen Mitarbeitern einen möglichst breiten Ausblick sowohl auf die Au-

604

605

ßenwelt als auch auf ihre Kollegen zu ermöglichen. Die gebogene Fassade des Bürotrakts ist sicherlich nicht allein auf die angrenzende Straße zurückzuführen, noch war die Anordnung der Baumassen der entscheidende Faktor bei dieser Lösung. Daß Van der Vlugt an dieser großartigen Kurve – im Gegensatz zu seinem davon überzeugten Mitarbeiter Mart Stam – kein Gefallen fand, läßt sich nicht rational erklären.* Was ihm jedoch auf diese Weise gelang, und was uns hier beschäftigt, ist, daß Bürogebäude und Fabrik in Sichtweite voneinander stehen.

Die gleiche Idee setzt sich bei den Treppen fort, die so weit herausragen, daß man von jedem Geländer aus die ganze Fassade erblicken kann. Das rechts vom Eingang zum Bürotrakt gelegene Treppenhaus ist einmalig. Es durchbricht sozusagen die Fassade, als berste es buchstäblich aus ihr. Die Treppe führt aus dem Bau heraus und gewährt einen Blick auf die Fassade, den Sportplatz dahinter und die damals offenen Polder in der Ferne. Den weitesten Blick hat man von der kreisförmigen Dachkonstruktion aus, die an die Kommandobrücke eines Schiffs erinnert. Zum höchsten Punkt mit der eindrucksvollen Aussicht auf den Hafen am Horizont hat jedoch nicht nur die Führung Zugang, sondern auch die ganze Belegschaft der Fabrik. Einer rationalen, jedoch großzügigen Konzeption entsprungen, bedeutete der Gesamtkomplex einen Bruch mit der Vergangenheit, der auf eine neue Welt mit besseren zwischenmenschlichen Beziehungen blicken ließ. Das besondere an diesem Bau, der wie eine großes, durchsichtige Maschine aussieht, ist die Tatsache, daß das Prinzip der Hierarchielosigkeit in eine rationale architektonische Organisation umgesetzt ist» (s. Veröffentlichungen, 7).

* »Die Schokoladendose auf dem Dach der Fabrik habe ich – gegen meine eigene Überzeugung – entworfen und gezeichnet. Noch konnte ich der konkaven Wand des Bürotraktes viel abgewinnen, aber Van der Vlugt hatte die Leitung.« (Aus einem Brief an Bakema, 10.6.1964, zitiert in: J.B. Bakema, *L. C. van der Vlugt*, Amsterdam 1968).

606

607

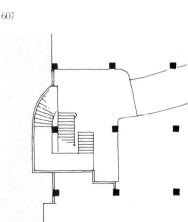

608

Liest man Le Corbusiers Beschreibung des Gebäudes, das er 1932 besichtigte, wird einem klar, daß es wahrscheinlich unmöglich gewesen wäre, diesen Traum in einem anderen Land als Holland zu verwirklichen:

Der Anblick des modernen Lebens

»Die Tabakfabrik Van Nelle in Rotterdam, eine Schöpfung unserer modernen Zeit, hat den Begriff 'proletarisch' von seinem trostlosen Nebenklang befreit. Und diese Umkehrung des egoistischen Besitzerinstinkts in ein Gefühl kollektiven Handelns führt zur glücklichen Erscheinung des *persönlichen* Eingreifens in allen Punkten menschlichen Unternehmens. Die Arbeit behält ihre grundsätzliche Materialität, aber sie wird vom Geist erhellt. Ich wiederhole es: *ein Liebesbeweis*, dieses Wort drückt alles aus.

609

(...) Das Glas beginnt auf der Ebene des Bürgersteigs oder der Rasenflächen und setzt sich ununterbrochen nach oben fort, bis es an die makellose Linie des Himmels stößt. Die Heiterkeit ist vollkommen. *Alles öffnet sich nach außen.* Dies bedeutet etwas für die, die in den acht Stockwerken arbeiten.
Innen ein Gedicht aus Licht. Die Lyrik des Makellosen. Der Glanz der Ordnung. Eine Atmosphäre der Aufrichtigkeit. Alles ist durchsichtig, jeder kann zusehen, und jedem kann man beim Arbeiten zuschauen.

(...) Der Besitzer der Fabrik sitzt in seinem gläsernen Büro. Man sieht ihn. Von dort aus blickt er auf den ganzen erleuchteten Horizont Hollands und in der Ferne auf das Leben im großen Hafen.
In der riesigen Kantine das gleiche. Direktoren, leitende Angestellte und Untergebene, Arbeiter und Arbeiterinnen essen alle zusammen im gleichen Raum, dessen durchsichtige Wände sich auf unendliche Wiesen öffnen. Zusammen, alle zusammen.

(...) Mit Interesse betrachte ich die Gesichter der Fabrikarbeiterinnen. Auf jedem kann man das Innenleben erkennen: die Freude oder etwas anderes, die Spiegelung der Gemütsregungen oder Probleme. *Aber hier gibt es kein Proletariat.* Nur eine Hierarchie, großartig errichtet und respektiert. Das Motto dieses fleißigen Bienenstocks heißt: Ordnung, Regelmäßigkeit, Pünktlichkeit, Gerechtigkeit und Wollwollen.

(...) Wie normal ist diese Reziprozität; ich pflege meinen Arbeitsplatz; die Arbeit interessiert mich; meine Mühe ist also eine Quelle der Freude! Es läuft einfach! Vollkommene Solidarität aller; jeder trägt einen größeren oder kleineren Teil der Verantwortung; Beteiligung. Beteiligung. So entstand die Van Nelle-Fabrik: in einem Jahr hat der Architekt einen Vorentwurf gemacht; dann brauchte man fünf Jahre, um den Bau auszuführen. Fünf Jahre Mitarbeit: Besprechungen, um alles bis in die kleinsten Einzelheiten zu erörtern. Die Chefs, die Architekten, die Direktoren waren da, die Abteilungsleiter, ebenso wie aus jeder Abteilung ein Facharbeiter oder ein Angestellter, damit alle Funktionen vertreten sind. Ideen können von überall kommen. Bei der Herstellung weiß man wohl, wie entscheidend ein Handgriff sein kann. Nichts ist nebensächlich, nur richtige Dinge funktionieren.
Beteiligung!
Ich darf sagen, daß mein Besuch bei dieser Fabrik zu den schönsten Tagen meines Lebens gehört.«
(Le Corbusier, *La ville radieuse*, 1933, S.177-179).

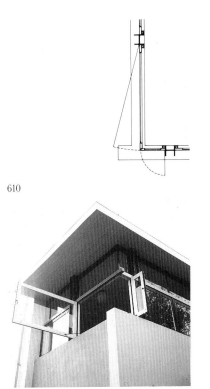

610

611

612

613

614

Rietveld-Schröder-Haus, Utrecht, 1924, G. Rietveld
[610-614]

»Im eigentlichen Herzen des Nieuwe Bouwen in Holland stand Rietvelds Schröder-Haus, kaum größer als eine heutige Sozialwohnung, in Einzelkomponenten gegliedert, die zum Mobiliar zu gehören schienen.

Der Entwurf wird oft als dreidimensionales Mondrian-Bild beschrieben. Doch abgesehen davon, daß Mondrians Bilder nicht räumlich konzipiert wurden, wird ein solcher Vergleich weder Mondrians noch Rietvelds Vorstellungen gerecht. Mondrian versuchte, die verschiedenen Werte bestimmter Farben in Harmonie zu bringen (wie Schönberg bei seinen Farbklängen) und könnte insofern durchaus Modelle für eine echte Demokratie gemalt haben, Rietveld, der wiederum mit Materialien arbeitete, die ein materielles Gewicht besitzen, machte sie gewichtslos, um damit neue Wechselbeziehungen zur Verwirklichung der neuen Ziele zu erreichen. Aus der Ferne und von außen gesehen scheinen diese Ziele abstrakt zu sein, etwa wie sachliche Kompositionen aus Ebenen und Linien, und dies ist in der Tat die Eigenschaft, die in den meisten Publikationen über das Schröder-Haus am stärksten hervorgehoben wird. Innen aber erweisen sich alle Komponenten, einzeln und in Beziehung zueinander in alltaglicher Reichweite.

Der Raum ist maximal ausgenützt, nicht nur im Inneren, sondern überhaupt: jeder Bereich ist genau dem Zweck angepaßt, dem er dienen soll, und jede Ecke, jedes Fenster, jede Tür mit so vielen Bänken, Schränken, Nischen und Konsolen ausgestattet, daß sie unmerklich in das Mobiliar übergehen. Obwohl das Haus eigentlich sehr klein ist – das Hauptgeschoß besteht aus nur einem Zimmer, das bei Bedarf unterteilt werden kann – wird der Raum durch seine unendliche Gliederung sehr groß und zugleich sehr klein. Mit all seinen typischen Merkmalen, den großen wie den kleinen, die sich verbinden, um zusammen ein wirklich bewohnbares, freundliches Ganzes zu schaffen, zeigt dieses Haus, welche Art von Nest die Menschen bauen würden, wenn sie könnten; darüber hinaus zeichnet es sich dadurch aus, daß Geschlossenheit und Offenheit sich die Waage halten.

Nach dem Schröder-Haus baute Rietveld nie wieder etwas, was einem Werkzeug so nah kam. In diesem Punkt mag er auch von Frau Schröder stark beeinflußt gewesen sein, für welche und mit welcher er das Haus entwarf. Daß er in diesem Ausmaß bereit war, auf sie zu hören, zeugt von seiner absolut richtigen Einstellung zur Architektur.

Die dem Entwurf zugrundeliegende Idee erreicht ihren Höhepunkt in der verglasten Ecke des Wohngeschosses. Wenn das große Eckfenster offen ist, ist es wirklich ein Fenster zur Welt. Da es in dieser Ecke keine störende Stütze gibt, fließt der Raum, den die im rechten Winkel zueinander stehenden Wände bilden, nach außen und wird zu einem einmaligen Erlebnis: man hat das Gefühl, zugleich innen und außen zu sein; eine größere Relativierung von Innen- und Außenwelt ist schwer vorstellbar.

Dies bedeutete tatsächlich einen radikalen Bruch mit alledem, was es gegeben hatte, und für viele von uns ist es auch ein Symbol der aufregenden neuen technischen Möglichkeiten.

Doch dieses Fenster, wie paradox es auch erscheinen mag, ist einfach das Werk eines Zimmermanns. Rietveld mußte selbst bei einem Schmied einen überlangen Fensterbeschlag bestellen. In Wirklichkeit hätte das ganze Schröder-Haus technisch mit Mitteln aus dem 19. Jahrhundert gebaut werden können. Im Gegensatz zu Duiker und Van der Vlugt, die sich durch neue Techniken inspirieren ließen, machte Rietveld einfache und zeitlose Entwürfe: des Zimmermanns Traum von einer anderen Welt.

Die kleine Bank außen neben dem Fenster von Rietvelds Arbeitszimmer, unter dem Balkon, links von der Eingangstür, wurde für Frau Schröder entworfen; als sie da saß, war sie also immer noch mit Rietveld in Kontakt, wenn er im Hause arbeitete. Daß die vorkragenden Balkone und Wände hier dank der richtigen Kombination von Abgeschirmtheit und Kontakt zugleich mit dem Inneren und dem Garten, einen bewohnbaren Raum schaffen, ist eigentlich üblich; neu ist nur ihre Form» (s. Veröffentlichungen, 7).

Dank der offenen Ecke in Rietvelds Haus ist man nicht von der Außenwelt abgeschnitten, wenn man sich im Haus aufhält, sondern mittendrin. Auch der gläserne Zylinder auf der Van Nelle-Fabrik bringt das Innere nach außen und den Horizont hinein. Beide Lösungen sind typisch für das Nieuwe Bouwen und beide – so radikal sie sind – beruhen darauf, daß das Gebäude keine Tragelemente am Rande aufweist. Dieses neue, bis dahin beispiellose Raumerlebnis ist den freitragenden Teilen zu verdanken, die erst durch die Anwendung von Stahlbeton möglich wurden.

Wie luftig die Konstruktion eines Gebäudes, wie relativiert der Kontrast von innen und außen zum Beispiel durch Vertiefungen in der Fassade auch sein mag, dieses ungewöhnliche Gefühl von Transparenz und Leichtigkeit kann nur dann entstehen, wenn die Eckstütze nicht vorhanden und die Fassade so dünn ist, daß sie sich selbst zu tragen scheint. Am konsequentesten und auch am schönsten sind die offenen Ecken bei Duikers Bauten. Die Art und Weise, wie das Tragwerk beim Polytechnikum in Scheveningen, beim Zonnestraal Sanatorium und natürlich bei seiner Schule im Freien in Amsterdam die dünne verglaste Fassade ergänzt, ist absolut einmalig, doch der Einfluß dieser beispiellosen Bauten ist heute noch auf der ganzen Welt erkennbar.

De Overloop, Seniorenheim [615-619]

Ein Seniorenheim, das aus einem in sich geschlossenen Block besteht (in welchem viele Bewohner bleiben möchten, weil sie gehbehindert sind) bekommt fast zwangsläufig den Charakter eines Bollwerks. In diesem Fall steigert die periphere Lage am Fuße des Deiches entlang des Veluwe-See noch das ungünstige Gefühl von Isolierung. Während die Organisation des Raumes im Inneren ein Maximum an Offenheit gewähren kann, sollte man beim Entwurf des Äußeren darauf achten, daß der ganze Komplex nicht isolierter aussieht als nötig.

Passanten sollten doch einen flüchtigen Blick darauf werfen können, um etwas vom Leben im Heim mitzubekommen, aber vor allem den Bewohnern selbst sollte die Gelegenheit geboten werden, zumindest visuell mit der Außenwelt in Kontakt zu bleiben. Um diese Idee so deutlich wie möglich umzusetzen, wurde die Lage des gemeinsamen Raums für Empfänge und festliche Zusammenkünfte so gewählt, daß sie einen Blick über den Veluwe-See bis zum Horizont gewährt.

Mit den großen Fenstern auf drei Seiten und dank dem durch den halbkreisförmigen Dachvorsprung vermittelten Gefühl, sich in einem Rundbau zu befinden, erinnert das Gebäude mehr an eine Schiffsbrücke als an einen Turm und deutet somit auch auf die schiffsähnlichen Bauten des Nieuwe Bouwen hin.

615

616

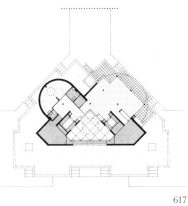

617

618

619

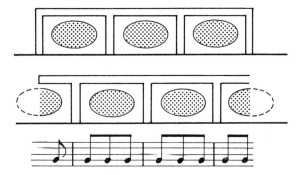

620

621

Die Erweiterung des Blickfelds durch das Öffnen einer Ecke ist ein eindeutiger Vorteil, jedoch nicht der einzige. Schließlich vermitteln Erkerfenster den Eindruck eines Hervortretens, das einen Blick in die untenliegende Straße in beiden Richtungen gewährt. Ist jedoch die Ecke kein vorspringender Erker, sondern die eigentliche Ecke des Hauses, die geöffnet wurde, so wirkt das Gebäude leichter und an den Stellen, an denen man eigentlich Kraft erwarten würde, weniger massiv. Dieses modifizierte Gleichgewicht ergibt sich aus einer Verschiebung der Betonung, die den Rhythmus des Baus verändert, der nun am Anfang und am Ende offen ist, wie in vielen musikalischen Kompositionen der Auftakt [620].

Die Ecken öffnen, wo Wand und Decke aneinanderstoßen, wie bei der Montessori-Schule in Delft [621, 622, 625], dem Umbau eines Hauses in Laren [624], oder der Anbringung niedriger Brüstungen wie im Amsterdamer Studentenheim [623] erweitert das Blickfeld – auch wenn es nicht wirklich der Fall ist – durch die Verlagerung der Aufmerksamkeit, die das Auge nach oben, nach unten, oder nach außen zur Straße lenkt. Auch die Qualität des durch das Fenster einfallenden Lichts ändert sich: wenn es von oben

622

unreflektiert einfällt, bringt es die Qualität von außen mit sich, was in Bereichen, wo man eine direktere Beziehung zur Außenwelt herstellen will (wie im gemeinsamen Bereich in der Schule), also zum Beipiel im Klassenzimmer, besonders wichtig ist.

De Evenaar, Schule, Amsterdam [626-629]

Legt man zwei aneinandergrenzende Klassenzimmer hinter einen gebogenen Fassadenteil, so bilden sie eine Art gemeinsamen Erker. Die die Klassen unterteilende Wand erhält an dem Ende, an dem sie an die Fassade stößt, eine gleitende Trennwand. Ist diese geschlossen, sind beide Räume optisch und akustisch voneinander getrennt; ist sie offen, so verschmelzen beide Klassenzimmer zu einem einzigen, vorspringenden Raum. In diesem Fall hat man außerdem einen viel breiteren Blick nach außen.

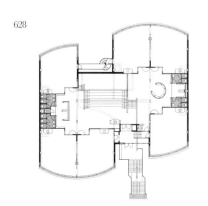
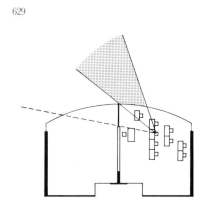
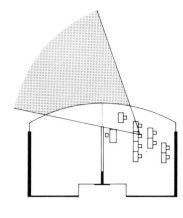

Das Öffnen einer Ecke zwischen zwei Wänden ist noch wirkungsvoller, wenn die Ecke zwischen Wand und Decke entfernt wird: dies bedeutet eine Revolutionierung des traditionellen Paradigmas, das man besonders vom tragenden Rahmenwerk kennt (wo Wände und Decken aneinanderstoßen). Die »Fenster« sind keine Öffnungen in einer Mauer oder Dachebene (also gerahmte Objekte) mehr; nun bilden sie offene Übergänge zwischen den Ebenen; durch sie wirkt das Gesamtbild weniger massiv und »stabil« und insofern weniger vom Umfeld getrennt.

So brachte das Nieuwe Bouwen die Außenwelt nach innen, in unser vertrautes Umfeld, das entmaterialisiert und durchsichtig wurde. Der architektonische Raum erweiterte sich; bleibt diese moderne Architektur eine Architektur der Schiffe und Vögel, so ist dies nicht nur auf die Formensprache zurückzuführen, die durch den weltweit bewunderten Funktionalismus des modernen Schiffsbaus inspiriert wurde; sie ist auch eine bewußte Anspielung auf den Freiheitssinn, der durch den Ausblick auf einen unendlichen Raum verdeutlicht wird, und gleichzeitig auf ein unvermeidliches Gefühl von Verletzlichkeit.

630 Freiluftschule, Amsterdam, 1927-38, J. Duiker, B. Bijvoet

631 Sanatorium Zonnestraal, Hilversum, 1926-31, J. Duiker, B. Bijvoet, J.G. Wiebenga

5 Ausblick III

Fenster zur Welt

Die Erweiterung des architektonischen Raums durch das Nieuwe Bouwen ist nur ein Teil der Geschichte des 20. Jahrhunderts. Der Relativitätsbegriff hat ebenfalls den Bereich erweitert, in welchem sich die Architektur manifestiert, und somit auch den architektonischen Raum. »Die absolute Wahrheit« existiert nicht mehr. Je nach dem, welchen Standpunkt wir einnehmen und welches Ziel wir verfolgen, erleben wir eine vielschichtige Wirklichkeit, und der Architektur obliegt es, »mehr« zu enthüllen, die verschiedenen Ebenen der Erfahrung transparenter werden zu lassen und zu beleuchten, wie die Dinge funktionieren und miteinander verbunden sind. Welchen Sinn man dem Erlebnis des Raums auch geben mag, in der Welt des 20. Jahrhunderts bedeutet es sicherlich mehr als eine rein visuelle Wahrnehmung. Das Freilegen ungeahnter Bedeutungsschichten durch die Kunst und die Wissenschaft des 20. Jahrhunderts hat unsere Betrachtungsweise und unsere Art zu fühlen wesentlich geändert. Die Welt hat sich geändert, weil wir jetzt Dinge in einer neuen Weise sehen, oder eher in einer Weise, die uns früher nicht bewußt war. Heute haben wir die Möglichkeit, so viel zu sehen, daß wir uns nicht mit gefälligen, oberflächlichen Erscheinungen und dekorativer Architektur begnügen können. Der Bereich der Architektur enthält auch eine Antwort auf die anderen in unserem pluralistischen Bewußtsein lagernden Erscheinungen und Bedeutungsschichten.

632

Weltausstellungspavillon, Paris, 1867, F. Le Play [632]

Bauten werden meist dargestellt, wenn das Sonnenlicht voll auf sie fällt. Doch hier ist das Gegenteil der Fall. Wenn die Nacht einbricht, scheint es, als würden das Innere und das Äußere die Rollen tauschen. Wie eine große Lampe beleuchtet der Rundbau den Raum, in welchem er steht und streckt seine gläsernen, überhängenden Dächer mit den in regelmäßigen Abständen hängenden Lampen in einer Geste des Willkommens aus; so fühlt man sich schon im Gebäude, bevor man über die Schwelle ging. Die allgemeine Transparenz der Konstruktion selbst ist eine Aufforderung, diesen modernen Palast zu betreten, der für den neuen Konsummarkt eine Fülle von Gütern enthält, wie ein strahlender Planet, der einen Blick auf die neue Welt gewährt.

633

634

Cineac Cinema, Amsterdam, 1933, J. Duiker [633-634]

»Die Vision einer neuen Welt ist besonders stark beim Nachrichtenkino *Cineac* von Duiker & Bijvoet. Als Informationsmaschine gedacht, die man, als es noch kein Fernsehen gab, zwischendurch besuchen konnte (etwa beim Einkaufen), um zu erfahren, was in der Welt vor sich geht, präsentierte sich das eigentliche Gebäude in einem ganz neuen Gewand, in allen Details darauf abgestimmt, die Funktion eines *Fensters zur Welt* zu erfüllen. Neben der geschoßhohen Leuchtschrift (selbst ein erstaunliches Gebilde) und dem weichen Übergang von der Straße zum Innenraum (durch

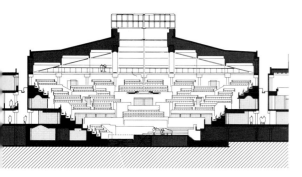

635

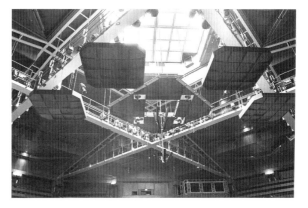

636

ein gläsernes Vordach und die der Straße zurückgegebene wertvolle Ecke verwirklicht) ist vor allem die gerundete Glasfassade über dem Eingang besonders auffallend.
Durch die im ersten Stock um die Ecke laufende gläserne Wand konnte man von der Straße aus in den Projektionsraum hineinsehen, während die Filmvorführer (vor der Zeit der automatischen Projektion) Gelegenheit hatten, eine Blick auf die Straße zu werfen. Duiker ging es vermutlich vor allem darum, die Projektionstechnik zu demonstrieren; doch statt in einer Ecke versteckt zu bleiben, wurden die Techniker mitten im Alltagsgetriebe ins Blickfeld gerückt. So führte das Streben des Architekten, den wesentlichen Anforderungen dieses auf einem sehr kleinen, ungünstig gelegenen Grundstück errichteten Zweckbaus Rechnung zu tragen, zu einer grundsätzlich neuen Strukturierung des Raums« (s. Veröffentlichungen, 7).

»Die hohe Leuchtschrift wurde im November 1980 entfernt und der gläserne Eingang mit Holz verkleidet. Nur die gerundete gläserne Wand blieb erhalten, bis auf die ursprünglichen Pfosten, die (wie auch vor einigen Jahren bei der Freiluftschule) durch dickere ersetzt wurden. Das letzte große Werk Duikers wurde also unwiederbringlich verstümmelt, und die relativ intakt gebliebenen Bauten aus dieser sich über knapp zwanzig Jahre hinziehenden Periode verringern sich auf eine alarmierend kleine Zahl.
Da sie nicht wie alte Autos oder alte Züge und Schiffe ins Museum gebracht werden können, und nicht alt genug sind, um unter Denkmalschutz zu stehen, werden nur einige Photos von diesen Bauten und ihrer bemerkenswert leichten Konstruktion zeugen. Wer wird künftig noch in der Lage sein, zu beschreiben, was sie ausstrahlten, und welche Stimmung aus ihnen hervorging?« (s. Veröffentlichungen, 8)

637

638

639

640

Vredenburg Musikcenter, Utrecht [635-642]

»Durch das große kastenförmige Oberlicht auf dem Dach des Musikcenter fällt genug Licht ein, um, zumindest bei klarem Himmel, Tagesaufführungen ohne künstliche Beleuchtung zu ermöglichen. Doch auch wenn diese zusätzlich notwendig ist, hat man immer noch eine Vorstellung von Wetter und Tageszeit. Zumindest kann man sagen, ob draußen die Sonne scheint, und die Musiker müssen nicht in einem künstlich beleuchteten Raum proben.

Die Möglichkeit von Aufführungen bei Tageslicht ist eine weitere Alternative zur ohnehin großzügigen Skala von Beleuchtungen, während das Oberlicht wiederum als eine Art Wahrzeichen die Außenwelt auf die Aktivitäten des Musikcenter aufmerksam macht« (s. Veröffentlichungen, 5).

Das Wesentliche an diesem Bau ist das Hauptauditorium mit 1700 Sitzen, das, wie ein Amphitheater aufgebaut, ei-

641

nen ausgezeichneten Blick auf die in der Mitte gelegene Bühne gewährt.

Die Halle selbst wurde symmetrisch entworfen. Bei einer Konzerthalle kommt es natürlich zuerst auf eine gute Akustik an, aber eine gute Sicht ist eine willkommene Ergänzung. Der Anblick der Musiker hilft den Zuhören, die musikalischen Feinheiten zu erkennen, insbesondere, wenn diese Zuhörer ohne entsprechende Vorbildung sind. Daß die Zuhörer auch die anderen Konzertbesucher sehen können, steigert das emotionale Erlebnis, was wiederum die Musiker beflügelt.

Wenn auch das Niveau der modernen Aufnahmetechnik ermöglicht, zuhause Musikwiedergaben zu hören, deren Qualität bei Aufführungen selten erreicht wird, bleibt der Konzertbesuch durch das gemeinsame Erlebnis ein Ereignis besonderer Art. Darüber hinaus erlebt man im Konzertsaal die angebeteten Künstler, denen man sonst nur auf den Schallplattencovers begegnet.

Dieses mehr wie ein rundes Theater als eine Konzerthalle entworfene Auditorium eignet sich für viele andere Arten von Musikdarbietungen, bei welchen die eigentliche Aufführung eine wichtigere Rolle spielt als bei den klassischen Werken. Außerdem kann das Podium durch Einbeziehung des Parketts erweitert werden, um ein echtes Rundtheater zu erhalten.

Das Auditorium ist mit allen für ein Theater nötigen Beleuchtungseinrichtungen ausgestattet, die für das Publikum sichtbar installiert sind. Das Auditorium sollte nicht nur für eine breite Skala von musikalischen Darbietungen geeignet sein, sondern auch durch die allgemeine Stimmung und angenehme Arbeitsverhältnisse zur Qualität der Aufführungen beitragen.

Der Raum muß nicht nur die Möglichkeit bieten, die Bühne und die Anordnung der Sitze an die jeweiligen Situationen anzupassen – d. h. technisch und organisatorisch flexibel sein – sondern auch die von den verschiedenen Aufführungen erforderte Offenheit oder Intimität gewährleisten. Wichtig ist vor allem, daß zwischen Zuhörern und Musikern ein Gefühl gemeinsamen Erlebens entsteht.

Dank der Amphitheater-Form des Auditoriums kann jeder im Publikum nicht nur die Musiker, sondern auch die anderen Konzertbesucher gut sehen, was in Zusammenhang mit der Anordnung der Sitze und der Gliederung des Raums eine Atmosphäre der Einheit, ja sogar der Verbundenheit entstehen läßt, die in einem konventionellen Konzertsaal mit den üblichen nach vorne ausgerichteten, hintereinanderliegenden Sitzreihen undenkbar wäre. Das Gebäude paßt sich also dem spezifischen Charakter der jeweiligen Aufführungen nicht nur dadurch an, daß das Auditorium wandlungsfähig (im mißverstandenen Architektenjargon flexibel) ist, sondern polyvalent wird, d. h. sich nicht nur für Aufführungen eignet, die von klassischer Orchester- und Kammermusik bis hin zu Jazzkonzerten, Varieté und Zirkusvorstellungen (mit echten Löwen) reichen, vom Experimentieren mit verschiedenen Teilen des Orchesters in den äußersten Ecken ganz zu schweigen, sondern auch dadurch, daß der Raum selbst die Rolle eines Instruments übernimmt, mit welchem all diese Varianten gespielt werden können« (s. Veröffentlichungen, 5).

642

■ *Unsere Architektur muß die Fähigkeit haben, allen Situationen gerecht zu werden, die sich auf die Art auswirken, wie ein Bau verstanden und benutzt wird. Sie sollte sich nicht nur der Witterung und dem Wechsel der Jahreszeiten anpassen und Tag und Nacht benutzt werden können, sondern grundsätzlich so entworfen sein, daß sie all diesen Erscheinungen genügt. Der Architekt muß diese unterschiedlichen Nutzungsmöglichkeiten ebenso wie die Empfindungen und Wünsche allermöglicher Kategorien von Menschen in verschiedenem Alter berücksichtigen, mit ihren spezifischen Erwartungen, Möglichkeiten und Grenzen. Der endgültige Entwurf muß auf alle intellektuellen und emotionellen Daten abgestimmt sein, die der Architekt sich ausdenken kann, und er muß in Beziehung zur sensorischen Wahrnehmung des Raums stehen. Die Wahrnehmung des Raums besteht nicht nur in dem, was man sieht, sondern auch was man hört, fühlt, ja sogar riecht, sowie in den Assoziationen, die dadurch geweckt werden.*

Die Architektur ist also in der Lage, Dinge aufzuzeigen, die nicht wirklich sichtbar sind, und ungeahnte Assoziationen hervorzurufen. Wenn es uns gelingt, eine Baukunst zu erzeugen, die so vielschichtig ist, daß die vielen in den verschiedenen Schichten des Bewußtseins lagernden Gegebenheiten im Entwurf widergespiegelt sind, wird das architektonische Umfeld auch diese Gegebenheiten ›veranschaulichen‹ und dem Benutzer etwas ›von der Welt‹ erzählen.

643

644

Villa Savoye, Poissy, Frankreich, 1929-32
Le Corbusier [643-647]

Der große umschlossene äußere Wohnraum dieser Villa ist ohne Zweifel das eindrucksvollste Beispiel eines gebauten Außenraums, wie man es bei fast allen Entwürfen Le Corbusiers finden kann. Da diese innere Landschaft am Rande des Volumens liegt und die gleiche Langfenster-Anordnung aufweist, wie die anstoßenden Wohnräume, gewährt die Terrasse auch einen Blick auf die umgebende Landschaft. Die Dachterrassen Le Corbusiers sind weder Gärten noch Innenräume; sie stellen einen Raum ganz besonderer Art und unverwechselbarer Qualität dar.

Auch die Blumenkästen geben nur die Illusion eines Gartens. Sie sind sicherlich zu groß, um wie Blumentöpfe zu wirken, sehen aber auch anders aus als Blumenbeete im Garten, obwohl Le Corbusier eine viel größere Vielfalt von Pflanzen miteinbezog, als die meisten Architekten, die Blumenkästen als reine Details betrachten, die dazu dienen, die leeren Stellen auf der Zeichnung (und später im ausgeführten Bau) zu füllen... Hier ähneln sie mehr den Saatbeeten einer Baumschule, die mit Glas bedeckt werden können, und Bewohner mit einer »grünen Hand« könnten sie tatsächlich auf diese Weise benutzen. Das in die Kästen eingesetzte Licht verstärkt diese Assoziation noch, und gerade die Verbindung zweier Komponenten, die scheinbar keine Beziehung zueinander haben, verleiht dem Entwurf seine Einmaligkeit.

Oberlichte im Boden einer Terrasse auf diese Weise einzurahmen, gibt ihnen einen gewissen Schutz und sie erscheinen weniger wie ein Hindernis. Von unten betrachtet, lassen die herabhängenden Grünpflanzen die Dachterrasse ahnen. Anders als die üblichen Oberlichte, durch welche man nur ein rechteckiges Stück Himmel sehen kann, gewähren jene Le Corbusiers einen weniger abstrakten Blick auf die Außenwelt, ja manchmal lassen sie sogar jemanden erkennen, der auf der Terrasse hinunterschaut oder die Pflanzen pflegt. Wie dieses einfache Detail zeigt, verstand Le Corbusier, wie so oft in seinem hervorragenden Werk, bescheidene Elemente so zu verbinden, daß sie sich durch ihre Funktion und Stellung ergänzen.

Was wir hier sehen, ist eine bessere Organisation der verschiedenen Komponenten, so daß das Rechteck aus Licht in seiner Abstraktheit die Eigenschaft einer Aussicht erhält. Für Le Corbusier gab es keine Kluft zwischen formaler Ordnung und formtranzendierender Anwendung. Ihm war die Organisation der alltäglichen Routine genau so wichtig wie die Komposition der großen Geste. Gerade die Interaktion von tausenden von untergeordneten Details, wie alle Elemente, die eine Maschine ausmachen, führt zur Poesie. Dies scheinen heute allzuwenige Achitekten zu erkennen (denn zu viele sind offenbar nicht in der Lage, etwas Schöpferisches hervorzubringen).

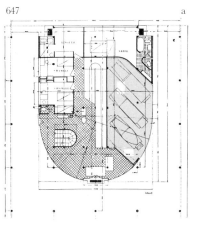 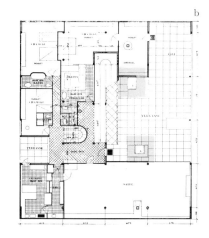 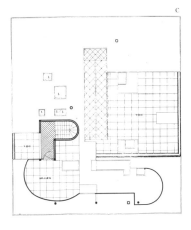

648

Fußgängerunterführung, Genf, 1981, G. Descombes
[648-652]

In Lanca bei Genf entwarf Georges Descombes eine Fußgängerunterführung, die beide Teile einer von einer Autostraße durchquerten Parkanlage verbindet. Das Wellblech, woraus der eigentliche Tunnel besteht, ist an beiden Enden sichtbar. Im Tunnel gibt es aber auch einen schlanken eisernen Steg, unter welchem ein Bach von einem Teil des Parks zum anderen fließt. Die Brücke, die viel länger ist als der Tunnel, geht in den Park weiter und endet in einiger Entfernung von der Straße.

Nur ein relativ kleiner Teil des beide Seiten des Parks verbindenden Stegs ist also unterirdisch, wobei der Durchgang im Tunnel selbst zu einer schlichten Episode in einer längeren Strecke wird. So geht man in sicherer Entfernung durch den Rumpf eines primitiven Reptils aus Wellblech, vom dumpfen Klang der eigenen Schritte auf dem Holzsteg begleitet und von einem geheimnisvollen Gefühl umhüllt. Außerdem gibt es im Tunnel auf halbem Weg eine Öffnung in der Mitte der Straße (was mehr Unterführungen haben müßten). Der Tunnel selbst wurde zu einem Teil einer längeren Strecke reduziert, einem relativ kurzen Intermezzo in einem Spaziergang durch den Park. Die Wirkung des Stegs besteht darin, daß er den Tunnel verkürzt, indem er das Überqueren von einer Parkseite zur anderen verlängert. Und, wie so oft: die aufregendste Route erweist sich auch als die kürzeste Verbindung zwischen zwei Punkten.

649 650 651

652

653

Kapelle in Ronchamp, Frankreich, 1955
Le Corbusier [653-654]

Die Kapelle Notre-Dame-du-Haut in Ronchamp wird gewöhnlich als ein von Le Corbusier, dem Meister der expressionistischen Architektur geliefertes Beispiel für expressionistisches Bauen zitiert. Das Dach hat die Form eines riesigen Beckens, aus welchem das Wasser durch eine einzige Traufe abläuft; diese Traufe findet man auch an den Kathedralen, hier ist sie jedoch organischer ausgebildet. Es braucht eine gewisse Zeit, bis das gesammelte Regenwasser abfließt, nachdem der Regen sich jenseits der Hügel verzogen hat. Mit ungeheurer Kraft strömt es weiter und sein Strahl wird von pyramidenförmigen Spitzen in einem am Boden unter der Traufe befindlichen anderen Betonbecken gebrochen.
Folgendes Exzerpt stammt aus einem nach dem Tod Le Corbusiers am 27. August 1965 geschriebenen Text: »Alles, worauf ein Künstler seine Hand legt, ändert seinen Kurs. Le Corbusier befaßte sich nie mit der Form allein, er war immer an den Mechanismen interessiert, die er vor Augen hatte; er hätte den Lauf eines Baches umgeleitet, um die Richtung des Wassers zu ändern, damit das Wasser den veränderten Lauf sichtbar macht und zu einem anderen Gewässer wird; so würde das Wasser klarer und sich selbst treuer, während auch die Richtung zu gleicher Zeit klarer und echter würde. Das Gebäude sagt also etwas über das Wasser über dem Dach aus, während das Wasser wiederum etwas über den Bau erzählt; auf diese Weise formen Wasser und Wasserfläche einander, indem sie vom anderen und von sich selbst erzählen« (s. Veröffentlichungen, 2).

654

Alhambra, Granada, 14. Jahrh. v. Chr.
[655-657]

Die Treppen, die das Wasser über die steinernen Stufen leiten, wo es eine Folge von kleinen Wasserfällen bildet, nehmen eine ungewöhnliche Form an. Das an der Oberfläche des Wassers reflektierte Licht und das Geräusch verstärken den Eindruck des gestuften Gefälles; vielleicht ist es auch der Grund, weshalb ein Treppenlauf als Fußgängerweg dem Spaziergänger als etwas aufregendes erscheint. Hier wird jedoch durch diese geglückte Kombination nicht nur unse-

655

229

re Wahrnehmung der Treppe selbst, sondern auch des Wassers intensiviert; in dieser gesteigerten Form kann jene flüssige Substanz, die uns sonst selbstverständlich erscheint, unserer Aufmerksamkeit nicht entgehen.

Die kleinen runden Teiche mit ihren aus weichem Marmor geschnitzten Brunnen sind künstliche Wasserlachen, wie jene, die sich auf dem Pflaster bilden, hier wurden sie jedoch geformt, und ein minimaler architektonischer Eingriff verlieh ihnen Permanenz, eine auf Wasser beruhende Architektur, neben Marmor das denkbar schönste und erfrischendste Material in diesem warmen andalusischen Garten!

Moschee, Cordoba, Spanien, 786-1009 [658, 659]

Orangenbäume, die in runden Vertiefungen aus dem Pflaster wachsen, spenden dem Hof der Moschee in Cordoba Schatten. Diese Kreise sind durch Kanäle miteinander verbunden, die ein ausreichendes Bewässerungssystem für die Bäume bilden. In den relativ breiten Vertiefungen wird das Wasser vom Boden aufgenommen; der schmale Verbindungskanal dient nur dazu, es von einem Baum zum anderen zu leiten. Die Schönheit des Entwurfs beruht nicht auf der Einfachheit der Form selbst, sondern darauf, daß diese Form so klar zeigt, wie sie funktioniert. In diesem Fall könnte man sagen, daß die Form nicht nur der Funktion entspricht, sondern selbst die Funktion ist. Die Form des Kreises verbindet sich nicht nur auf wunderbare Weise mit jener der Bäume, um ein interessantes graphisches Muster zu bilden, sie nimmt auch die Wirbel des Wassers viel besser auf als ein Viereck (dessen Winkel auch schwer zu reinigen gewesen wären).

Die Architektur kann über bestimmte Erscheinungen wie Zeit und Wasser etwas erzählen, die wiederum etwas über die Architektur aussagen. Sie erklären sich gegenseitig. Indem man zeigt, wie die Dinge funktionieren, sie somit an die Oberfläche bringt, kann man die Welt lesen, sozusagen deren Code entziffern; die Architektur muß erklären, enthüllen.

Dies bedeutet im wesentlichen einen Kampf gegen Reduzierung und die damit verbundene Entfremdung, jene Entfremdung, die uns von allen Seiten befällt und einer Umgebung unterordnet, die uns immer weniger sinnvoll erscheint und die wir immer weniger beeinflußen können. Wir sollten nach der lesbarsten, d. h. der ausdrucksstärksten Form suchen.

Das in versteckten Leitungen fließende Wasser sagt uns nichts über den Vorgang, der sich abspielt; so bleibt es ein abstraktes System, von dem man höchstens erwarten kann, daß es lautlos funktioniert. Ähnlich, wenn wir in einem Tunnel einen Fluß unterqueren, setzen wir einfach voraus, daß wir am anderen Ende herauskommen werden; wir aber können nicht sehen, was wir eigentlich tun. Eine Brücke zu überqueren, ist dagegen leicht nachvollziehbar, wäh-rend eventuell darunter fahrende Schiffe ihre Doppelfunktion erkennen lassen. Das Abstrahieren der Form ist also mit einer Reduzierung der Information über die Art, wie sie funktioniert verbunden. Etwas ähnliches geschieht in geschlossenen Aufzügen, in denen man sich nur auf die aufleuchtende Nummer verlas-sen kann, um zu wissen, in welchem Stockwerk man sich befindet, und sogar dies ist relativ, denn in einigen Ländern heißt das Erdgeschoß erster Stock, und in anderen sind die Straßen-ebenen mit Anfangsbuchstaben gekennzeichnet. Das ganze System beruht darauf, daß man sich auf einen Code verläßt; selbst kann man wenig tun, nur hoffen, daß man dort hinkommt, wohin man möchte.

Die Tendenz der Architektur, die Form im Hinblick auf Vereinfachung zu abstrahieren, birgt in sich die Gefahr des Verlustes an Ausdruckskraft. Dieser Preis wird für ein oberflächlich gefälliges und grafisch ästhetisches Gesamtbild allzu leicht bezahlt. Das verführerische »weniger ist mehr« führt allzu oft zu einer überteuerten geringen Leistung. Man kann geteilter Meinung darüber sein, was überflüssig und was wesentlich ist, durch einfaches Weglassen läßt sich jedoch Schlichtheit nie erreichen... »du sublime au ridicule il n'y a qu'un pas«.

Unabhängig davon, ob das Resultat schiere Einfachheit oder Komplexität ist, müssen wir immer nach der Form streben, die den weitesten Fächer von Bezügen aufweist und somit eine breite Skala von Möglichkeiten und Erlebnissen bietet. Die Entwicklung des architektonischen Raums im Laufe des 20. Jahrhunderts bedeutet, daß die Materialien, die wir wählen und wie wir sie einsetzen, mehr verrät, als zu sehen ist. Die Komplexität der Aufgabe repräsentiert mehrere Wirklichkeiten gleichzeitig, die alle im Entwurf mitberücksichtigt werden müssen. Sie bilden sozusagen ein großmaßstäbliches, vielschichtiges Programm in Form einer den unmittelbaren Anforderungen der Vorgabe zugrundeliegenden, äußerst differenzierten Substanz.

Je mehr Erfahrungsebenen im Entwurf als Aspekte mitberücksichtigt werden, um so mehr Assoziationen entstehen und umso breiter ist für viele Menschen in unterschiedlichen Situationen die Skala der Erfahrungen, die jeder mit seinen eigenen Wahrnehmungen machen kann.

659

Privathaus, Brüssel, 1896, V. Horta [660-664]

»Wie in allen von Horta entworfenen großen Häusern, hat dieses Haus, das er für sich baute (heute Horta-Museum) eine Zentraltreppe, um welches sich die ganze vertikale Struktur aufbaut. Um diese Treppe sind die Wohnräume im ersten Stock auf verschiedenen Ebenen angeordnet; man braucht nicht durch lange Gänge zu gehen, um in die einzelnen Zimmern zu gelangen, denn die Treppe selbst führt in die einzelnen Bereiche des Hauses. Sehr breit im Erdgeschoß, wird sie in den oberen Stockwerken enger, was ganz logisch erscheint, weil sich dort die privateren Räume befinden; daß das Treppenhaus im oberen Bereich offener wird, hat weiter den Vorzug, daß das von oben einfallende Licht tiefer in das Gebäude dringen kann. Die Proportionen der Treppe lassen in jedem Stockwerk die Höhe des Hauses erkennen, dem es Einheitlichkeit und Geschlossenheit verleiht.«

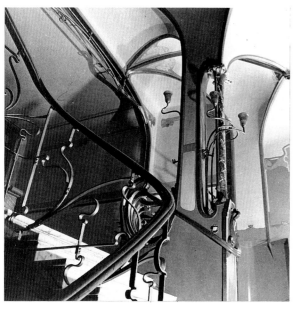

662

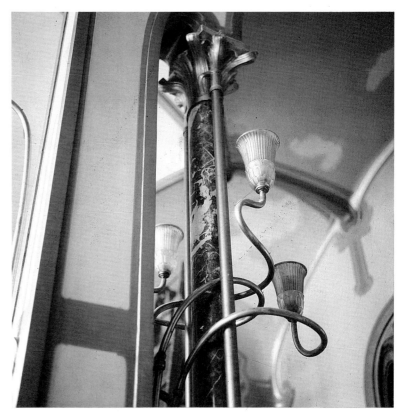

663

Wir sind gewohnt, Elektrizität in jedem Zimmer zu haben, wobei die Leitung irgendwo in der Wand versteckt ist; dadurch wird das Phänomen Elektrizität auf etwas reduziert, was wir für selbstverständlich halten und worüber wir nie nachdenken. Und da die Heizung automatisch reguliert wird, merken wir erst, daß es sie gibt, wenn sie nicht funktioniert.

Das Interessanteste an den Lampen, die Horta für die Halle seines Hauses entwarf, ist natürlich ihre Ähnlichkeit mit Blumen. Für ihn selbst bedeutete jedoch die florale Form mehr als ein Ornament: sie war ein Mittel, den Energiebedarf auf funktionelle Weise zu strukturieren, wobei die Tragkonstruktion mit einem getrennten Leitungssystem für Gas und Heizung kombiniert wurde. In diesem integrierten System funktioniert jede Komponente unabhängig von den anderen und erfüllt ihre eigene Aufgabe innerhalb des Ganzen.

664

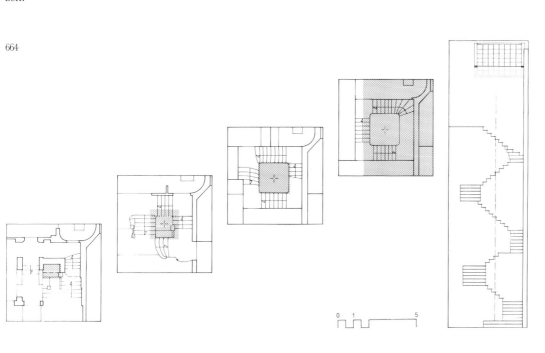

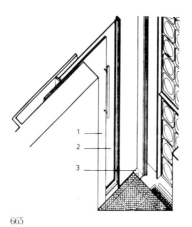

665

666

667

Maison de Verre, Paris, 1928-32, P. Chareau,
B. Bijvoet, L. Dalbet [665-677]

Das Interessanteste an diesem Haus ist nicht das Äußere. Sieht man es zum ersten Mal, in einem Hof versteckt, entspricht es nicht der Vorstellung, die man sich von einem Glashaus macht. Außerdem kann man von außen kaum etwas vom Inneren erkennen: die große Glasziegelfassade steht da, fast wie eine fensterlose Wand inmitten der alten Architektur und paßt sich dem Umfeld an. Mit seinem bescheidenen Äußeren unterscheidet sich das Haus von seiner Umgebung nur durch den spektakulären Kontrast, den das Material der Glasfassade und dem der massiven, sie umgebenden Steinmauer bildet.

Doch kann ich mir keinen Menschen vorstellen, der das Haus zum ersten Mal betritt und nicht vom Anblick des Raums ergriffen wird, der sich hinter jener massiven Glaswand vor ihm öffnet. Für mich war dieses Haus – in Wirklichkeit ein einziger Raum, in verschiedene ineinander verschmelzende, sich von einer Ebene zur anderen überlappende Plätze ohne wirkliche Trennung gegliedert – ein ganz neues Erlebnis. Ich betrat ein Raumschiff außerhalb dieser Welt mit wunderschönen Paneelen, die man nur mit den Fingern drehen oder schieben konnte, und es öffnete sich geheimnisvoll ein Raum, der bis dahin dem Blick verborgen geblieben war. Welch ein Unterschied – aufs Einfachste formuliert – zur normalen Welt, in der die Zimmer durch schwere Türen geschlossen werden, deren Rahmen in Mauern eingesetzt sind.

Und dann die Schiebetüren, die eine massiv, die andere durchsichtig, die man getrennt bewegen kann, um genau je nach Situation die erwünschte Abstufung von Geräusch und visuellem Kontakt zu erreichen. Dieser offene Raum mit seiner akustischen Transparenz läßt die entfernteste Ecke hörbar werden und verbreitet zusammen mit der besonderen Qualität des durch die Glasziegel schimmernden Lichts – ruhig und diffus wie eine indirekte Beleuchtung – eine außergewöhnlich heitere und luftige Atmosphäre. So hatte ich mir die neue Welt des 20. Jahrhunderts vorgestellt: und hier spürte ich zum ersten Mal in der Architektur jenes Raumgefühl, das Picasso, Braque, Léger, Delaunay, Duchamp mich hatten ahnen lassen.

Weiter bestätigt, so schien es mir, wurde die Andeutung einer neuen Ära durch den mechanischen und oft maschinenähnlichen Charakter aller Komponenten, die starke Assoziationen mit einer Industriewelt hervorrufen, in welcher Teile von Bauten wie Flugzeug- und Autoteile in Fabriken erstellt und anschließend montiert werden.

Man hat sich immer gewundert, weshalb Bauten nicht in gleicher Weise aus fertigen Komponenten zusammengesetzt werden konnten, und dies ist gerade, was hier geschah: die Zugfenster, die hinauf und hinab gleiten, die Leichtbau-Flugzeugtreppen, freigelegte Zahnräder, die zeigen, wie die Fenster sich öffnen und schließen, und überall die größte

668

669

670 a b

671 672

Sorgfalt in der Durchbildung der kleinsten Details – alles auf der Basis ganz neuer Prinzipien erfunden und konstruiert. So hatte man sich eine Architektur aus Fertigbauteilen vorgestellt. Der Traum, eine solche Fülle von Lösungen könne für alle erreichbar sein, schien endlich Wirklichkeit zu werden.

Die Technik, mit welcher dieses Haus bis ins kleinste Detail entworfen und gebaut wurde, erinnert an die Perfektion eines Rolls Royce; heute, nach mehr als fünfzig Jahren, nachdem alles noch reibungslos funktioniert, sind wir immer noch davon gefesselt. Und dies ist gar nicht so überraschend, denn der Reiz dieses Hauses liegt nicht nur in der Schönheit der einzelnen Lösungen, sondern in der Vorstellung, daß sie wiederholbar sind.

Wir sind also mehr mit der Form einer Technik als mit der Technik einer Form konfrontiert. Und wir können uns immer noch denken, daß die heutige Technik in der Lage sein wird, eine Architektur hervorzubringen, in der jedes Element im komplexen Ganzen für sich verstanden werden kann und klar erkennen läßt, weshalb es auf diese Weise konzipiert wurde. Warum hat die Industrie im Verlauf ihrer Entwicklung dem Potential dieser Technik so wenig Beachtung geschenkt?

Obwohl es viele Bauten mit industriellen Implikationen auf formaler Ebene gibt, die somit unseren Traum weiterspinnen, haben die industriell erzeugten architektonischen Komponenten keine Ähnlichkeit mit ihnen und lassen die Sensibilität eines Chareau, Eames oder Piano vermissen.

Die Interessen der Bauindustrie und die Wege, die sie in der Praxis beschreitet, stimmen nicht immer überein. Die Bauindustrie würde eher Kitsch von gestern produzieren oder

673

674

sich mit der Erzeugung perfekt vorfabrizierter, sich hinter klassizistisch anmutenden Formen versteckenden Betonteilen prostituieren; wir sind so vieler Dinge fähig, auch der Grobheit. Nein, das »Maison de Verre« bleibt ein Traum, und die neue Welt der industriellen Produktion hat noch nicht gelernt, Bauteile mit der gleichen Perfektion herzustellen wie etwa moderne elektronische Geräte.

Das Irreführende und Widersprüchliche an diesem Haus ist, daß die Idee der industriellen Produktion durch die industrielle Wirklichkeit nicht bestätigt wird; Dinge, die so aussehen, als seien sie reproduzierbar, sind es nicht unbedingt. Im Gegensatz zur Kunst scheint die Architektur unfähig zu sein, die Kluft zwischen Idee und Wirklichkeit zu überbrücken.

»Nur selten gelingt es der Architektur, ihrem scheinbar unentrinnbaren Schicksal zu entgehen – ihrem Streben, sich in irgendeinem Trend zu behaupten, statt die Oberflächlichkeit des Trend-Denkens zu entlarven und durch etwas Realeres zu ersetzen. Architektur ist, wie es scheint, zu materiell, um ideell zu sein, und anstatt die bestehende Wirklichkeit anzugreifen, macht sie das Gegenteil: sie tut alles, um sie zu bestätigen. Wir können nur von Kunst sprechen, wenn eine ganz andere Technik entsteht, wenn ein anderes Paradigma das Vertraute und leicht Erreichbare ersetzt.

676

677

Was dieses Haus zu einem Kunstwerk werden läßt, ist, daß es uns dazu führt, die Welt mit anderen Augen zu sehen: dadurch, daß es unsere Vision verändert, kann es auch die Welt verändern. In zweiter Linie ist das »Maison de Verre« mehr wie ein Komplex aus einmaligen Stücken, ein äußerst verfeinertes, ausgewogenes Netz von Ideen, von jenen, die vermutlich nur einmal, in einem bestimmten Augenblick in der Geschichte erblühen; ein handwerkliches Produkt, bei welchem es mehr um die Verbindung zwischen den einzelnen Elementen geht, als um die Elemente selbst, und das insofern dem Jugendstil näher ist als dem modernen Industriedenken.

Nehmen wir zum Beispiel den Eindruck, den man bekommt, wenn man sieht, wie die Elektrizität durch freistehende, vertikale Röhren und Säulen geleitet wird, auf welchen Schalter montiert sind, und die nun, statt wie zufällig aus der Wand zu kommen, sichtbar und als autonomes System erfaßbar wird: dies ist der Geist Hortas. Hier sieht man die echte Funktionalität, die dem Jugendstil entsprang.

Aber auch das von diesem Haus vermittelte Raumgefühl wirkt weniger verblüffend, wenn man die von Horta ent-

675

worfenen großen Häuser besichtigt hat. Auch hier findet man als Konzept das Prinzip des ununterbrochenen, gegliederten Raums, der durch verstellbare Elemente verkleinert oder erweitert werden kann, und in dem sich keine konventionellen Gänge, Hallen oder Treppen mehr befinden, so daß die Hierarchie der dienenden und bedienten Räume zu schwinden beginnt und jeder Bereich zum lebenden Raum wird.

Als die Familie Dalsace noch in ihrem Haus lebte, war es tatsächlich ein großer lebender Raum, in dem man sogar in den entferntesten Winkeln die sorgende Hand von Annie Dalsace und ihre tiefe Liebe zur Architektur erkennen konnte, durch welche und für welche all dies entstand.

Wahrscheinlich das Bemerkenswerteste war die Stimmung, die sie atmete und die sich so sehr von der exklusiven, prunkhaften Atmosphäre unterschied, die man gewöhnlich in einer so reichen Umgebung findet. Vollkommene Gleichberechtigung herrschte in diesem Raum, in dem die alltäglichsten Gebrauchsgegenstände mit der selben Sorgfalt von diesen eleganten und phantasievollen Menschen behandelt wurden wie die unschätzbaren Kunstobjekte in ihrer stets gastfreundlichen Umgebung; der wahr gewordene Traum einer neuen, leichteren und durchsichtigeren Welt« (s. Veröffentlichungen, 11).

Wie ein Bau zusammengesetzt ist, d. h. wie er funktioniert, sollte für den Benutzer »lesbar« sein. Statt des Putzes, der alles verdeckt, wäre es zum Beispiel besser, die Ziegel, Balken, Stahl- oder Betonstützen, und die Stürze über den Fenstern zu zeigen. Vielleicht wäre es keine so schlechte Idee, mindestens einige »Eingeweide« des Baus freizulegen, damit die Menschen eine bessere Vorstellung von der Mühe bekommen, die die Entstehung einer zufriedenstellenden Wohnung bedeutet. Eigentlich könnten unsere utilitaristischen Objekte einen einfachen und klareren Entwurf brauchen. Im 19. Jahrhundert mit seiner im Handwerk fest verwurzelten Technik war dies offensichtlich nicht so wichtig wie in unserer Zeit mit der immer größer werdenden Entfremdung – auch in der Architektur – des Menschen von seiner Umwelt. Die Menschen haben sich immer wieder getäuscht, als sie einfach glaubten, die Dinge in der Welt würden zu ihrem Besten organisiert werden; wir müssen in der Lage sein, selbst zu erkennen, was vor sich geht.

Haus Van Eetvelde, Brüssel, 1898, V. Horta
[679-680]

Hortas typische Geländer, die man auch im Haus Van Eetvelde (heute ein Büro) findet, erinnern zunächst an lange Schlingpflanzen. Bei näherem Hinsehen kann man jedoch feststellen, daß diese Eisenarbeit nicht aus ununterbrochenen, gekrümmten Stangen besteht, sondern aus einer großen Zahl ziemlich kleiner Elemente, die, kombiniert, perfekte Kurven beschreiben, jedoch alle einzeln an den vertikalen Trägern befestigt sind.
Bei jedem Metallstreifen sind die Löcher für die Befestigung so plaziert, daß der für die einzelnen Bolzen vorgesehene Raum genau der richtige ist; so werden die Stäbe selbst zum Bestandteil der Gesamtkomposition. Je nach dem, wie man das Geländer betrachtet, erscheint es entweder wie ein organisches pflanzenähnliches Gewächs oder ein systematisches, aus vielen delikat geformten und subtil befestigten Einzelteilen bestehendes, komplexes Gebilde.

Castel Béranger, Paris, 1896, H. Guimard [678]

Hector Guimard, der besonders für die eleganten, pflanzenartigen Skulpturen bekannt ist, die die Pariser Metro-Eingänge zieren, war auch durchaus in der Lage, mit L- und

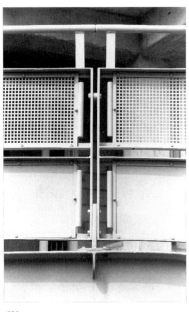

681

682

T-förmigen genormten Metallträgern zu arbeiten. Statt sie einfach auf die erforderliche Länge zu sägen, wie die meisten es gemacht hätten, formte er die Enden jeder Profilstange mit besonderer Sorgfalt aus. Da sie genormt waren, hatten die Stangen natürlich die gleiche Stärke; aber für die Durchbildung der Enden wandte er sich an den Schmied: so wurde jeder Teil zu einem handwerklichen Erzeugnis. Doch trotz der Anpassung bleibt das Grundprofil der Fertigteile bestehen, während die fließenden Enden seltsamerweise den eigentlichen Charakter des Materials betonen. Die Eleganz dieser ausgeklügelten Schnörkel verleiht nicht nur jeder Stange eine eigene Identität, sondern läßt sie zu einem Bestandteil der Gesamtkomposition werden.

Apollo-Schulen, Amsterdam [681-683]

Wir machen keine Geländer mit fließenden Linien, die aus ellenlangen, zusammengeschweißten Metallröhren oder Profilstangen bestehen, sondern versuchen, sie aus einzelnen Komponenten zu formen, damit der Akzent nicht nur auf diesen Komponenten, sondern auch auf den Zwischenräumen liegt. Und an Stellen, wo die verschiedenen Komponenten im richtigen Abstand zusammentreffen und befestigt sind, wird die Aufmerksamkeit auf die Kanten gelenkt.

»Bauten, aber auch deren Teile, erklären sich selbst, indem sie zeigen, wie sie funktionieren und welchem Zweck sie dienen. Wir versuchen, jedes einzelne Element lesbar zu machen, sowohl unabhängig von den anderen als auch im Zusammenhang mit ihnen, so daß es nicht nur als Bestandteil einer größeren Struktur, sondern auch als selbständiges Ganzes wahrgenommen werden kann.
Wo es darauf ankommt, können also Details absolut vorrangig sein; in dieser Beziehung werden sie nicht anders behandelt als das Gebäude als Ganzes. Das Ganze und die Teile bestimmen einander und erfordern ebensoviel Aufmerksamkeit; dies gilt auch bei der Stadtplanung, bei welcher die Details offensichtlich eine große

Rolle spielen. Gelten beim Städtebau andere Kriterien, so ist hier der Denkprozeß beim Entwurf von Details, z. B. auch eines Geländers, grundsätzlich der gleiche« (s. Veröffentlichungen, 10).
Wenn gezeigt wird, wie die Dinge funktionieren und wenn jedes Element eigens über seine Funktion innerhalb des größeren Ganzen aussagen darf, kann die Architektur eines Baus unsere Wahrnehmung der unsere Umgebung formenden Erscheinungen steigern.
Damit klar wird, wie die Dinge funktionieren, müssen sie so aussehen, als könnten man sie auseinandernehmen. Der vermittelte Eindruck der Analysierbarkeit und, dem Anschein nach, der Zerlegbarkeit kennzeichnet nicht nur Hortas Jugendstilentwürfe und die Architektur Chareaus, Bijvoets und Dalbets, wie sie sich im wunderschönen Maison de Verre manifestiert, sondern auch den (ohne Zweifel von diesen berühmten Künstlern inspirierten) neuzeitlichen Konstruktivismus eines Renzo Piano, Richard Rogers und Norman Foster – und natürlich auch Le Corbusiers in einem seiner letzten ausgeführten Entwürfe: dem einige Jahre vor dem 1970

683

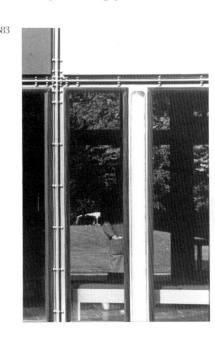

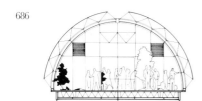

686

688

690

687

689

691

erbauten Centre Beaubourg entstandenen Heidi Weber-Pavillon (1963-67) in Zürich [683-685].

Den verschiedenen Bestandteilen Selbständigkeit zu gewähren, verleiht ihnen nicht nur eine ausgeprägtere Identität durch den Ausdruck ihrer spezifischen Funktion innerhalb des Ganzen, sondern lenkt auch die Aufmerksamkeit auf die Fugen und Stöße. Der Akzent verlagert sich von den Objekten selbst auf ihre Verbindungen und Wechselbeziehungen.

Horta, Chareau u. a. schenkten nicht nur den einzelnen Komponenten die Aufmerksamkeit, die ihnen innerhalb des Ganzen gebührte, sie beschäftigten sich letzten Endes auch mit dem Raum, und jedem von ihnen gelang es auf seine Weise, revolutionäre und zugleich herrliche Raummechanismen zu entwickeln. Dies ist mehr, als was man von den Architekturhelden unserer Zeit und deren Anhängern behaupten kann, denen es nicht gelang, ein ähnliches Raumgebilde wie jenes hervorzubringen, das zum Beispiel Henri Labrouste mehr als hundert Jahre zuvor durch die Anwendung von im wesentlichen ähnlichen Prinzipien schuf.

685

684

Bibliothèque Sainte-Geneviève, Paris, 1843-50
H. Labrouste [692]

Henri Labrouste war der erste Ingenieur-Architekt, der eine überspannende Eisenkonstruktion entwarf, bei welcher der eigentliche Rahmen auch eine architektonische Aussage darstellt. Die eisernen Bogenbinder, die früher bei Passagen, Wintergärten und Gewächshäusern und natürlich auch bei der Pariser Börse von 1808 Verwendung fanden, wurden wegen des Prinzips des Oberlichts eingesetzt; man duldete zwar das technische Aussehen des Materials, das jedoch nicht als Mittel zu einer neuartigen Raumgestaltung diente.

Obwohl von massiven Neo-Renaissance-Mauern umschlossen, hat der längliche Lesesaal der Bibliothèque Sainte-Geneviève (1843-1850) eine erstaunlich zierlich anmutende Dachkonstruktion mit zwei parallelen, an Tonnengewölbe erinnernden Schalen, die die Decke bilden. Das delikate Eisengebilde wirkt bei den wuchtigen Reminiszenzen aus der Vergangenheit wie ein moderner Zusatz, und die klassizistischen Motive, die man noch an den schlanken Säulen findet, sind rein oberflächliche Dekorationen. Die pflanzenartigen Verzierungen an den gebogenen Trägern täuschen nicht darüber hinweg, daß der Eisenrahmen einem rein konstruktiven Zweck dient: eigentlich nimmt diese architektonische Lösung den Jugendstil vorweg. Obwohl die Decke aus zwei eleganten, parallelen Tonnengewölben be-

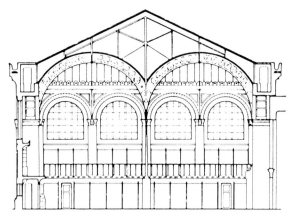

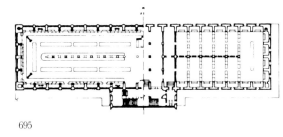

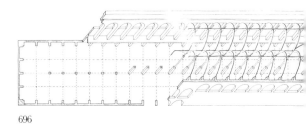

steht, ist der Raum nicht in zwei Hälften unterteilt, sondern bleibt ein einheitliches Ganzes. Dies ist teilweise darauf zurückzuführen, daß die Säulenreihe in der Mitte nicht von einem Ende zum anderen verläuft, so daß die Endbereiche frei bleiben.

Das Gebäude ist viel länger als breit, aber die Fassaden auf den Breit- und Schmalseiten wurden gleich behandelt: gleiche Gliederung, gleiche Befensterung und die gleichen, durchlaufenden Büchergalerien mit diagonal plazierten Treppen in den Ecken – damit keine Seite hierarchisch bevorzugt erscheint – (Hätten Sie die Treppen in den Ecken auf diese Weise plaziert?). Gerade diese Gleichwertigkeit von Lang und Kurz macht die Bibliothek in räumlicher Hinsicht so einmalig: wie die doppelgewölbte Decke den Raum ungeteilt, unversehrt läßt, ist wahrhaftig verblüffend. Versuchen wir jedoch herauszufinden, wie Labrouste dies vollbrachte: Wären die Bogenbinder wirklich halbkreisförmig gewesen, hätte dieses Kunststück nicht zustande kommen können, schon deshalb nicht, weil es keine Möglichkeit gegeben hätte, sie um die Ecke zu führen. Aber Labrouste verwendete *viertelkreisförmige* Bogenbinder, die ihm ermöglichten, einen natürlichen, fließenden Übergang zu schaffen, indem er sie, wo es nötig war, zu halbkreisförmigen dehnte und rechtwinklige Verbindungen benutzte, um die viertelkreisförmigen Segmente an den zusätzlichen Spannelementen in den Ecken zu befestigen. Daß Labrouste grundsätzlich nur zwei Typen von Elementen in solch ingeniösen Kombinationen verwendete, war, bewußt oder unbewußt, ein echter Durchbruch; mit seinem befreienden Gebrauch identischer Komponenten nahm er eigentlich eine Entwicklung voraus, die sich erst im nächsten Jahrhundert entfalten sollte.

Ähnlich wie Labrouste seine Elemente miteinander verband, um ein außergewöhnliches, einheitliches Raumgebilde entstehen zu lassen, sind bei ihm die Kunst des Machens und das Machen der Kunst voneinander nicht zu trennen. Seine Lösung zeigt nicht nur, wozu er fähig war, sondern auch (was viel wichtiger ist), daß er es verstand, seine Vorstellungen räumlich umzusetzen (s. Veröffentlichungen, 12).

697

698

699

6 Gleichwertigkeit

Wenn etwas, was in einer bestimmten Situation ein Sekundärmerkmal war, in einer anderen zum Hauptmerkmal werden kann, d. h. wenn sich beide Merkmale besonderen Verhältnissen anpassen können, haben wir ein Wertsystem ohne Hierarchie der Bestandteile. Wenn wiederum etwas in einer architektonischen Ordnung, ein Element oder eine Gruppierung von Elementen, je nach Situation unterschiedliche Funktionen erfüllt, ist sein Wert nicht mehr konstant.

Ein Element kann dann, je nach dem, wie es eingeführt wird, eine ausschlaggebende Funktion haben und zum Kern eines autonomen Systems werden; in diesem Fall darf man von Gleichwertigkeit sprechen. Eine architektonische Ordnung, in welcher jedoch primäre und sekundäre Elemente als solche erkennbar sind, deutet hingegen unweigerlich auf eine Hierarchie konstanter und unveränderlicher Werte, ein Wertsystem also, das eindeutig ist und insofern eine Interpretation auf verschiedenen Ebenen ausschließt. In einer streng symmetrischen Komposition kann man zum Beispiel visuell nicht mehr zum Ausdruck bringen, als daß der Inhalt auf der rechten Seite wie auf der linken der gleiche ist.

Wenn wir aber vom Prinzip ausgehen, daß jedes Element seinen eigenen, spezifischen Wert hat, der weder höher noch niedriger ist, als der der anderen Elemente, daß sie also alle gleich sind, werden unsere Entwürfe grundsätzlich anders strukturiert sein; man wird versuchen, ein Gleichgewicht zwischen den Elementen herzustellen, damit jedes sowohl selbständig wie in Beziehung zu den anderen optimal funktioniert.

Freiluftschule, Amsterdam, 1930, J. Duiker
[700-704]

Es wird erzählt, daß Duiker nur die Genehmigung erhielt, seine Freiluftschule an einer Stelle zu errichten, wo sie hinter anderen Bauten weitgehend dem Blick verborgen bleibt, um in dem vornehmen Bezirk nicht aufzufallen.

Was Duiker selbst über das eingesperrte Grundstück, worauf er seine Schule bauen sollte, auch gedacht haben mag, besteht kein Zweifel, daß der Glasbau in einer offenen Lage sehr gefährdet gewesen wäre (auch wenn der Verkehrslärm damals noch kein Problem war). Die ziemlich massiven Blöcke, die ihn schützend umschließen, betonen geradezu seine Offenheit, anstatt ihm Abbruch zu tun, während das unordentliche, von der Rückseite der Wohnbauten mit ihren Gärtchen und Balkonen dargebotene Bild, kombiniert mit der zwanglosen Atmosphäre dieses kleinen Palastes aus Glas, das Gefühl eines Lebens in der Gemeinschaft verstärkt. Der Rückgriff der Stadtplanung auf das Prinzip der Randbebauung mit ihrer Differenzierung von Straßenseite und Innenhof führt offensichtlich zu repräsentativeren Fassaden und weniger eleganten Rückseiten.

In diesem Fall wurde sozusagen das Innere nach außen gekehrt, da die Schule mit ihrem Hof und Eingangsbereich, so unkonventionell sie auch sein mag, eine Vorderfront innerhalb des umschlossenen Raums bildet. Wegen dieser Relativierung des umschlossenen Raums kommt die Anlage einem offenen Lageplan nahe. Was bei diesem Gebäude auf den ersten Blick auffällt, ist der etwas unlogische Anbau der Turnhalle rechts, der der sonst weitgehend symmetrischen Anlage nicht entspricht. Dies ist um so erstaunlicher in Anbetracht der außergewöhnlich puristischen und klaren Konstruktion, mit ihrer vom Betonrahmen konsequent bestimmten Gesamtstruktur.

Im Falle eines Architekten wie Duiker ist es besonders interessant, die Ideen zu untersuchen, die seinen sorgfältigen, wohldurchdachten Lösungen zugrunde liegen. Ein Versuch, diese Denkprozesse zu analysieren, führte zu folgender Schlußfolgerung: Der Plan erforderte offensichtlich die Einbeziehung von sieben Klassenzimmern – eine Zahl, die,

700

701

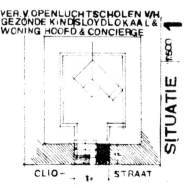

702

703

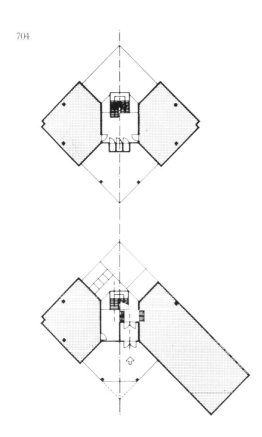

704

unabhängig davon, ob sie in Zweier- oder Dreiergruppen angeordnet sind, bedeutet, daß eine Klasse eine Sonderstellung einnimmt, was die Symmetrie des Gesamtentwurfs zwangsläufig beeinträchtigt. Das Gebäude setzt sich aus um das Treppenhaus angeordneten, je zwei Klassenzimmer umfassenden Ebenen zusammen, die sich also einen äußeren Raum teilen können. Das übriggebliebene Klassenzimmer wurde im Erdgeschoß untergebracht und wie die anderen darüber befindlichen Klassen positioniert, der Raum auf der anderen Seite zur Einrichtung einer Turnhalle verwendet.

Das Klassenzimmer im Erdgeschoß wurde aus mehreren Gründen etwas erhöht: erstens sicherlich, um die für die Turnhalle erforderliche besondere Raumhöhe auszugleichen, damit deren Dach nicht über den ersten Stock hinausragt. Ein weiterer Grund dafür war die Vorstellung, daß Schüler dieser Klasse leicht durch andere hätten abgelenkt werden können, wenn diese sich im unmittelbar angrenzenden Spielhof aufgehalten hätten. Der Niveauunterschied schuf Abhilfe, die Schüler in der Klasse sitzen nun höher als jene, die außen im Hof spielen. Betrachtet man den Eingangsbereich, findet man aber auch noch mehr.

Der eigentliche, offizielle Eingang befindet sind unter dem kleinen Torhaus, im dem der Kindergarten untergebracht ist. Wenn die Kinder auf dem Spielgelände sind, befinden sie sich sozusagen schon innen; deshalb gibt es keinen Grund (falls Duiker es je für nötig gehalten hätte), den Eingang des Gebäudes zu betonen, da man ihn nicht übersehen kann. Dennoch ließe er sich fast als klassisch bezeichnen: den loggiaähnlichen Vorbau flankieren die zwei symmetrischen Säulen des wiederum symmetrischen Rahmens. Diese Lösung ist tatsächlich »normal« und zugleich beinahe monumental: um so überraschender wirkt es, daß die Eingangstür selbst rechts von der Mittelachse steht.

Bei näherer Betrachtung wird jedoch klar, daß einige Stufen notwendig waren, um die am Podest vor diesem Klassenzimmer ansetzende, nach oben führende Haupttreppe zu erreichen, ein funktioneller Grund also, den Eingang mit der Pendeltür nach rechts zu verlegen, insbesondere, weil es, sobald man sich in der »Loggia«, d. h. zwischen den beiden »Eingangssäulen« befindet, keine Rolle spielt, ob man die Tür direkt vor sich oder zur rechten Hand hat. Doch für einen anderen Architekten als Duiker wäre diese Lösung keineswegs selbstverständlich gewesen. Man muß schon eine sehr dezidierte, außergewöhnliche Einstellung haben, um eine ausgewogene Symmetrie zugunsten eines bequemen Eingangs aufzugeben, statt zu versuchen, ihn in den schon bestehenden Entwurf hineinzuzwängen.

In der Tat begnügte sich Duiker nicht mit der Anpassung an die jeweilige Situation, sondern war um die besten Lösungen für Gebrauch, Ausblick und Erschließung bemüht. Der formalen Ordnung einer konsequenten Symmetrie zog er eine Anordnung vor, in der jeder Teil optimal funktioniert, sowohl einzeln, wie als Bestandteil eines Ganzen. Duikers Schule war der Schlüssel – wenn nicht direkt, so doch zweifellos indirekt – zu den nächsten vorgestellten Lösungen.

705

706

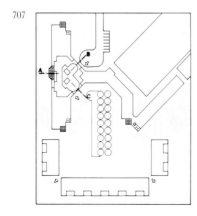

707

708

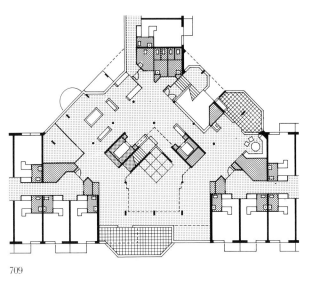

709

Seniorenheim De Overloop, Almere [705-711]

Dieses Seniorenheim in Almere befindet sich an der Peripherie der Neustadt; auf einer Seite grenzt es an eine Parkgarage, auf der anderen breitet es sich frei aus, ohne jegliche Beziehung zum urbanen Umfeld. Alle zur Landschaft orientierten Seiten sind also Vorderfasssaden, d. h. es gibt keine Rückseite mit Hintereingängen für Lieferanten usw. (der Liefereingang für die Küche befindet sich am Ende eines der Flügel). Einen Haupteingang gibt es auch nicht, denn der Fußgängereingang zum geschlossenen Innenhof, wo die gehbehinderten Heimbewohner sich in die Welt wagen, ist ebenso wichtig wie der Eingang auf der anderen Seite, den man mit dem Wagen erreichen kann. Von welcher Richtung man das Gebäude auch betritt, erscheint es wie eine symmetrische Komposition, um einen zentralen Bereich gruppiert, der höher ist als der Rest und wo die einzelnen Flügel zusammentreffen. Das symmetrische Bild des Komplexes ist weniger auf einen vorgefaßten Plan zurückzuführen, als auf die Tatsache, daß es keinen stichhaltigen Grund gab, das Prinzip der Symmetrie zu verlassen. Dies war jedoch keine strikte Regel: überall, wo eine Abweichung von der Symmetrie der funktionellen Anordnung zugutekam, wurde das Prinzip aufgegeben, mit anderen Worten, es wurden keine Zugeständnisse auf Kosten von inneren Forderungen gemacht, die nicht automatisch in das »System« paßten. Infolgedessen entstand eine ganze Reihe von Abweichungen, die das Gesamtbild genauso bestimmen, wie der allgemeine Umriß. Eines der unzähligen Beispiele dafür ist der Mittelteil der Westfront: damit man von der Haupthalle die Aussicht ungehindert genießen kann, war es vernünftig, dort ein Erkerfenster und einen Balkon zu planen. Theoretisch gab es zwei Möglichkeiten, eine strenge Symmetrie aufrechtzuerhalten: entweder zwei Erker beiderseits eines Balkons oder zwei Balkone beiderseits eines Erkers. Doch beide Lösungen wären mit den räumlichen Anforderungen für das optimale Funktionieren beider Elemente kollidiert, und außerdem stand der Erker bei der asymmetrischen Anordnung in viel besserer Beziehung zur Gliederung des Zentralbereichs als Ganzem. Statt um der Gesamtkomposition willen zwei zu kleine Balkone oder zwei zu kleine Erker zu entwerfen, erhielt jedes Element die ihm gebührende Dimension. Darüber hinaus war der Balkon so groß, daß ein Teil davon ein Glasdach bekam: so ist es möglich, an einen mehr oder weniger geschützten Platz zu sitzen.

 Wenn man von einer strikten Ordnung ausgeht, sollte man vermeiden, alle Elemente in diese hineinzuzwängen, sonst sind sie dem Ganzen untergeordnet und ihr jeweiliger Wert wird von der übergreifenden Ordnung diktiert. Nur wenn man bei jedem einzelnen Element dafür sorgt, daß es selbständig zum Ganzen beiträgt, kann man eine Ordnung erreichen, in der jede Komponente, groß oder klein, schwer oder leicht, ihren richtigen Platz im Einklang mit ihrer Rolle im Gesamtkomplex hat.

710

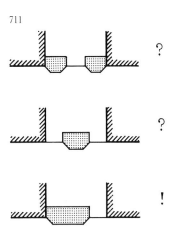

711

712

Villa Rotonda, Vicenza, 1570, A. Palladio [712–722]

Auf der ganzen Welt wird Palladios Villa Rotonda von den Architekten bewundert. Der einfache, klare Grundriß und die Reinheit der Ansicht machen das Bauwerk zum einmaligen Beispiel absoluter Architektur, Zeugnis einer architektonischen Welt als »Spiegelung göttlicher Perfektion«. Es könnte leicht als Kirche, Schule oder Wohnhaus dienen, und in dieser Fähigkeit stellt der einfache Grundriß eine Art Archetypus dar. Einmalig ist die Art, wie in dieser gänzlich

713

714

715

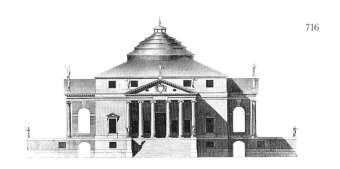

716

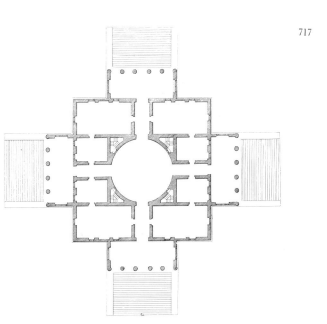

717

718

719

720

721

722

symmetrischen Anordnung die vier gleichen Loggien an den vier Fassaden angebracht sind. Hier gibt es weder eine Vorder-, noch eine Rückfront, und auch keine Seiten; der Bau ist auf allen Seiten gleich, zumindest, solange man ihn von außen betrachtet. Im Inneren ist die Situation anders. Man kann sich vorstellen, daß man je nach Tages- und Jahreszeit auf einer bestimmten Loggia sitzt, denn – und dies ist besonders bemerkenswert – obwohl alle vier gleich sind, ermöglicht jede ein ganz anderes Erlebnis. Nicht nur das Licht, sondern auch die Aussicht ist auf jeder Seite anders: auf die zum Haus führende Allee, auf den Garten, auf das zur Villa gehörende Gut und auf die Hügel im Hintergrund. Das freistehende Haus enthüllt also seine typischsten Eigenschaften in seinem städtebaulichen Kontext. Von außen kann man es in seiner Geschlossenheit überblicken. Doch erst im Inneren läßt sich die Mannigfaltigkeit der vermittelten räumlichen Eindrücke voll genießen. Zahllose Bauhistoriker haben sich mit dem Studium dieser Villa gründlich befaßt, doch was Palladio selbst darüber schrieb, ist viel interessanter. Anscheinend ging es ihm vor allem um die von allen Seiten dargebotene herrliche Aussicht. Sie sehen also, daß es nicht genügt, einen Bau nur von außen zu betrachten; seine wirklichen Qualitäten kann man erst richtig erkennen, wenn man von innen auf die umgebende Landschaft blickt. Leider ist die Villa nicht öffentlich zugänglich. Wenn Sie einen Eindruck davon bekommen wollen, müssen Sie Joseph Loseys Film »Don Giovanni« anschauen, der zum größten Teil in der Villa und deren unmittelbaren Umgebung gedreht wurde.

»Zu den zahlreichen ehrenwerten vicentinischen Edelleuten zählt auch Monsignore Paolo Almerico, ein Kleriker, der als Referendario zwei Päpsten, nämlich Pius IV. und Pius V. gedient hatte und der für seine wertvollen Verdienste mitsamt seiner Familie zum römischen Bürger ernannt wurde. Dieser Mann, der, nach Ruhm strebend, viele Jahre hindurch gereist war, kam, nachdem schließlich seine ganze Familie gestorben war, in seine Heimatstadt zurück. Er zog zu seiner Erholung auf einen Hügel aus seinem Besitz in der Vorstadt, der vom Zentrum weniger als vier Meilen entfernt war und auf dem er, nach dem hier folgenden Entwurf, ein Gebäude errichten ließ. Dessen Zeichnung erschien mir wegen der Nähe zur Stadt nicht geeignet, sie unter die Villen zu reihen, könnte man doch sagen, sie läge in der Stadt selbst. Die Lage gehört zu den anmutigsten und erfreulichsten, die man finden kann. Das Haus liegt auf einem leicht zu besteigenden Hügel, der auf der einen Seite vom Bacchiglione, einem schiffbaren Fluß, begrenzt wird und der auf der anderen Seite von weiteren lieblichen Hügeln umgeben ist, die wie ein großes Theater wirken und alle bestellt werden, reichlich Früchte sowie ausgezeichnete und gute Weinreben tragen. Da man von jeder Seite wunderschöne Ausblicke genießt, worunter einige die nahe Umgebung erfassen, andere wiederum weiter reichen und wieder andere erst am Horizont enden, so hat man an allen vier Seiten Loggien errichtet, unter denen, wie auch unter dem Hauptsaal, die Räume für den Gebrauch und die Bequemlichkeit des Besitzers liegen. Der Hauptsaal in der Mitte ist rund und erhält sein Licht von oben. Die Kammern sind Halbgeschosse. Über den großen Räumen, deren Gewölbe so hoch wie nach der ersten Art der Einwölbungen sind und die um den Hauptsaal herum liegen, findet sich ein Umgang von fünfzehneinhalb Fuß Breite. An den äußeren Enden der Postamente, die die Treppen der Loggien stützen, sind Marmorsäulen von der Hand des Bildhauers Lorenzo Vicentino aufgestellt.

(Andrea Palladio, Die vier Bücher zur Architektur, Zürich und München, 1983, erste deutschsprachige Übersetzung der Originalausgabe Venedig, 1570)

Hierarchie

Personen oder Dinge können verschieden und dennoch gleichwertig sein. Ob man die einen höher schätzt als die anderen, hängt von der Situation ab, in der man sich befindet, und vom Wert, den sie in diesem gegebenen Augenblick darstellen. Ist die Bedeutung situationsbedingt, so wird auch die Situation durch eine Fülle äußerer Faktoren bestimmt (welch unterschiedliche Bedeutung hat zum Beispiel das Wasser in der Wüste oder in Holland). Wenn Menschen oder Dinge ungleich sind, werden sie meist auch ungleich behandelt. Ist diese Ungleichheit in einem Wertssystem eingebettet, in dem eine Einordnung nach dem Bedeutungsgrad stattfindet, entsteht eine Hierarchie. Mit Gleichwertigkeit meine ich die gleiche Bewertung verschiedener Menschen oder Dinge, die sich in ein Wertsystem einordnen lassen, ohne daß Ungleichheit entsteht. Dies wird durch folgendes, von J. Hardy angeführtes Beispiel verdeutlicht:

Will man einige Bücher nach ihrem Wert ordnen und fängt damit an, sie aufzustapeln, indem man das wertvollste oben und das am wenigsten wertvoll nach unten legt, stellt der Stapel eine Hierarchie dar. Stellt man nun die Bücher in der gleichen Reihenordnung nebeneinander auf, so erscheinen sie alle gleichrangig, obwohl sie in der gleichen Folge eingereiht sind. Der Unterschied besteht immer noch, aber nicht Überlegungen der Priorität, sondern der Unterschiedlichkeit liegen dieser Anordnung zugrunde. Natürlich hätte man die Bücher nach anderen Kriterien, wie Autor, Größe, Datum der Veröffentlichung, ordnen können; aber sobald sie aufgestapelt werden, gibt es zwangsläufig ein oben und ein unten. Ist eine hierarchische Ordnung einmal eingeführt, neigt sie dazu, sich selbst fortzupflanzen. Zunächst fragt man sich, ob eine Hierarchie in der Architektur – solange sie sich auf die Objekte und die mit ihnen zusammenhängenden Forderungen bezieht – wirklich verkehrt ist, doch ungleichberechtigte Forderungen führen bald zu ungleichen Situationen, die wiederum leicht zur Ungleichheit zwischen den Menschen beitragen können. Dies ist besonders der Fall, wenn man nur nach den eigenen Normen denken kann und daher unfähig ist, diese der Situation entsprechend zu relativieren. Beim Entwerfen greifen wir oft auf Klassifizierungen zurück, die auf der Bedeutung der einzelnen Bestandteile beruhen, etwa bei einer aus Hauptbalken und Stützen bestehenden Konstruktion oder einem Netz von Haupt- und Nebenstraßen. Solange diese Art Ordnung nur die Verschiedenheit von Eigenschaften widerspiegelt, besteht kein Problem. Doch wenn die Ordnung bedeutet, daß eine Sache nicht neben einer anderen, sondern darüber steht, ist größte Vorsicht geboten.

723

Ein einfaches Beispiel für räumliche Verhältnisse, die die Ungleichheit bestätigen oder sogar verursachen, ist das kleine Büro in einer Fabrik, in dem der Vorarbeiter sitzt, um alles überblicken zu können. Er könnte jedoch den Fortschritt der Arbeit viel besser beurteilen, wenn er mehr Kontakt mit den Menschen hätte, die ihm verantwortlich sind, mit ihnen auf der gleichen Ebene stünde. Wir müssen vermeiden, leitende Mitarbeiter, die insofern eine höhere Position haben, räumlich auf eine höheren Ebene zu stellen, mit anderen Worten: wir sollten nicht die Überlegenheit ihrer Stellung innerhalb der Organisation über Gebühr betonen. Menschen, die sich physisch in einer höheren Position als die anderen befinden, sind immer im Vorteil gegenüber jenen, die sich unten befinden. Sogar schon die körperliche Größe bringt Vorteile, und bei Etagenbetten werden immer die oberen zuerst genommen. In der Umgangsprache gibt es den Ausdruck »zu jemandem hinauf- bzw. auf ihn herunterschauen«, und die hierarchischen Implikationen dieser beiden Begriffe beziehen sich direkt auf ähnliche räumliche Verhältnisse wie in der Architektur. Man muß sich immer überlegen, ob eine erhöhte Stellung wirklich funktionell ist, wie etwa beim Ruderhaus eines Schiffes oder der Proszeniumsloge in einem Theater, und dafür sorgen, daß Menschen mit größeren Entscheidungsbefugnissen nicht automatisch erlaubt wird, auch auf räumlicher Ebene ihre Mitarbeiter zu dominieren. In Bürogebäuden nehmen Direktoren und Abteilungsleiter die attraktivsten Räume für sich in Anspruch, unabhängig davon, ob sie für sie auch die zweckmäßigsten sind. Beim Centraal Beheer belegte der Führungsstab mit Absicht die nach innen ausgerichteten »Arbeitsinseln«, die, was die Aussicht betrifft, nicht so günstig liegen. Auf diese Weise wurde das allgemeine Kriterium der »Qualität« des Arbeitsplatzes relativiert: die innerhalb der Gesellschaft bestehende Hierarchie wurde keineswegs durch die räumliche Organisation bestätigt; im Gegenteil, diese hatte eher eine mildernde Wirkung. Seit dem Bau des Centraal Beheer hat sich jedoch im Laufe der Jahre eine allgemeine Tendenz entwickelt, die darauf abzielt, die üblichen hierarchischen Beziehungen wieder einzuführen; doch die Direktoren haben immer noch die gleichen Büroräume, und die unteren Stufen sind von diesem neuen Trend noch unberührt.

Ähnliche Beispiele findet man auch auf städtebaulicher Ebene. Es herrscht nämlich die Tendenz, für die teureren Wohnungen eine reizvollere Lage zu wählen und somit zwischen billigem und teurerem Wohnen zu unterscheiden. Dagegen ist nicht viel einzuwenden, solange dies nicht auf Kosten der billigeren Wohnungen geschieht, und die Kluft zwischen beiden nicht dadurch unnötig größer wird. Dies ist der Fall, wenn die teureren Wohnungen am Rande einer Bebauung liegen und somit den in der Mitte zusammengepferchten billigeren Wohneinheiten die Sicht versperren. Je günstiger die Position einer Wohnanlage ist, etwa mit Blick auf eine reizvolle Landschaft, je mehr ist der Architekt motiviert, «etwas daraus zu machen» . . . und in den meisten Fällen eine großzügige Geste, etwa in der Form eines langgestreckten, mehrgeschossigen Wohnblocks – nur, wo bleiben die weiter nach hinten gelegenen Häuser und Straßen? Je größer die Zahl der Wohnungen in einer schönen Lage, um so größer die Zahl jener, deren Aussicht versperrt wurde, und um so größer der Unterschied zwischen privilegierten und benachteiligten Bewohnern.

Bei jeder Lösung muß man sich fragen, ob die räumlichen Verhältnisse überall gleich sind und ob unser Konzept, bewußt oder unbewußt, Gefahr läuft, auf der räumlichen Ebene einen Zustand zu bestätigen, der schon auf der sozialen zweifelhaft war. Auch wenn die Architektur die hierarchischen Beziehungen in der Gesellschaft vermutlich nur wenig beeinflußen kann, sollten wir zumindest vermeiden, diese Hierarchie zu betonen und stattdessen räumliche Verhältnisse vorschlagen, die ihr entgegenwirken. Bis zu welchem Grad hat die Architektur eine politische Implikation? Gibt es so etwas wie eine totalitäre oder eine demokratische Architektur, oder sind diese Begriffe einfach grillenhafte Vorstellungen, die auf dem persönlichen Gefühl beruhen und insofern keineswegs allgemeingültig sind?

Jeder ist geneigt, überdimensionierte Bauten, die den Menschen klein erscheinen lassen, als bedrückend zu empfinden, und alle totalitären Regime haben tatsächlich eine bemerkenswerte Vorliebe für ehrfurchteinflößende Dimensionen. Dies ist besonders auffallend, wenn die von solchen Regimen errichteten Bauten aufgeblähte Versionen eines alten, ja sogar vertrauten Baustils sind. Doch nicht alle riesigen Bauten verbreiten eine Atmosphäre der Unterdrückung. Schwer zugängliche oder sogar abschreckende Konstruktionen, wie jene der mittelalterlichen Burgen, brauchen nicht immer als niederdrückend empfunden zu werden – ihre Bewohner können durchaus freundliche Menschen sein, deren Vorfahren sich gegen die feindliche Außenwelt verteidigen mußten. Bei einer Umkehrung des Kontextes kann die Architektur einen anderen Sinn erhalten, und eine feierliche, recht imposante Treppe sich in eine unkonventionelle, freundliche Tribüne verwandeln. Außerdem beruht unser Gefühl von dem, was in der Architektur machbar ist, oft auf Assoziationen, die eine bestimmte architektonische Sprache in uns hervorruft. So verbindet sich zum Beispiel der Klassizismus oft mit autoritären Regimen, weil man weiß, daß sie diesen Stil bevorzugten, der für sie offensichtlich einen Reiz hatte und ihnen vermutlich für ihre Zwecke geeignet erschien. Dies ist jedoch nicht so einfach, denn es gibt bestimmte klassische Bauten mit einem freundlichen, keineswegs autoritären Aussehen. Nur um einige von ihnen zu nennen: das Palais Royal in Paris, The Crescents in Bath und Schloß Glienicke in Berlin. Der Klassizismus kann sogar der Ausdruck einer unbestritten demokratischen Einstellung sein, wie bei der Place Stanislas oder der Place de la Carrière in Nancy. Ob das Umfeld autoritär oder tolerant ist, zeigt sich unweigerlich an einem Aspekt, der durch die Organisation des Raums (oder deren Mangel) gebotenen Möglichkeit, frei zu wählen, auf welche Punkte, welche Merkmale man seine Aufmerksamkeit konzentrieren möchte, während man andere ignoriert. Ein einfaches Beispiel ist der Unterschied zwischen einem runden und einem rechteckigen Tisch. Der runde Tisch bietet allen Sitzenden gleiche Bedingungen; nichts deutet auf eine eventuelle Überlegenheit einiger gegenüber den anderen. Bei einem rechteckigen Tisch ist die Situation offensichtlich anders. Gewöhnlich ist die differenzierte Sitzordnung kein Problem, doch in bestimmten Situationen könnte sie die hierarchische Distanz betonen, was noch kein ausreichender Grund ist, sich aller rechteckigen Tische zu entledigen und nur mehr runde herzustellen; doch allzuoft sind solche kleinen Details nur ein Anfang. In Bürogebäuden deutet zum Beispiel die Größe der Zimmer auf den jeweiligen Rang des »Residenten« in der Hierarchie des Firma, wobei funktionelle Kriterien gar nicht berücksichtigt werden – nur den Direktoren ist es gestattet, ihren Schreibtisch schräg zu stellen. Auch wenn die Architektur nicht für den Mißbrauch der Macht verantwortlich gemacht werden kann und bestimmt keine Möglichkeit hat, ihn zu unterbinden, sollte man sich doch davor hüten, Raumverhältnisse zu schaffen, die »Direktorenallüren« begünstigen.

724 Place Stanislas, Place de la Carrière, Nancy, 1751-55, H. E. Heré

727 Royal, Crescent, Bath, 1767-74, J. Wood, J. Nash

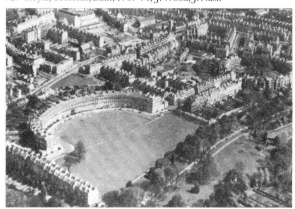

725 Place Stanislas, Place de la Carrière, Nancy, 1751-55, H. E. Heré

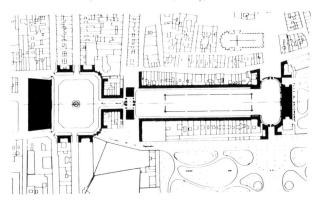

728 Royal, Crescent, Bath, 1767-74, J. Wood, J. Nash

726 Place Stanislas, Place de la Carrière, Nancy, 1751-55, H. E. Heré

729 Royal, Crescent, Bath, 1767-74, J. Wood, J. Nash

730 Palais Royal, Paris, 1780, J. V. Louis

731 Palais Royal, Paris, 1780, J. V. Louis

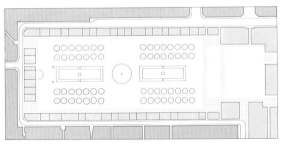

732 Palais Royal, Paris, 1780, J. V. Louis

733 Schloß Klein-Glienicke, Berlin, 1826, K. F. Schinkel

Ein extremes Beispiel für den Mißbrauch räumlicher Verhältnisse war Hitlers Beharren, an einem Schreibtisch zu sitzen, der sich auf einem erhöhten Podium am Ende eines sehr langen, hohen Raums befand, so daß die Besucher eine beträchtliche Strecke zurücklegen mußten, während er auf sie hinunterschaute: eine bewußt herbeigeführte Mühe, damit der Besucher sich klein fühlt und unsicher wird. Es gibt viele andere, weniger extreme, vielleicht unbeabsichtige Beispiele von Raummißbrauch, die auf einen Mangel an Weitsicht zurückzuführen sind.

Funktionelle Lösungen, die ganz harmlos aussehen, können sich durchaus als Mithilfe zur Machtausübung erweisen. Man denke an die sternförmigen Bücherregale in vielen Bibliotheken, mit dem Aufseher in der Mitte, der, wie in einem Gefängnis, alles überblicken kann; oder jene lächerlich kleinen Balkone an der Fassade »prominenter« öffentlicher Bauten, die, wie reizvoll der plastische Effekt an der Fassade auch sein mag, nur zu gebrauchen sind, um zu einer unten stehenden Gruppe von Menschen »hinunterzusprechen«.

Moschee, Cordoba, Spanien, 786-1009 [734-740]

Die im 8. Jahrhundert errichtete Moschee besteht aus mehreren architektonischen Komponenten, die alle zusammen eine 135 x 135m große Halle bilden. Zum Unterschied von einer christlichen Kirche ist die Moschee ein Stück heiligen Landes, ein von Mauern umschlossener und mit Säulen gefüllter Raum, eine Art Wald aus versteinerten Bäumen, von Gewölben und Kuppeln gekrönt. Obwohl die Ausrichtung des Baus nach Mekka in der muslimischen Religion überaus wichtig ist, spielt sie bei diesem Bau keine Rolle. Abgesehen von praktischen konstruktionsbedingten Überlegungen gibt es hier keine Achse, die auf eine bestimmte Ausrichtung hinweist. In der Moschee werden zwar gemeinsame Gebete verrichtet und auch Predigten gehalten, aber meist beten die Gläubigen allein. Die weitläufige Halle kann eine ungeheure Menge von Betenden aufnehmen, deren einzige Anhaltspunkte im Raum die vielen Säulen sind, schon deshalb, weil sie sich daran anlehnen können; Sitze gibt es nicht, jeder sitzt auf dem Boden. Die Moschee ist aber auch ein überdachter öffentlicher Platz, den die Menschen nicht nur zum Beten aufsuchen, sondern auch, um Frieden und Küh-

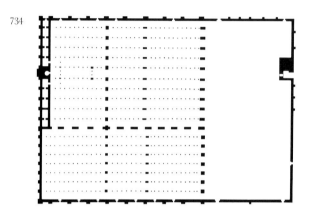

734

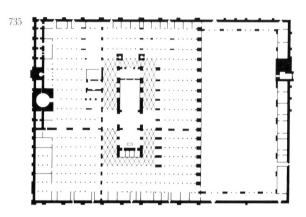

735

736 Moschee in Cordoba, vor dem 16. Jahrh.

737 Moschee in Cordoba, nach dem 16. Jahrh.

738

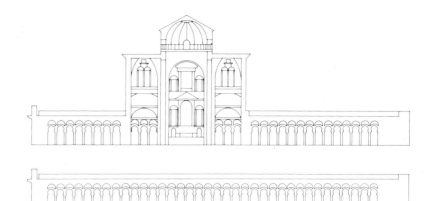

739

le zu finden. Der Säulenwald gliedert den Raum so, daß es kein wirklich festgelegtes Zentrum gibt – es kann sich überallhin im Raum verlagern. Wie streng die Gesetze des Islams auch gewesen sein mochten, zwang hier der Raum selbst den Besuchern nichts auf. Alle waren willkommen, weshalb auch immer sie sich dort eingefunden hatten. So war zumindest die Situation bis ins 16. Jahrhundert, als ein Riesenloch aus dem Herzen der Moschee herausgeschnitten wurde, um dort eine christliche Kirche zu errichten. Die Kirche wurde auch gebaut, trotz des heftigen Widerstands jener, die erkannt hatten, das dieser auf der ganzen Welt einmalige Bau dadurch einen irreparablen Schaden erleiden würde.

Dieses unselige Unternehmen führte zur Entstehung eines Mittelpunktes, der schon wegen der Größe des neuen Baus und dessen Lage in der Mitte des Raums zwangsläufig alles beherrscht. Es ist wahrhaftig erstaunlich, wie diese Kirche mit ihren hohen Fenstern, die das grelle Sonnenlicht einströmen läßt, die Aufmerksamkeit auf sich zieht und die alte Umgebung mit ihrer zierlichen Gliederung und ihrem gedämpften Licht erdrückt. An welcher Stelle man sich auch befindet, kann man sich der Wirkung dieses nun unbestreitbar dominierenden Brennpunktes nicht entziehen; da, wo ursprünglich absolute Gleichheit herrschte, entstand nun eine unentrinnbare und irreversible räumliche Hierarchie. Da der ursprüngliche Raum keinen ausgesprochenen Brennpunkt hatte, konnte das Zentrum überall und von beliebiger Größe sein, der Situation und der Zahl der Leute entsprechend. Ohne eine bestimmte Ordnung oder Nutzung aufzuzwingen, erschien der Raum (der eher an eine Markthalle als einen Sakralbau erinnerte) offen und jeder Form von Aufmerksamkeit aufgeschlossen. So stellte er, im Gegensatz zur großen, säulenlosen Moschee in Istanbul, den archetypischen überdachten öffentlichen Platz dar.

740

741 Plan von B. Peruzzi

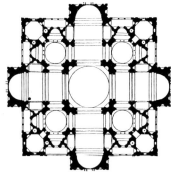
742 Plan von Bramante

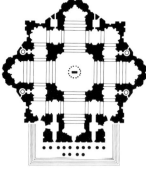
743 Plan von Michelangelo

Peterskirche, Rom [741-752]

Gerade weil die Kirche ein so starkes Symbol der Hierarchie ist, hilft der Vergleich einiger Momente aus ihrer Geschichte, die Einstellung und Konzeption der an ihrer Entstehung beteiligten Architekten zu verstehen. Auch wenn uns die Berichte darüber im Unklaren lassen, geben die Pläne selbst, insofern man sie als Projektion der moralischen Einstellung der jeweiligen Architekten betrachtet, immer noch Aufschluß über den Standpunkt und die Gefühle ihrer Entwerfer.

Meiner Meinung nach ist der Entwurf Peruzzis, der diese Überlegungen auslöste, in seiner Pracht schwer zu übertreffen. Als schematischer Plan eigentlich kaum mehr als ein Diagramm, könnte er als Archetyp auch als Basis für viele andere, möglicherweise von einer Kirche sehr verschiedene Zwecke dienen. Denken wir zum Beispiel an eine Schule, deren Klassenzimmer in den Türmen ihren eigenen Bereich haben könnten, während der Gesamtraum unterschiedlichen Gruppen die Gelegenheit böte, einen Platz zu finden, deren Proportionen, Geschlossenheit und Verbindungsmöglichkeiten den Anforderungen jener Zeit entsprächen. Je mehr man sich dem Zentrum nähert, um so offener wird die Anlage, was den Spielraum für gemeinsame Aktivität erweitert.

Der Plan präsentiert sich als eine Folge von Plätzen, die in Verbindung mit den anderen sie umgebenden je ein Zentrum bilden, ohne jedoch einen dominierenden Raum entstehen zu lassen; der Raum in der Mitte ist also nicht unbedingt der Hauptbereich, könnte aber als eine zu den anderen Zentren führende »Diele« betrachtet werden. Dies ist also ein perfektes Beispiel für den Ausdruck des Gleichheitsprinzips durch räumliche Gliederung. Darüber hinaus ist diese Gliederung so hervorragend, daß jeder Teil einzeln interpretiert werden kann, auch wenn diese Interpretation wegen der offenen Anordnung die umgebenden Teile beeinflußt und umgekehrt.

Diese polyvalente Form ist der Inbegriff des Antihierarchischen; man könnte sie sogar als ein räumliches Modell für die Meinungs- und Entscheidungsfreiheit bezeichnen, in dem unterschiedliche Standpunkte sich dank der Transparenz des Ganzen gegenseitig beeinflußen können, ohne andere zu dominieren.

Man kann sich leicht vorstellen, wie es ausgesehen hätte, wäre dieser Entwurf statt der heutigen Kirche mit ihrer Unausgewogenheit, die man schon in der Entwurfsphase hätte entdecken können, weiterentwickelt und ausgeführt worden.

Die Proportionen, die Gliederung, die Beziehung zwischen Geschlossenheit und Zugänglichkeit der Räume selbst und im Verhältnis zueinander, die konkaven und konvexen Wände, die Richtungen, die Eingänge und ihre Lage, vereinen sich alle, um die Raumgliederung zu bilden, die bestimmt, ob ein Plan der Förderung der Herrschaft oder der Gleichheit dient. Die räumlichen Verhältnisse beeinflußen die zwischenmenschlichen Beziehungen.

Ein weiterer bedeutender Unterschied zwischen den Plänen von Bramante und Peruzzi und jenem von Michelange-

744

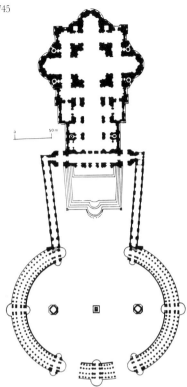

745

746

747 Petersplatz, vor 1935

Michelangelo änderte die Proportionen der Raumeinheiten so, daß die ganze Kirche im Grunde genommen zu einem einzigen Zentralraum wurde. Bestünden noch Zweifel an seiner Absicht, Raumverhältnisse zu schaffen, die die Aufmerksamkeit auf das Zentrum lenken, so reicht seine Planung eines einzigen Haupteingangs, um sie zu zerstreuen. Eine Seite wurde unmißverständlich zur Fassade erhoben, was eine Rückfront und Seiten impliziert, und die Hauptachse, die Maderno mit seinem Anbau später verlän-

748 Petersplatz, nach 1935

lo betrifft die Erschließung. Die konsequente Symmetrie, die sowohl Peruzzis als auch Bramantes Pläne kennzeichnet, deutet auf mehrere Eingänge auf allen Seiten. Der Entwurf Bramantes sieht sogar insgesamt zwölf Ein- und Ausgänge vor; Michelangelo dagegen entwarf nur einen einzigen, der darüber hinaus noch durch eine Kolonnade und Stufen betont ist. Ist also das Innere immer noch symmetrisch, verschiebt sich der Akzent außen unweigerlich auf die Seite mit dem einzigen Eingang. Daß man die Kirche nur von einer Seite betreten und verlassen kann, zwingt dem Innenraum ohne Zweifel eine Richtung auf und verlagert den Schwerpunkt so, daß der Gebrauch die Symmetrie Lügen straft. Die von Bramante vorgesehenen vielen Eingänge dagegen tragen zur Selbständigkeit und Gleichheit der verschiedenen Räume bei und scheinen auch bekunden zu wollen, daß Menschen von allen Seiten und aus allen Richtungen willkommen sind.

749 Petersplatz (Stich von G. B. Piranesi)

gern sollte, ist schon in Michelangelos Entwurf gegeben. Die räumliche Interpretation des zentralistischen, hierarchischen Denkens, der die Kirche immer kennzeichnete, wurde also endgültig in die Organisation des Bauwerks einbezogen. Während man Michelangelos eher gezwungenen Versuch, mindestens die vier Innenseiten gleichwertig zu behandeln, als das Zeichen eines gewissen Widerstands gegen diese Hierarchie deuten kann, scheint Maderno damit überhaupt keine Schwierigkeiten gehabt zu haben. Durch das Hinzufügen des Schiffs wurde eine deutliche Hauptachse geschaffen, die die Aufmerksamkeit auf den Mittelpunkt von Michelangelos Plan lenkt, unabhängig davon, wo man sich in der Kirche aufhält. Jetzt kennt jeder seinen Platz; unerbittlich zogen Klarheit und Ordnung in die Architektur ein und demonstrierten somit ihre Abhängigkeit von der Macht.

»Der Platz, den später Bernini gegenüber der schon von Maderno ergänzten Kirche anlegte, ist nicht nur eine Lektion in Städtebau, sondern auch in der Kunst des Kontrapunkts.

Denn dieser Platz, durch die kreisförmige Kolonnade umschlossen, ist sozusagen ein selbständiger Kontrapunkt zur Kirche. Die Autonomie des ovalen Teils wird noch dadurch betont, daß er nicht direkt mit der Kirche verbunden ist und auch kein eigentliches Tor zu ihr bildet, liegt doch der sich aus den zurücktretenden Verbindungsarmen ergebende trapezförmige Vorhof dazwischen. Dadurch wirkt die Fassade der Kirche keineswegs imposanter, wie manchmal in einem Versuch, Berninis Entwurf durch die perspektivische Kraft dieser Arme zu deuten, behauptet wird. Da jedoch die Perspektive umgekehrt ist, steigert sie tatsächlich das Gefühl der Entfernung, was, von der Kirche aus gesehen, höchstens Selbständigkeit bedeutet. Mir scheint, daß die Arme nicht um der Perspektive willen so angelegt wurden, sondern wegen der in dem begrenzten zur Verfügung stehenden Raum sehr breit wirkenden Fassade Madernos und wegen der Notwendigkeit der Verbindung zum Oval. Dank Bernini, was seine Absicht auch gewesen sein mag, wurde die Kirche ungeachtet ihrer prominenten Lage in die Ferne gerückt.

Die Kolonnade umschließt einen autonomen Raum mit eigener Form. Theoretisch ermöglicht die Aufnahmefähig-

keit dieses kolossalen Platzes der Menge, sich vor der Kirche oder auf der entgegengesetzten Seite zu versammeln, ja sogar ihr den Rücken zuzuwenden.

Obwohl der Platz und die Kirche axial angelegt sind, wird ihre Wirkung dadurch nicht wirklich gesteigert. Nur der geographische Mittelpunkt, durch den schon vorhandenen Obelisken akzentuiert, den Bernini berücksichtigen mußte, liegt in der Achse der Kirche. Jede Ovalhälfte hat ein eigenes geometrisches Zentrum, darüber hinaus bilden auch die beiden Brunnen Schwerpunkte, obwohl sie sich am Rand der halbkreisförmigen Segmente des von der Kolonnade umschlossenen Ovals befinden.

Die Zentren der beiden Ovalhälften befinden sich außerhalb der Achse, und gerade dort – zwischen Brunnen und Kolonnade – ist das Gefühl, »innen« zu sein, am stärksten. Wir müssen jedoch bedenken, daß Berninis Entwurf in der heutigen Situation aus dem Kontext gerissen ist, mit einem gähnenden Leere gegenüber dem Oval, statt dem anheimelnden Rusticcuci-Platz mit seiner ungezwungenen Atmosphäre. Nach Berninis Plänen hätte sonst der Platz letztlich eine umschließende Architektur gehabt, die nicht nur seine Geschlossenheit gesteigert, sondern die offiziellen Eingänge von der Achse aus seitlich verschoben hätte.

Berninis wirklich origineller Kontrapunkt lehrt, wie sich

750

anbahnende Gewalt in Schach gehalten werden kann. Bei der Ausarbeitung seines ingeniösen architektonischen Konzepts zeigte er auch, daß er die richtige Einstellung hatte und sich zu Recht in der Lage fühlte, seine Vorstellungen so konsequent durchzusetzen, daß sie in allen Teilen leicht zu erkennen sind.

Die Kolonnade, nicht mehr Trennung, sondern bedeutendes, selbständiges Bauwerk, bildet eine optische Grenze, die ausreicht, um beide Ovalhälften wie von einer Mauer umgeben erscheinen zu lassen. Durch diese Umschließung kann man die angrenzenden Häuser sehen, die allgegenwärtig bleiben, so daß sich beide nach ihrer eigenen Logik geformte Welten, die eine ungezwungen und ungepflastert, die andere plastisch durchgebildet, in ihrem Gegensatz ergänzen. Darüber hinaus entstehen dazwischen schöne Raumgebilde. Nur wenn man sie vom Zentrum der ovalen Segmente aus betrachtet, wo die vier Säulenreihen sozusagen in der Flucht sind, verliert die »Wand« ihre umschließende Eigenschaft und wird transparent. Hat Bernini dies alles bewußt so geschaffen? Was kümmert es uns? Seine erstaunlich originelle Lösung funktioniert, und allein dies zählt!

Beinahe drei Jahrhunderte lang bestand das architektonische Gleichgewicht zwischen der Kirche und Berninis Platz

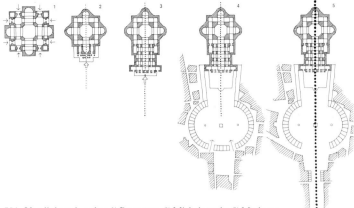

751 Von links nah rechts: 1) Bramante, 2) Michelangelo, 3) Maderno, 4) Bernini, 5) Piacentini und Spaccarelli

752

weiter, sogar ohne den abschließenden Arm, der seine kontrapunktische Lage zur Kirche verstärkt und einen Durchbruch erschwert hätte. Natürlich haben jene, die die Macht der Kirche stärker ausgedrückt zu sehen wünschten, diesen Durchbruch immer herbeigesehnt, und auch das Straßenraster war diesem Plan förderlich. Dennoch ist es erst Mussolini gewesen, der 1934 persönlich den Befehl erteilte, die »Spina« abzureißen. So wurde dieses berühmte Ensemble von den Architekten Piacentini und Spaccarelli durch die triste Anlage der Via della Consolazione ersetzt. Fachismus und Kirche waren sich auf dem Gebiet des Städtebaus durchaus einig, und eine klarere Demonstration ihrer sozialen Absichten ließe sich schwerlich finden. Die Achse, die sich aus Michelangelos Planung eines einzigen Eingangs ergab, wurde also erweitert und auf den Maßstab der Stadt aufgebläht. Dadurch rückt die Kirche ins Blickfeld und manifestiert auf diese Weise ihre Herrschaft im städtebaulichen Kontext« (s. Veröffentlichungen, 6).

Berninis Platz ist nicht nur ein herrliches Gegenstück zur Kirche, sondern auch der erste öffentliche Platz der Welt, der nicht das Ergebnis umschließender Bauten war. Im Grunde ist er selbst ein Bauwerk, dessen Kolonnade durchsichtige, jedoch kraftvolle Fassaden bilden. Statt übriggebliebener Raum, ist der Platz selbst, dank der Verlagerung des Akzentes von den eigentlichen Bauten zum dazwischenliegenden urbanen Raum, zu einem Brennpunkt geworden, der die Aufmerksamkeit auf sich zieht.

Es scheint, als habe der Architekt bewußt den ovalen Bereich zwischen den unregelmäßigen Gebilden der angrenzenden Viertel entworfen, um einen neuen urbanen Raum zu schaffen und den übriggebliebenen Fragmenten Form und Format zu geben.

Der Gegensatz zwischen dieser großzügigen Ellipse mit ihrem anmutigen geometrischen Muster und dem historisch gewachsenen Gefüge ihres Umfeldes muß besonders spektakulär gewesen sein, als der Platz mit dem Obelisken und den Brunnen angelegt wurde, da dies damals auch der einzige durchgehend gepflasterte Ort mit richtiger Entwässerung in der Stadt war.

257

Vorderfront und Rückseite

Die verschiedenen Phasen der Entstehungsgeschichte der Peterskirche und des von Bernini angelegten Platzes haben gezeigt, wie Architekten den Raum mißbrauchen können, um Eindruck zu machen oder umgekehrt, ihn dazu benutzen, um ein Gleichgewicht zwischen Menschen und Dingen herzustellen. Daran zeigt sich auch, wie problematisch die Lage des Architekten immer gewesen ist, der stets von den beträchtlichen Mitteln abhängt, die er zur Verwirklichung seiner Ideen braucht, und sich schließlich allzuoft entschließt, Zugeständnisse zu machen. So mußte der Architekt, der fast immer im Dienste der regierenden Macht stand, sich stets unterwerfen und erleben, wie er ein Werkzeug in der Hand einiger Weniger war, anstatt der Allgemeinheit zu dienen.

Im Wandel der Geschichte sind Architekten hauptsächlich mit der Errichtung von Pyramiden, Tempeln, Kirchen und Palästen und kaum oder gar nicht mit dem Bau von einfachen Wohnungen beschäftigt gewesen. In der Regel befaßten sie sich nur mit dem Außergewöhnlichen, und in den seltenen Fällen, in denen sie auf die Dinge des Alltags achten mußten, stand dies immer in Verbindung mit der äußeren Erscheinung eines Gebäudes und sehr oft besonders mit der Fassade eines Hauses, die prachtvoll aussehen sollte.

Die Geschichte der Architektur ist eine Geschichte der Fassaden – die Bauten hatten offenbar keine Rückseiten! Die Architekten suchten immer nach einer formalen Ordnung, sie zogen vor, die Kehrseite der Medaille, den alltäglichen Betrieb zu ignorieren.

Heute trifft dies weitgehend immer noch zu, wenn auch der soziale Wohnungsbau in unserem Jahrhundert ein voll entwickelter Zweig der Architektur geworden ist. Immer noch besteht diese unsichtbare und unbewußte Trennungslinie zwischen der Architektur mit grossem A geschrieben und dem Rest davon.

753 Jan Steen (1625-79) Die fröhliche Familie

Niederländische Maler

Was die niederländische Malerei besonders kennzeichnet, ist die Auswahl der Themen, die meist alltägliche Situationen mit ganz gewöhnlichen Menschen darstellen. Sogar wenn das Thema einen Sinn hat, der das Gewöhnliche transzendiert – welches Mittel wäre dazu besser geeignet als die Malerei – neigen die Künstler dazu, das Erhabene in einem alltäglichen Gewand zu zeigen. Die niederländischen Maler haben sich kaum mit dem Problem der Götter noch mit deren List und Tücke, die Menschen zu manipulieren, beschäftigt; und auch ihre Auftraggeber hatten kaum die Macht, zu diktieren, wie sie sich und ihre Besitztümer dargestellt haben wollten.

Umso zahlreicher sind die Interieurs, wie etwa Van Gogh's »Kartoffelesser« und natürlich die Bilder Jan Steens, die uns

754 Pieter de Hoogh (1629-84) Das Landhaus

755 Vincent van Gogh (1853-90) Hinter dem Schenkweg

756 Vermeer van Delft (1632-75) Straße in Delft

757 Vermeer van Delft (1632-75), Straße in Delft

einen Blick auf das Leben hinter die Kulissen werfen lassen. Solche Gemälde zeigen die Menschen in alltäglichen Situationen. Obwohl es Herren und Dienstboten gab, scheinen Männer und Frauen, Landstreicher und Musikanten, Kinder und Haustiere nebeneinander in einer Art zu leben, die nicht den Eindruck erweckt, als hätten die Sozialunterschiede, wie sie damals bestanden, eine große Rolle gespielt. Jedenfalls bekundeten die Künstler kein besonderes Interesse an solchen Erscheinungen, während sie sich mit untrüglichem Gefühl für Proportionen sicherlich mehr bemühten, die Wirklichkeit zu zeigen. Ein anderer Maler, Pieter de Hoogh, richtet seinen Blick, sobald er außerhalb des Hauses ist, auf den Hinterhof (eigentlich wie Van Gogh). Sogar in der »Nachtwache«, dem berühmtesten niederländichen Bild, liegt wegen der lebendigen Darstellung der umherlaufenden Kinder und Hunde der Akzent nicht wirklich auf der Stärke und Tapferkeit der Wchsoldaten. Sicherlich haben diese Nebenfiguren allerlei symbolische Bedeutungen; dies beeinträchtigt jedoch keineswegs die Ungezwungenheit, mit der sie sich inmitten der anderen bewegen. Und das nächste berühmte Bild, Vermeers »Straße in Delft« zeigt die Fassade wie die Rückseite eines Hauses. Der Schauplatz selbst ist – beinahe eine Selbstverständlichkeit – der wie üblich zur Straße gelegene Hof, in dem fleißige Frauen waschen, nähen, oder, wie die die Szene beherrschende Figur, Milch einschenken.

In den Werken der niederländischen Meister, die in allen führenden Museen der Welt zu finden sind und denen Holland seinen Ruhm als Malernation verdankt, wird der Unterschied zwischen Form und Zwanglosigkeit gänzlich negiert.

Die Bilder der niederländischen Maler aus dem 17. Jahrhunderts zeigen, daß das Gleichheitsprinzip als Selbstverständlichkeit immer tief in unserer Tradition verwurzelt war, und es ist sicherlich auf diese Tradition zurückzuführen, daß sich eine Architektur ohne hierarchische Strukturierung des Raums und mit ziemlich nüchternen Blick für die Menschen und den funktionellen Aspekt der Dinge entwickeln konnte, frei von der Absicht, zu unterdrücken oder zu imponieren. Erst im 20. Jahrhundert begannen die Architekten, sich mit dem sozialen Wohnungsbau zu befassen, und es überrascht nicht, daß die Holländer zu den ersten gehörten, die ihre Aufmerksamkeit vom formalen Äußeren abwendeten, um sie auf das Wesen der Wohnung: die Gliederung des Grundrisses, die Erschließung und die Einfügung in den urbanen Kontext, zu lenken. Von der formalen Ordnung, in der Haupt- und Nebenfunktionen nach einer starren Hierarchie festgelegt sind, wird das Interesse auf ein zusammenhängendes Ganzes gerichtet, in welchem die Haupt- und Nebenfunktionen je nach ihrer Rolle in der Gesamtstruktur und der Bewertung dieser Rolle (mit anderen Worten: im Zusammenhang mit der Betrachtungsweise des Einzelnen und dessen Vorteil) austauschbar sind.

758 Rembrandt van Rijn (1606-69) Die Nachtwache

759

Le Corbusier: das Formale und das Zwanglose der Alltagswelt

Niemand hat es besser verstanden, die Kluft zwischen der formalen Ordnung und dem täglichen Leben zu überbrücken als Le Corbusier, der Architekt des 20. Jahrhunderts par excellence. Ohne Formen aus der Vergangenheit zu zitieren, leitete er seine Formensprache nicht nur von den klassischen Monumenten ab, die er auf seinen vielen Reisen besuchte, sondern auch aus primitiven Bauernhäusern und insbesondere aus dem, was die moderne Technik zu bieten hatte. Aus einem Gemisch aus Überseedampfer, Flugzeug, Zug, griechischer und römischer Säule, Gewölbe, massiver Steinmauer und bescheidenem Lehmhaus schuf er eine Architektur, in der alle diesen Komponenten erlebt werden können, ohne daß man sie einzeln erkennt.

Seine Küche ist gefüllt mit dem Duft allermöglicher Plätze und historischer Perioden, reich oder arm, Stadt oder Land, kunterbunt gemischt. Seine Inspiration kommt aus allen Teilen der Welt, vor allem aber von seiner unmittelbaren Umgebung, und er war für vieles aufgeschlossen, was Architekten normalerweise scheuen. Man braucht nur eine

760

seiner vielen (oft von einem Zeichner »architektonisch« umrissenen und dann von ihm selbst gefüllten) perspektivischen Zeichnungen anzuschauen, um eine Fülle von alltäglichen Merkmalen zu erkennen, die die meisten Architekten als bürgerlich verworfen hätten, die jedoch, wie er klar erkannte, die Wirklichkeit des Alltags prägen würde, sobald der Bau stünde. Als Le Corbusier den Ausdruck »Wohnmaschine« verwendete, dachte er weniger an Perfektion und Automation als an die besondere Mühe, die es aufzuwenden gilt, eine Wohnung so zu entwerfen, daß sie richtig funktioniert.

Bei Le Corbusiers späteren (nach dem zweiten Weltkrieg entstandenen) Werken, insbesondere bei den Bauten, die er in Indien entwarf, scheint es zunächst, als würden die Menschen infolge einer Verlagerung des Akzentes auf die skulpturale Form eine ziemlich untergeordnete Rolle spielen. Er beschloß, sich auf den Bau des Regierungssitzes in Chandigarh, der neuen Hauptstadt des Pandschab, deren Plan er ausgearbeitet hatte, zu konzentrieren; den Entwurf der Wohnungen überließ er anderen. Der neue Verwaltungskomplex sollte der Ausdruck der Hoffnung und des Optimismus sein, mit den ein tragisch verarmter Subkontinent dachte, sich zu einem neuen, modernen Staat zu entwickeln, ein Traum, in dem Architektur den Menschen einen Ausweg aus ihrer düsteren Lage bieten sollte.

Die monumentale skulpturale Kraft der Form, die Le Corbusier vor unseren Augen entstehen läßt, ist furchterregend und phantastisch zugleich. Doch spricht sie nicht eher den Architeken als die Menschen in der dortigen Stadt an? Ist sie nicht eher für die Macht gedacht als für die Wähler? Ja und nein. Auf den ersten Blick scheint es so, doch das Verblüffende ist, daß es Le Corbusier gelang, nicht in diese Falle zu tappen. Die Architekten, die vorher nie etwas derartiges gesehen hatten, betrachteten diese neue Formenwelt wie eine exklusive Novität; doch, trotz ihrer Originalität sind die großen, rauhen Betonblöcke, die wie künstliche Felsen aussehen, so perfekt in die Umgebung integriert, daß sie mit der Landschaft verschmelzen und insofern den dortigen Einwohnern etwas vertraut vorkommen. Denn die rauhen unverputzten Betonkonstruktionen, so entfernt von der Leichtigkeit und Glätte der stereotypen modernen Bauten, unterscheiden sich nicht so sehr von den traditionellen Behausungen, die die dortige Bevölkerung errichtete. Le Corbusiers Architektur dominiert die Umgebung durch ihre Proportionen und Wuchtigkeit, aber sicherlich nicht autoritären Nebentönen. Noch gibt es keine Spur eines Rückgriffs auf klassizistische Formen oder andere, die Assoziationen mit der Machtausübung hervorrufen könnten.

Man kann sich also dem Bau ebenso gut auf dem Rücken eines Esels als in einer Limousine nähern, und die Menschen innen und außen sehen gleich aus, ob sie teuere Kleider tragen, oder ärmlich angezogen sind. Hier macht es offensichtlich wenig Unterschied, wer der Mensch ist, und was er darstellt.

Parlamentsgebäude, Chandigarh, Indien, 1962,
Le Corbusier [761-762]

Vor allem die Haupthalle um den Versammlungssaal ist einmalig weitläufig. So groß wie eine Kathedrale, mit den höchsten Säulen, die man sich vorstellen kann, vermittelt

761

762

dieser Raum den Eindruck, er stünde hier seit Tausenden von Jahren.

Er hätte auch leicht als Markt oder als Kultstätte, oder auch für große Feier benutzt werden können; man kann sich ihn über sehr lange Zeit als den Schauplatz einer breiten Skala von Ereignissen vorstellen.

Die letzten Entwürfe Le Corbusiers verwandelten sich leicht; sie ließen sich sogar beliebig füllen – obwohl es nicht Le Corbusiers Absicht war – ohne je der Identität der Bauten Abbruch zu tun. Dies könnte sich eines Tages ogar zu ihrem Vorteil auswirken; sie werden ihre Schönheit behalten, wenn sie älter werden und zerfallen, wie eine bewohnbare Landschaft.

Wasser-Reservoir, Surkej, Indien, 1446-51 [763]

Dieses große Wasserreservoir, dessen Typ in der Umgebung von Ahnedabad, Indien, ziemlich verbreitet ist, wurde als Erholungstätte für den König, aber auch als Wasserreservoir für Dürreperioden konzipiert. Wie überall in Indien kommen die Menschen in Scharen ans Wasser, um die meterlangen, bunten Tücher, mit denen sie sich kleiden, zu waschen und zu trocknen. Durch die weitläufige, abgetreppete Anlage ist das Wasser immer leicht erreichbar, unabhängig von seinem Niveau, während die horizontale Gliederung jedem einen eigenen Platz und somit ein temporäres Reich bietet.

Wenn je eine architektonische Landschaft demonstrieren kann, wie eine großzügige königliche Geste einen Raum schaffen kann, der täglich unzähligen Menschen Platz bietet, so sind es diese Stufen in Indien. Sie zeigen deutlich, daß es keine unüberbrückbare Kluft zwischen der von den Architekten so geliebten, formalen architektonischen Ordnung und der von ihnen verschmähten Erfüllung von Forderungen des gewöhnlichen Alltags geben muß. Wir glauben, daß diese Kluft nur dann unüberbrückbar ist, wenn es den verantwortlichen Architekten an Qualität und Kompetenz fehlt.
Die königliche oder großzügige Geste muß den Alltag also nicht zwangsläufig ausschließen, im Gegenteil, sie kann ihm einen Hauch von Grandeur verleihen; das Gewöhnliche wird außergewöhnlich.
Daß die Architekten der Meinung sind, sie hätten sich nur mit dem Außergewöhnlichen zu befassen, ist ein weitverbreitetes Mißverständnis: sie bringen das Außergewöhnliche auf das Niveau des Gewöhnlichen, statt das Gewöhnliche außergewöhnlich zu gestalten.
Bei unserer Arbeit müssen wir immer nach Qualität streben, auf allen Ebenen, die notwendig sind zur Schaffung eines Umfelds, das nicht allein einer bestimmten Gruppe allein dient, sondern allen. Die Architektur muß generös, aber auch für alle gleich einladend sein. Einladend ist sie, wenn ihre Entwürfe Außenseiter wie etablierte Leute ansprechen, und wenn man sich vorstellen kann, daß sie auch in einem anderen kulturellen Kontext denkbar wäre.
Der Architekt ist wie der Arzt – in seinem Denken gibt es keinen Platz für Wertung; er muß seine Aufmerksamkeit allen Stufen widmen, und versuchen so zu handeln, daß alle sich besser fühlen.

763

Biographie

1932
Geboren in Amsterdam

1958
Abschluß an der Technischen Universität Delft

1958
Errichtung eines eigenen Architekturbüros

1959-1969
Arbeit im Herausgebergremium des holländischen Architekturmagazins Forum (zusammen mit Aldo van Eyck, Jaap Bakema und anderen

1965-1969
Vorlesungen an der Akademie für Architektur in Amsterdam

Seit 1970
Ao. Professor an der Technischen Universität Delft (jetzt Universität Delft)

1986-1993
Ao. Professor an der Universität Genf

Seit 1990
Vorsitzender des Berlage Instituts, Amsterdam

Gastprofessuren
1966/67, 1970, 1977, 1980
MIT Cambridge, Mass.

1968
Columbia University, New York

1969-71, 1974
Toronto University

1978
Tulane University, New Orleans

1979
Harvard University, Cambridge, Mass.

1981
University of Pennsylvania

1982-86
Universität Genf

1987
Verschiedene Universitäten in den USA

Preise

1968
Architekturpreis der Stadt Amsterdam für das Studentenheim Weesperstraat

1974
Eternitpreis für das Verwaltungsgebäude Centraal Beheer, Apeldoorn
Fritz-Schumacher-Preis

1980
A. J. van Eck-Preis für das Vredenburg Musikcenter
Eternit Preis

1985
Merkelbach-Preis der Stadt Amsterdam für die Apollo-Schulen

1988
Richard Neutra-Preis für hervorragende Leistungen
Berliner Architekturpreis von West-Berlin für das LiMa-Projekt Lindenstraße/Markgrafenstraße
Merkelbach-Preis

1989
Richard Neutra Award for Professional Excellence
Berliner Architekturpreis

1991
Premio Europa Architettura für das Gesamtwerk
Berlage vlag
BNU-kubus
Beton-Preis

1993
Prix Rhénan

Bauten und Projekte

Ausgeführte Bauten

1962-1964 Erweiterung Wäscherei LinMij, Amsterdam
1959-1966 Studentenheim Weesperstraat, Amsterdam
1960-1966 Montessori-Primarschule und Kindergarten, Delft
1967 Umbau eines Wohnhauses, Laren
1968-1970 Erweiterung der Montessori-Primarschule, Delft
1969-1970 Experimentierhäuser Diagoon, Delft
1968-1972 Verwaltungsgebäude Centraal Beheer, Apeldoorn
1964-1974 Seniorenheim De Drie Hoven, Amsterdam
1972-1974 Gemeinschaftszentrum De Schalm, Deventer-Borgele
1973-1978 Vredenburg Musikcenter, Utrecht
1978-1980 Wohnanlage Westbroek
1977-1981 2. Erweiterung der Montessori-Primarschule, Delft
1978-1982 Wohnanlage Haarlemmer Houttuinen, Amsterdam,
1980-1982 Städtebaulicher Entwurf des Vredenburgplein, Utrecht
1979-1982 Wohnanlage Documenta Urbana, Kassel-Dönche
1980-1983 Montessori-Schule und Willemspark-Schule in Amsterdam
1980-1984 Seniorenheim De Overloop, Almere
1982-1986 LiMa-Wohnanlage, Berlin-Kreuzberg
1984-1986 Primarschule De Evenaar, Amsterdam
1986-1989 Het Gein-Siedlung, Evenaar
1988-1989 Erweiterung Primarschule, Aerdenhout
1989-1990 Wohnsiedlung Atelier 2000, Almere
1979-1990 Bürogebäude Ministerium für Soziale Angelegenheiten, Den Haag
1990-1992 Bürogebäude Benelux Merkenbüro, Den Haag
1991-1993 Erweiterung Willemspark-Schule, Amsterdam
1986-1993 Theater/Filmzentrum und Wohnungen Spui, Den Haag
1991-1993 Bibliothek/Musikschule, Breda
1993-1994 Primarschule Anne Frankschool, Papendrecht
1990-1994 Erweiterung Bürogebäude Centraal Beheer, Apeldoorn

Geplante und in Bau befindliche Projekte

Wohngebäude, Haarlem
Städtebaulicher Entwurf Merwestein Noord, Dordrecht
Wohngebäude Noordendijk, Dordrecht
Städtebaulicher Entwurf und Erweiterung Musikcenter Vredenburg, Utrecht
Dormitory-guesthouse, Kurobe/Japan
Chassé Theater, Breda
Städtebaulicher Entwurf und Wohngebäude Stralauer Halbinsel, Berlin
Oberschule Montessori College Oost, Amsterdam
Wohngebäude, Papendrecht
Wohngebäude, Düren
LOM Primarschule, Almere
Städtebaulicher Entwurf Clemensänger, Freising
Theater Markant, Uden
Erweiterung Kaufhaus Vanderveen, Assen
Bijlmer Ehrenmal, Amsterdam
Erweiterung Bibliothek, Breda
Erweiterung Feuerwehr-Schule, Schaarsbergen

Nicht ausgeführte Projekte

1968 Monogoon-Häuser
1969 Erweiterungsplan für Deventer, Steenbrugge
1971 Memorandum für die Erneuerung des alten Stadtkerns von Groningen, in Zusammenarbeit mit De Boer, Lambooij, Goudappel u.a.
1974 Bebaugsplan für das Zentrum von Eindhoven, in Zusammenarbeit mit Van den Broek und Bakema
1975 Häuser, Läden, Parkgarage in der Nähe von Musis Sacrum (Theater), sowie Renovierung des Theatergebäudes
Städtebauliches Gutachten für die Universität Groningen
1975 Vorschlag für eine Universitätsbibliothek mit Einbeziehung einer Kirche aus dem 19. Jahrh., Groningen
1976 Institut für ökologische Forschung, Heteren
1977 Bebauungsplan Schouwburgplein (Theaterplatz), Rotterdam
1978 Bibliothek, Loenen a/d Vecht
1979 Erweiterung »NV Linmij«, Amsterdam
1980 Überbauung des Forumbereiches, Den Haag
Wohnprojekte, Berlin-Spandau
1984 Erweiterung der Akademie der Künste »Sint Joost«, Breda
1986-91 Filmzentrum Esplanade, Berlin
1986 Schwimmende Wasserhäuser, Exeperimentierprojekt Zuiderpolder, Haarlem
1988 Wohngebäude Koningscarré, Haarlem
1989 Bebauungsplan Jekerkwartier, Maastricht
1889-91 Bebauungsplan Maagjesbolwerk, Zwolle
1990 Wohngebäude Media-Park, Köln
1992 Musikzentrum, Amsterdam
1993 Kunstakademie, Rotterdam

Wettbewerbe

1964 Kirche, Driebergen
1966 Rathaus, Valkenswaard
1967 Rathaus, Amsterdam
1970 Bebauungsplan Nieuwmarkt, Amsterdam
1980 Bebauungsplan Römerberg, Frankfurt/Main
1982 Krippe, West-Berlin
1983 Bebauungsplan Köln/Mülheim-Nord
Verwaltungsgebäude Friedrich Ebert Stiftung, Bonn
Verwaltungsgebäude Gruner und Jahr, Hamburg
1985 Verwaltungsgebäude Stadtwerke, Frankfurt
Rathauserweiterung, Saint-Denis, Frankreich
1986 Bebauungsplan Bicocca-Pirelli, Mailand,
Gemäldegalerie, West-Berlin
1988 Wohnprojekt, Maastricht
Verwaltungsgebäude Schering, West-Berlin
1989 Projekt für die »Bibliothèque de France«, Paris
»Kulturzentrum am See«, Luzern, Schweiz
1990 Filiale der Nederlandse Bank, Wassenaar
Verwaltungsgebäude des Benelux Merkenbureau, Den Haag
Wettbewerbsentwurf für die Bebauung von Echirolles, eines Vorortes von Grenoble
Wohn- und Kindergartenprojekt für den Mediapark, Köln
1991 Büroblock für den Mediapark, Köln
Büroblock Richti, Wallisellen, Zürich
Theater, Delft
1991 Oberschule Collège Anatole France, Drancy
1992 Verwaltungsgebäude Sony, Potsdamer Platz, Berlin
Berlin Olympia 2000, Bebauungsplan Rummelsburger Bucht, Berlin
1993 Wohngebäude Witteneiland, Amsterdam
Wohngebäude, Düren
1993 Bebauungsplan Clemensänger, Freising
1994 Auditorium/Konzerthallen, Rom
1994 Verwaltungsgebäude Ceramique-Areal, Maastricht

Architektur-Zitate

Baltard, V. S. 67
Les Halles, Paris, 1854-66, S. 69
Bernini, G. S. H. S.181, S. 181, 256-258
Blom, P., Kasbah, Hengelo, 1973, S. 60
Bramante, D., S. 5, 193, 194, 254, 255, 257
Petersplatz, Rom seit 1656, S. 181
Petersplatz, Rom seit 1452 S. 193
Brinkman, M. Wohnanlage Spangen, Rotterdam, 1919, S. 5, 52
Brinkman, M. & L. C. van der Vlugt Van Nelle-Fabrik, Rotterdam, 1917-29, S. 213, 214
Broek, J. H. van den Wohnanlage Vroesenlaan, Rotterdam, 1931-34, S. 43
Candilis, Josic & Woods Freie Universität Berlin, 1963, S. 112
Cerdá, I. Ensanche, Barcelona, 1859, S. 5, 118
Chareau, B., B. Bijvoet, L. Dalbet Maison de Verre, Paris, 1928-32, S. 234, 236, 238
Cheval Le Palais Idéal, Haute Rives, 1879-1912, S. 115, 116
Descombes, G. Fußgänger-Unterführung, Genf, 1981, S. 228
Duiker, J., B. Bijvoet, J. G. Wiebenga Zonnestraal Sanatorium, Hilversum, 1916-31, S. 221
Duiker, J., B. Bijvoet Freiluftschule, Amsterdam, 1930, S. 123, 221, 242
Duiker, J. Cineac Cinema, Amsterdam, 1933, S.80, 222
Eiffel, G. Eiffel-Turm, Paris, 1889, S.68, 197
Eyck, A. van Waisenhaus, Amsterdam, 1955-60, S. 122/123
Gaudí, A., J. M. Jujol Parc Güell, Barcelona, 1900-14, S. 207
Godin, J. B. A. Familistère, Guise, 1859-83, S. 42, 58
Guimard, H. Castel Béranger, Paris, 1896, S. 237
Metro-Stationen, 1898-1901, S. 71
Habraken, N. Die Träger und die Menschen, 1961, S. 106
Häring, H. Wohnanlage Berlin-Siemensstadt, 1929-31, S. 203
Heré, H. E. Place Stanislas und Place de la Carrière, Nancy, 1751-55, S. 250
Horta, V. Privathaus, Brüssel, 1896, S. 232, Hotel Solvay, Brüssel, 1896, S. 19, 82, Haus Van Eetvelde, Brüssel, 1898, S. 237
Klingeren, F. van Gemeindezentren, Dronten, Eindhoven, 1966-67, S. 68
Labrouste, H. Bibliothèque Ste. Geneviève, Paris, 1843 bis 50, S.240, Bibliothèque Nationale, Paris, 1862-68, S. 15, 188
Le Corbusier Pavillon d'Esprit Nouveau, Paris, 1925, S. 200, Fort l'Empereur, Algier, 1930, S.104 Villa Savoye, Poissy, 1929-32, S. 116, 227, Pavillon Suisse, Paris, 1932, S. 200, Ministerium für Erziehung und Gesundheit, Rio de Janeiro, 1936/37, S. 77, Unité d'Habitation, Marseille, 1947-52, S. 201, High Court, Chandigarh, 1951-55, S. 175, Kapelle Ronchamp, 1955, S. 229, Parlament

Building, Chandigarh, 1962, S. 261, Heidi-Weber-Pavillon, Zürich, 1963-67, S. 23
Le Play, F. Pavillon auf der Weltausstellung, Paris, 1867, S. 222
Louis, J. V. Palais Royal, Paris, 1780, S. 62
May, E. Römerstadt, Frankfurt/M., 1927/28, S. 55
Martorell, Bohigas & Mackay Thau Schule, Barcelona, 1972-75, S. 205
Michelangelo Petersplatz, Rom seit 1452, S. 193,
Palladio, A. Villa Rotonda, Vicenza, 1570, S. 246
Paxton, J. Crystal Palace, London, 1851, S. 69
Peruzzi, B. Petersplatz, Rom, seit 1452, S. 193
Piano, R. IBM-Pavillon, Paris, 1982-84, S. 235, 238
Rietveld, G. Rietveld-Schröder-Haus, Utrecht, 1924, S. 32
Rodia, S. Watts Towers, Los Angeles, 1921-54, S. 115
San Gallo, G. da Petersplatz, Rom, seit 1452, S. 193
Schinkel, K. Schloß Klein-Glienicke, Berlin, 1826, S. 250
Taut, B. Häuser in Berlin, 1925-27, S. 163
Veugny, M. H. Cité Napoléon, Paris, 1849, S. 37
Wewerka, S. Projekt für einen Wohnbezirk in Berlin, 1965, S. 114, 115
Wood, J. & J. Nash Royal Crescents, Bath, 1767, S. 54

Illustrationen

Alle Fotographien von Herman Hertzberger außer
R. Bolle-Reddat, 653
Hein de Bouter, 347
Burggraaff, 641
Richard Bryand, 525
Martin Charles, 587, 602, 616
Georges Descombes, 469, 648, 649, 650, 651, 652
Willem Diepraam, 30, 31, 75, 76, 95, 138, 139, 140, 423, 432, 434, 437, 445, 448, 453, 462, 478, 479, 527, 538, 539, 584, 596
Aldo van Eyck, 316, 319, 321
L. Feininger, 313, 541
Dolf Floors, 580
Reinhard Friedrich, 297, 298
P. H. Goede, 325, 320
Werner Haas, 51
Jan Hammer, 145, 146
Akelei Hertzberger, 85, 86
Veroon Hertzberger, 719, 720, 721, 722
Johan van der Keuken, 15, 16, 17, 18, 19, 21, 22, 39, 44, 141, 207, 394, 395, 396, 397, 401, 404, 405, 406, 409, 414, 417, 449, 461, 465, 491, 535, 546, 594, 600, 623, 924
Klaus Kinold, 388, 483, 493, 499, 526
Mihel Kort, 737
Bruno Krupp, 37
J. Kurtz, 203
Rudolf Menke, 429
Roberto Pane, 713
Louis van Paridon, 110
Marion Post Wolcott, 505
Uwe Rau, 84, 576
Renandeau, 389
Ronald Roozen, 599
Izak Salomons, 341
H. Stegeman, 430, 431
H. Tukker, 642
Jan Versnel, 323, 324, 325, 326, 329
Ger van der Vlugt, 61, 62, 66, 88, 89, 100, 1o2, 103, 371, 387, 496, 578, 579, 619, 626, 627, 705, 706, 707
Gordon Winter, 132
Cary Wolinsky, 467

Veröffentlichungen

»Weten en geweten«, *Forum* 1960/61, Nr.2, 46-49
»Verschraalde helderheid«, *Forum* 1960/61, Nr. 4, 143/44
»Naar een verticale helderheit«, *Forum* 1960/61, Nr. 8, S. 264-273
»Flexibility and Polivalence«, *Ekistics* 1963, April, S. 238 bis 239 (**1**)
Bouwkundig Weekblad 1965, Nr. 20 (**2**)
»Some notes on two works by Schindler«, *Domus* 1967, Nr. 9,1
»Form and Program are reciprocally Evocative«, *Forum* 1967, Nr. 7 (geschrieben 1963) (**3**)
»Identity«, *Forum* 1967, Nr. 7, geschrieben 1966 (**3a**)
»Form und Programm rufen sich gegenseitig auf«, *Werk* 1968, Nr. 2, S. 200-201.
»Looking for the Beach under the Pavement«, *RIBA Journal* 1971, Nr. 2.
»Huiswerk voor meer herbergzame vorm«, *Forum* 1973, Nr. 3, S. 12-13 (**4**)
»De te hoog gegrepen doelstelling«, *Wonen-TABK* 1974, Nr. 14, S. 7-9.
»Strukturalismus-Ideologie«, *Bauen + Wohnen* 1976, Nr. 1, S. 21-24
»El deber para hoy: hacer formas más hospitalarias«, *Summarios* 1978, Nr. 18, S. 322.
Wonen-TABK 1979, Nr. 24 (**5**)
»Un insegnamento da San Pietro«, *Spazio e Società*,1981, Nr. 11, S. 78-83 (**6**)
»De traditie ven het nieuwe bouwen en de nieuwe moogligheid in: Haagsma, I. H. de Haan, *Wie is er bang voor nieuwbouw?*, Amsterdam 1980, S. 149-154 (**7**)
»Ruimte maken, ruimte laten«, Studium Generale Vrije Universiteit Amsterdam. *Wonen tussen utopie en werkelijkheid*, Nijkerk 1980, S. 28-37.
»Shaping the Environment«, in: Mikellides, B. (Hsg.), *Architecture for People*, London 1980, S. 38-40.
»Motivering van het minderheidsstandpunt«, *Wonen-TABK*, 1980, Nr. 4, S. 2-3.
»La tradizione domestica dell'architettura 'eroica' olandese«, *Spazio e Società*, 1981, Nr. 13, S. 78-85.
»Het twintigste-eeuwse mechanisme en de architectuur van Aldo van Eyck«, *Wonen-TABK*, 1982, Nr. 2, S. 10-19 (**8**).
Muziekcentrum Vredenburg, Utrecht: Artiestenfoyer, Projektdokumentatie, *thd-bouwkunde*, Jan.1981 (**8a**)
»Einladende Architektur», *Stadt*, 1982, Nr. 6, S.40-43.
Collegedictaat deel A, »Het Openbare Rijk«, 1982
»De schetsboeken van Le Corbusier«, *Wonen-TABK*, 1982, Nr. 21, S. 24-27.
Stairs, Technische Universiteit Delft 1987, Seminar-Aufzeichnungen (**9**)

»Montessori en Ruimte«, *Montessori Mededelingen*, 1983, Nr. 2, S. 16-21.
Forum, 1983, Nr. 3 (**10**)
»Une rue habitation à Amsterdam«, *L'Architecture d'Aujourd'hui*, 1983, Nr. 225, S. 56-63.
»Le Royaume Public and Montagnes dehors montagnes dedans«, in: *Johan van der Keuken*, Brüssel 1983, S. 88-118.
»Una strada da vivere. Houses and streets make each other«, *Spazio e Società*, 1983, Nr. 23, S. 20-33.
»Ruimte maken, ruimte laten«, Technische Universiteit Delft, 1984
»Over bouwkunde, als uitdrukking van denkbeelden«. *De Gids*, 1984, 8/9/10, S. 810-814
»L'espace de la Maison de Verre«, *L'Architecture d'Aujourd'hui*, 1984, Nr. 236, S. 86-90.
»Building Order«, *Via 7*, 1984, Cambridge (**11**)
Indesem 85, Right Size or Right Size, Technische Universiteit Delft, 1985, 46-57.
»Stadtverwandlungen«, *Materialien*, 1985, Nr.2 Hochschule der Künste Berlin), S. 40-51
Biennale de Paris, Architecture, (Ausstellungskatalog) Luik/Brüssel, 1985, S. 30-35
»Architectuur en constructieve vrijheid«, *Architectuur/Bouwen*, 1985, Nr. 9, 33-37 (**12**).
»Schelp en kristal« in: Strauven, F., *Het Burgerweeshuis van Aldo van Eyck*, Amsterdam 1987, S. 3.
»Henry Labrouste, La réalisation de l'art«, *Techniques & Architecture*, 1987/88, Nr. 375, S. 33.
»The Space Mechanism of the Twentieth Century of Formal and Daily Life; front sides and backsides«, in: *Modernity and Popular Culture* (Alvar Aalto Symposium), Helsinki, 1988, S. 37-46.
Vorlesung in: Indesem 87, Technische Universiteit Delft, 1988, S. 186-201.
Uitnodigende Vorm, Technische Universiteit Delft, 1988
»Das Schröder-Haus in Utrecht«, *Archithese* 1988, Nr. 5, S. 76-68.
Lessons for Students in Architecture, Rotterdam 1988
»Het St. Pietersplein in Rome. Het plein als bouwwerk«, *Bouw*, 1989, Nr. 12, S. 20-21.
Vorlesung in: Indesem 1990, Technische Universiteit Delft, 1990
Hoe modern is de Nederlandse architectuur?, Rotterdam 1990, S. 61-64.
Einleitung zur Monographie J. Duiker, Rotterdam 1990
The Japan Architec Extra Issue »Nara, and Triennale, Nara 1992«, S. 147-152
Een bioscoop met visie in: *Cinema Actuel*, Nr. 197, 1994, S. 58-61

Register

A

Algier, Fort l'Empereur   104
Almere, De Overloop   32, 206, 216, 245
Amersfoort, »Het Gein«   56
Amsterdam, Apollo-Schulen   29, 138, 179, 182, 209, 238
–, Cineac Cinema   80, 222
–, De Drie Hoven   33, 38, 44, 59, 126, 127, 162, 167, 187, 188
–, De Evenaar Schule   178, 182, 220
–, Freiluftschule   123, 221, 242
–, Studentenheim Weesperstraat   53, 148, 174, 199, 208
–, Vroesenlaan   43
–, Waisenhaus   122
–, Haarlemer Houttuinen   48, 186
–, Montessori-Schule   29
Apeldoorn, Centraal Beheer   15, 21, 23, 78, 81, 110, 129, 190
Arles   98
–, Amphitheater   188

B

Bakema, J. B.   96, 213
Bali   12
–, Tempel   100
Baltard, V.   67
Barcelona, Casa Milá   119
–, Ensanche   118
–, Parc Güell   207
–, Thau Schule   205
Bath, Royal Crescent   54, 250
Benevolo, L.   193
Berlin, Freie Universität   112
–, LiMa-Wohnanlage   36, 40, 203
–, Schloß Glienicke   250
–, Siemensstadt   203
–, Britz, Hufeisensiedlung,   163
Bernini, G. H.   181, 256, 257, 258
Bijvoet, B.   5, 221, 238
Blom, P.   60
Bramante   5, 193, 194, 254, 255, 257
Braque, G.   234
Brinkman, M.   5, 52
Broek, J. H. van den   43
Brüssel, Galerie St. Hubert   73, 75
–, Haus Van Eetvelde,   237
–, Hotel Solvay   19, 82
–, Privathaus   232

Buber, M.   11, 87
Buenos Aires   173

C

Cambridge, Mass., MIT   22
Candilis, Josic & Woods   112
Cerdá, I.   5, 118
Chandigarh, Pandschab   175, 261
Chareau, P.   5, 234, 235, 238, 239
Chinchin, Plaza Mayor   64
Chomsky, N.   89
Cordoba, Moschee   252

D

Dalsace, A.   236
Delaunay, R.   234
Delft, Diagoon-Häuser   39, 153, 162
–, Montessori- Schule   23, 26, 31, 60, 149, 164, 184, 189, 199, 218
Den Haag, Ministerium für Sozialangelegenheiten   134
Descombes, G.   228
Deventer-Steenbrugge   108
Dronten   68
Duchamp, M.   234
Duiker, J.   5, 80, 123, 140, 216, 222, 223, 242, 244

E

Eames, Ch.   235
Eiffel, G.   68, 197
Eindhoven   68
Epen, J. C. van   50
Estagel   92
Eyck, A. van   5, 122, 188

F

Facteur Cheval   115, 116
Forum   61
Foster, N.   238
Foucault, M.   89
Fourier, L.   58
Frankfurt, Römerstadt   55

G

Garnier, T. Cité industrielle   185
Gaudí, A.   5, 40, 119, 207

Geist, J. F.   73
Genf, Fußgängerunterführung   228
Glasgow, Central Station   71
Godin, A.   43, 58, 59
Gogh, V. Van   187, 258-259
Granada, Alhambra   229
Greiner, G.   185
Guimard, H.   71, 237
Guise, Familistère   43, 58

H

Habraken, N. J.   106
Hardy, J.   248
Häring, H.   203
Hausboote   107
Hengelo, Kasbah   60
Heré, H. E.   250
Hertzberger, A.   40
Hilversum, Sanatorium Zonnestraal   221
Hoogh, P. de   84, 258, 259
Horta, V.   5, 19, 82, 232, 237-39,

J

Jujol, J. M.   5, 207

K

Kassel, Documenta Urbana   33, 202
Klingeren, F. van   68

L

La Capelle,   174
Labrouste, H.   5, 15, 239-41
Laken, Gewächshäuser   69
Lanca   228
Laren, Haus   219
Lavedan, P.   98
Le Corbusier   5, 77, 104-106, 116, 175, 200-201, 214, 227, 229, 238, 260, 261
Le Play, F.   222
Léger, F.   234
Lévi-Strauss, Cl.   88, 89
London, Crystal Palace   69
–, Kew Gardens   69
Los Angeles, Watts Towers   115-116
Louis, J.-V.   63

M

Maderno, C.   255, 257
Mailand, Galleria Vittorio Emanuele   73, 74
Manet, E.   24

Marseille, Unité d'habitation   201
Martorell, Bohigas & Mackay   205
May, E.   55
Mexicaltitàn,   91
Michelangelo   193-194, 255-257
Mondrian   215
Mörbisch   14

N

Nagelkerke   48
Nancy, Place de la Carrière, Place Stanislas   250
Nantes, Passage Pommeraye   83
Nash, J.   54
New York, Columbia University   102
–, Liberty-Statue   197
–, Manhattan   120
–, Rockefeller Plaza   63, 102, 188
Nieuwe Bouwen   213, 221
Nîmes   98
Norberg-Schulz, Chr.   193

P

Palais Idéal   115
Palladio, A.   5, 246, 248
Paris, Bibliothèque Nationale   15, 188
–, Bibliothèque Sainte-Geneviève   240
–, Buttes Chaumont   167
–, Castel Béranger   237
–, Cité Napoléon   37
–, Cité Univ., Pavillon Suisse   200
–, Eiffelturm   68
–, Galeries Lafayette   70
–, Grand Palais   69
–, Kaufhäuser   70
–, Maison de Verre   234, 236, 238
–, Markthallen   67
–, Palais Royal   62, 250
–, Passage des Panoramas   73
–, Passage du Caire   72
–, Passage Jouffroy   73
–, Passage Verdeau   73
–, Pavillon de l'Esprit Nouveau   200
–, Petit Palais   69
–, Viadukt an der Place de la Bastille   94
–, Weltausstellungspavillon   222
Peruzzi, B.   5, 193, 194, 254, 255
Pevsner, A.   193
Piacentini, M.   257
Piano, Renzo   235, 238
Picasso, P.   234
Piranesi, G. B.   256
Poissy, Villa Savoye   116, 227

R

Ragon, M.   98

Rembrandt van Rijn   259
Rietveld, G.   5, 32, 140, 215-216
Rio de Janeiro, Ministerium für Erziehung und
    Gesundheit   77
Rodia, S.   115, 116
Rogers, R.   238
Rom, Peterskirche   194, 254
–, Petersplatz   181, 193
Ronchamp, Kapelle   229
Rotterdam, Van Nelle-Fabrik   213-214
–, Wohnanlage Spangen   52
Rungis   67

S

Sangallo, G. da   193-194
Sartre, J.-P.   89
Saussure, F. de   88
Siena, Piazza del Campo   64
Spaccarelli, A.   257
Split, Diokletians-Palast   96
Stam, Max   213
Steen, Jan   258
Strukturalismus   88
Stützen   160
Surkej, Wasser-Reservoir   262
Sydney, Strand Arcade   74

T

Taut, B.   55, 163
Team X   61
Tonnerre, Dionne-Brunnen   65
Toronto, Eaton Center   76
Turin, Galleria dell' Industria Subalpina   75

U

Utrecht, Haus Schröder   32, 215
–, Hoog Catharijne   81
–, Oude Gracht   92
Utrecht, Vredenburg Musikcenter   24, 79, 81,
              132, 175, 192, 194, 206
–, Vredenburg-Platz   152

V

Valkenswaard   129
Van der Vlugt, L. C.   5, 213, 216
Vence, Platz   63
Vence, Place Clemenceau   188
Venedig, Markusplatz   197
Vermeer   259
Veugny, M. H.   37

Vicenza, Villa Rotonda   246
Vichy   66

W

Wandpfeiler   161
Westbroek   111
Wewerka, St.   114, 115
Wood, J.   54
Woods, Sh.   112, 113, 115

Z

Zürich, Heidi Weber-Pavillon   239

Das Standardwerk, das jeder kennt, der sich mit Architektur befaßt, endlich in deutscher Ausgabe

Henry-Russell Hitchcock
Die Architektur des 19. und 20. Jahrhunderts
Mit einem Vorwort von Heinrich Klotz

680 Seiten mit 369 Abbildungen, Ganzleinenband, DM 148.-

Erich Schelling / Architekt / 1904 - 1986
Eine Werkmonographie des Erbauers der Schwarzwaldhalle in Karlsruhe

26 x 30cm, 208 Seiten mit 180 Abbildungen und Plänen, Ganzleinenband, DM 98.-

Kenneth Frampton
Grundlagen der Architektur
Studien zur Kultur des Tektonischen

448 Seiten mit 539 Abbildungen, gebunden, DM 128.-

»Die vorliegende Publikation, deren Autor schon 1980 den Begriff des kritischen Regionalismus' prägte, ist in ihrer Art einmalig: Sie ist die erste umfassende Schrift, die das Thema des Tektonischen mit solch analytischer Schärfe und Perseveranz untersuchte.« NEUE ZÜRCHER ZEITUNG

ARIES VERLAG MÜNCHEN